数字货币

黄光晓 著

清华大学出版社
北京

本书封面贴有清华大学出版社防伪标签,无标签者不得销售。
版权所有,侵权必究。举报:010-62782989,beiqinquan@tup.tsinghua.edu.cn。

图书在版编目(CIP)数据

数字货币 / 黄光晓 著. 一北京:清华大学出版社,2020.6(2022.1重印)
ISBN 978-7-302-55628-2

Ⅰ. ①数… Ⅱ. ①黄… Ⅲ. ①电子商务－电子支付－支付方式－研究 Ⅳ. ① F713.361.3

中国版本图书馆 CIP 数据核字 (2020) 第 091631 号

责任编辑:陈　莉　高　屾
封面设计:周晓亮
版式设计:方加青
责任校对:马遥遥
责任印制:宋　林

出版发行:清华大学出版社
　　　　　网　　址:http://www.tup.com.cn,http://www.wqbook.com
　　　　　地　　址:北京清华大学学研大厦 A 座　　　　邮　　编:100084
　　　　　社 总 机:010-62770175　　　　　　　　　　邮　　购:010-62786544
　　　　　投稿与读者服务:010-62776969,c-service@tup.tsinghua.edu.cn
　　　　　质 量 反 馈:010-62772015,zhiliang@tup.tsinghua.edu.cn
　　　　　课 件 下 载:http://www.tupwk.com.cn,010-62794504
印 装 者:涿州市京南印刷厂
经　　销:全国新华书店
开　　本:170mm×240mm　　　印　　张:19　　　字　　数:371 千字
版　　次:2020 年 8 月第 1 版　　印　　次:2022 年 1 月第 2 次印刷
定　　价:69.00 元

————————————————————————————————

产品编号:086206-01

前言

自2009年比特币问世以来,数字货币随着经济全球化的不断深入而成为资本追逐的热点,同时给传统金融市场和货币监管机构带来了严峻的挑战。监管滞后带来的金融诈骗、洗钱、恐怖主义融资和跨境资本流动等问题,导致各国对数字货币及其相关金融市场的发展所采取的态度大相径庭,发展状况也参差不齐。

数字货币是基于互联网和密码学的一种虚拟支付手段,具有匿名性、去中心化、不可篡改等特征,是金融货币发展史的一个新阶段。从数字货币近几年的发展情况来看,在互联网和区块链技术发展的大背景下,全球金融市场对数字货币未来的前景非常看好,即使存在着监管上的问题,大量投资机构仍非常重视数字货币的巨大潜力,数字货币迎来新一轮的爆发为时不远。

目前国内高校对数字货币领域的教学仍处于一片空白,而大量关于数字货币的专著又缺乏较为完整的知识概念论述及分析框架。鉴于此,本书作者试图通过对国内外现有数字货币发展的状况及研究成果进行梳理,形成一个粗略的知识体系和分析框架,为高校师生及对数字货币领域感兴趣的人士提供参考。

本书作者在梳理相关资料的基础上,总结、归纳了数字货币的发展演进、数字货币与区块链技术之间的关系,分析了全球数字货币在首次发行、流通交易、资产管理、法律监管等主要环节的发展情况，初步构建了数字货币领域的分析框架。同时，作者还通过国内外对法定数字货币的研究、应用和发展情况，解释了数字货币与法定数字货币的关系和区别，分析了数字货币对传统货币金融体系及货币政策的影响。

黄光晓

2020.6.6

目录

第1章 绪　论　　/ 1

第2章 数字货币与比特币　　/ 9

  2.1 虚拟货币与比特币　　/ 9
    2.1.1 虚拟货币的两大核心问题　　/ 9
    2.1.2 比特币的基本框架　　/ 11
  2.2 比特币的区块链结构　　/ 13
    2.2.1 比特币与区块链技术　　/ 13
    2.2.2 比特币区块链的数据结构　　/ 14
    2.2.3 比特币的非对称加密过程　　/ 17
    2.2.4 比特币区块链的共识机制　　/ 19
  2.3 比特币的交易过程　　/ 21
    2.3.1 比特币交易的核心概念　　/ 21
    2.3.2 比特币的交易及验证　　/ 25
    2.3.3 比特币的认证过程　　/ 30
    2.3.4 比特币的挖矿记账过程　　/ 33
  2.4 比特币的分叉　　/ 37
    2.4.1 区块链的分叉问题　　/ 37
    2.4.2 比特币的分叉问题　　/ 38

2.4.3　比特币分叉的演化情况　　　　　　　　　　　　/ 39
　　2.4.4　比特币分叉的实例分析　　　　　　　　　　　　/ 42
2.5　比特币的发展状况　　　　　　　　　　　　　　　　　/ 43
　　2.5.1　比特币的演进　　　　　　　　　　　　　　　　/ 43
　　2.5.2　比特币的交易　　　　　　　　　　　　　　　　/ 44

第 3 章　数字货币与区块链技术　　　　　　　　　　　　　／ 50

3.1　区块链技术　　　　　　　　　　　　　　　　　　　　／ 50
　　3.1.1　区块链技术概述　　　　　　　　　　　　　　　／ 50
　　3.1.2　区块链技术特点　　　　　　　　　　　　　　　／ 53
　　3.1.3　区块链技术演进　　　　　　　　　　　　　　　／ 56
　　3.1.4　区块链技术应用场景　　　　　　　　　　　　　／ 59
3.2　区块链技术2.0与以太坊　　　　　　　　　　　　　　／ 60
　　3.2.1　区块链技术2.0　　　　　　　　　　　　　　　／ 60
　　3.2.2　以太坊的技术框架　　　　　　　　　　　　　　／ 64
　　3.2.3　以太坊的应用场景　　　　　　　　　　　　　　／ 70
3.3　数字货币与以太坊　　　　　　　　　　　　　　　　　／ 72
　　3.3.1　基于以太坊的加密资产　　　　　　　　　　　　／ 72
　　3.3.2　以太坊的发展趋势　　　　　　　　　　　　　　／ 79
　　3.3.3　EOS对以太坊的挑战　　　　　　　　　　　　　／ 81

第 4 章　数字货币的发行　　　　　　　　　　　　　　　　／ 93

4.1　数字货币的首次发行　　　　　　　　　　　　　　　　／ 93
　　4.1.1　首次发行的基本概念　　　　　　　　　　　　　／ 93
　　4.1.2　全球ICO市场的发展状况　　　　　　　　　　　／ 96
4.2　ICO的机制设计　　　　　　　　　　　　　　　　　　／ 101
　　4.2.1　ICO的基本流程　　　　　　　　　　　　　　　／ 101
　　4.2.2　ICO的类型　　　　　　　　　　　　　　　　　／ 103
4.3　ICO的演变形式　　　　　　　　　　　　　　　　　　／ 109
　　4.3.1　SAFT模式　　　　　　　　　　　　　　　　　／ 109
　　4.3.2　STO模式　　　　　　　　　　　　　　　　　　／ 111
　　4.3.3　IEO、IFO和ILO模式　　　　　　　　　　　　／ 118

第5章 数字货币的流通交易 / 123

5.1 数字货币的流通 / 123
5.1.1 数字货币的功能分析 / 123
5.1.2 数字货币的流通过程 / 126

5.2 数字货币的交易 / 131
5.2.1 数字货币的交易平台 / 131
5.2.2 数字货币的交易状况 / 135
5.2.3 数字货币的去中心化交易 / 138

5.3 稳定币 / 148
5.3.1 稳定币的定义及其分类 / 148
5.3.2 主流的资产支持型稳定币 / 152
5.3.3 主流的算法支持型稳定币 / 158

第6章 数字货币的资产管理 / 164

6.1 数字货币资产及其定价机制 / 164
6.1.1 数字货币资产的定义 / 164
6.1.2 数字货币资产的定价机制 / 168

6.2 数字货币资产管理产业 / 177
6.2.1 数字货币资产管理产业链 / 177
6.2.2 主流的数字货币资管机构 / 185

6.3 数字货币衍生品市场 / 189
6.3.1 数字货币衍生品市场发展情况 / 189
6.3.2 数字货币衍生品 / 191

第7章 数字货币的法律监管 / 195

7.1 数字货币的风险与监管 / 195
7.1.1 数字货币的风险问题 / 195
7.1.2 数字货币的监管问题 / 199
7.1.3 数字货币的监管模式 / 203
7.1.4 数字货币监管的模式创新 / 205

7.2 案例分析 / 209
7.2.1 The DAO案 / 209

7.2.2　Monkey Capital案　　　　　　　　　　　　　　　　　　　　/ 212
　　　7.2.3　CarrierEQ Inc.和Paragon Coin Inc.案　　　　　　　　　　/ 215
　7.3　置于现有法律框架下的数字货币监管体系　　　　　　　　　　　　/ 216
　　　7.3.1　美国证券法框架下的监管体系　　　　　　　　　　　　　　/ 216
　　　7.3.2　德国的法律监管体系　　　　　　　　　　　　　　　　　　/ 219

第8章　法定数字货币　　　　　　　　　　　　　　　　　　　　　　　　/ 222

　8.1　法定数字货币的基本框架　　　　　　　　　　　　　　　　　　　/ 222
　　　8.1.1　法定数字货币的基本概念　　　　　　　　　　　　　　　　/ 222
　　　8.1.2　法定数字货币的价值分析　　　　　　　　　　　　　　　　/ 226
　8.2　法定数字货币的发展状况　　　　　　　　　　　　　　　　　　　/ 232
　　　8.2.1　法定数字货币的国际实践　　　　　　　　　　　　　　　　/ 232
　　　8.2.2　法定数字货币的核心要素　　　　　　　　　　　　　　　　/ 235
　8.3　法定数字货币的试验模型　　　　　　　　　　　　　　　　　　　/ 240
　　　8.3.1　英国RSCoin系统　　　　　　　　　　　　　　　　　　　　/ 241
　　　8.3.2　日本与欧盟的Stella项目　　　　　　　　　　　　　　　　/ 245
　　　8.3.3　加拿大Jasper项目　　　　　　　　　　　　　　　　　　　/ 247
　　　8.3.4　新加坡Ubin项目　　　　　　　　　　　　　　　　　　　　/ 249

第9章　数字货币对货币政策的影响　　　　　　　　　　　　　　　　　／256

　9.1　数字货币对传统货币金融体系的挑战　　　　　　　　　　　　　　/ 256
　　　9.1.1　数字货币与传统货币　　　　　　　　　　　　　　　　　　/ 256
　　　9.1.2　Libra的突破与挑战　　　　　　　　　　　　　　　　　　　/ 262
　9.2　法定数字货币的经济效应及对货币政策的影响分析　　　　　　　　/ 266
　　　9.2.1　法定数字货币的经济效应分析　　　　　　　　　　　　　　/ 266
　　　9.2.2　法定数字货币对货币政策的影响分析　　　　　　　　　　　/ 271
　9.3　法定数字货币对现行货币政策体系的优化　　　　　　　　　　　　/ 284

参考文献　　　　　　　　　　　　　　　　　　　　　　　　　　　　　／291

第 1 章
绪 论

2008年，中本聪(Satoshi Nakamoto)发表了《比特币白皮书：一种点对点的电子现金系统》[1]，首次提出以区块链技术(Block Chain)为基础的"一种完全通过点对点技术实现的电子现金系统，使得在线支付能够直接由一方发起并支付给另外一方，中间不需要通过任何金融机构"的加密虚拟货币概念。2009年，世界上第一种也是目前最重要的数字货币——比特币(Bitcoin)问世。比特币诞生后开始带动整个数字货币世界，对传统的货币金融体系产生巨大冲击。比特币被描述为一种"乌托邦愿景""维护隐私、信息公开、不可篡改""没有第三方、去信用化"的电子密码学货币，在理论上被认为有传统法定货币无以取代的优势。比特币的出现，意味着数字货币时代的降临，也代表着在此之前出现的电子货币从传统货币的电子化走向了数字货币的金融创新之路。

那么，要真正理解数字货币的内涵和外延，需要从三个方面对数字货币进行梳理。

首先，必须梳理清楚电子货币(Electronic Money)、虚拟货币(Virtual Currency)和数字货币(Digital Currency)之间的联系和区别，同时必须清楚货币数字化和法定数字货币的差异，以及法定数字货币对数字货币未来发展的影响。

其次，必须理解数字货币与金融创新之间的关系。数字货币的形态和实质随着技

---

[1] Satoshi Nakamoto. Bitcoin: A Peer-to-Peer Electronic Cash System, 2008. https://bitcoin.org/.

术发展和市场推动，正以快速创新的方式进行迭代，不论是在数字货币的发行、交易和资产管理方面，还是在数字货币的金融衍生产品方面，都在颠覆学术界特别是传统货币学理论和金融市场理论对货币、银行、证券等领域的认知。

最后，数字货币在金融领域的快速创新，意味着其市场热度将进一步爆发，不仅在市场规模上将逐渐占据金融市场更大的份额，而且在交易格局上也将改变传统金融工具的局限性，但是这些突破也意味着更高的风险，因此还要厘清现在和未来对数字货币的监管思路，不管是将其纳入现有法律的范畴，还是制定新的专门法律进行监管，都是对全球金融监管当局的巨大考验。

1. 电子货币、虚拟货币与数字货币

1) 电子货币

伴随着电子计算机技术的进步和发展，传统货币的发行、储值和支付手段也在不断演化。电子货币是消费者使用某些电子化途径，通过将银行中的现金余额兑换成代表一定价值的虚拟资产，或通过银行及第三方支付平台推出的快捷支付渠道(电子账户、射频卡、二维码或其他硬件设备)进行支付交易的电子凭证。

电子货币基本上可以分为两类：一种是以电子现金形式存在，基于计算机及互联网技术的电子账户；另一种是以硬件形式(IC卡等)存在，基于可脱离银行支付系统流通的电子钱包。

电子货币与虚拟货币最大的区别在于，电子货币的计价单位和内在价值与法定货币相一致，是传统货币的电子化表现形式。

2) 虚拟货币

根据欧洲央行[①](European Central Bank)在2015年给出的定义，"虚拟货币是价值的一种数字表达，它不是由中央银行或某个公共权威机构发行，也不一定与某一法定货币挂钩，但被自然人或法人接受用于支付手段，可以进行电子化转移、储藏或交易。"[②]虚拟货币是计算机网络空间使用的一种价值的数字表达(记账单位)，由私营机构或网络社区发行或管理，一定程度上承担了网络世界计价单位、交换媒介或价值储藏的职能。

虚拟货币有自己的计价单位，而非由传统的法定货币计价。按照是否与法定货币存在自由兑换的关系，可以将虚拟货币分为三类：第一类，虚拟货币与法定货币之间

---

① 欧洲中央银行(European Central Bank)，简称欧洲央行，总部位于德国法兰克福，负责欧盟欧元区的金融及货币政策。欧洲央行是根据1992年《马斯特里赫特条约》的规定于1998年7月1日正式成立的，是为了适应欧元发行流通而设立的金融机构，也是欧洲经济一体化的产物。

② European Central Bank. Guidance for a risk-based Approach to virtual currencies，2015. http://www.fatf-gafi.org/media/fatf/documents/reports/Guidance-RBA-Virtual-Currencies.pdf.

不存在兑换关系,只能在网络世界(虚拟社区)中获得和使用,比如《魔兽世界》游戏中的G币;第二类,虚拟货币可以通过法定货币来获取,用来购买虚拟或真实的商品或服务,但是不能兑换成法定货币,比如腾讯的Q币;第三类,虚拟货币与法定货币之间能够相互兑换,并可以用来购买虚拟和真实的商品和服务,比如比特币。

3) 数字货币

国际清算银行(BIS)将数字货币描述为"基于分布式记账技术、采用去中介化支付机制的虚拟货币,它颠覆了传统货币的概念,打破了原有的商业模式,是对全球金融市场和经济产生巨大影响的一项真正突破性创新"。Fuji(2014)指出,数字货币呈现的特点不仅具有与真实世界交互的支付功能,而且通过密码学构造出安全可靠的转账功能,去中心化的数字货币不再以法定货币作为基准货币,而是依靠一定规则独立发行,并可自由交易①。

从物理形态上,数字货币属于广义的电子货币;从发行机制上,数字货币属于广义的虚拟货币。虽然数字货币属于虚拟货币的范畴,也是由非央行或公共机构发行,本质上与G币、Q币等虚拟货币处于同等地位,但是基于区块链技术带来的去中心化,使之有别于网络世界中其他各种虚拟货币。

第一,在发行方面,数字货币没有一个中心化的发行主体来控制和管理虚拟货币发行,数字货币也不是任何主体的负债,属于去中心化的虚拟货币;而G币、Q币这类虚拟货币,是由某一私营机构进行集中发行和管理的,属于中心化的虚拟货币。

第二,在信用方面,数字货币采用以加密算法为核心的区块链技术,使素不相识的人们在网络上可以建立信任(共识机制),使点对点直接交易成为可能,数字货币的价值不依赖于传统的信用机制;而G币、Q币这类虚拟货币被限定在特定的虚拟社区或平台中使用,一般只能用于兑换发行者提供的虚拟商品和服务,其价值完全取决于发行者的意愿,但是需要使用者认可其价值,可以通过法定货币购买(当然可以在虚拟社区或平台中通过游戏或者其他方式赚取),其价值依赖于传统的信用机制(用户对发行者的信任)。

第三,在兑换方面,数字货币可以和法定货币双向兑换,可以用于购买某些商品和服务;其他虚拟货币只能单向地通过用法定货币购买或花费时间赚取等方式获得,但不能兑换成法定货币。

加密货币(Crypto Currency)则是**一种使用密码学原理来确保交易安全及控制交易单位创造的数字货币**。比特币在2009年成为第一个去中心化的加密货币,这之后加密货

---

① Fuji Ki H,Tanaka M. Currency Demand,New Technology,and the Adoption of Electronic Money:Micro Evidence from Japan [J]. Economics Letters,2014,125(1).

币一词多被用来指此类设计。自此,全球不断有种类繁多的类似比特币的加密货币被创造出来,它们通常也被称作代币或通证(Token)。

2. 数字货币与法定数字货币

数字货币的概念需要与法定数字货币(Digital Fiat Currency,DFC)或者央行数字货币(Central Bank Digital Currency,CBDC)的概念进行区分。所谓的法定数字货币是指发行主体为中央银行(中心化发行),本质仍是中央银行对公众发行的债务,其采用数字化的货币形式,具有法定地位,是国家主权的象征,受到货币当局的监管。从某种意义上来说,法定数字货币是货币数字化的延伸,是将区块链技术、分布式账本①(Distributed Ledger,DL)等技术引入法定货币发行、流通和回笼等过程。因此,为了更加规范和明确相关定义,本书提到的数字货币概念定位为私人数字货币,因为其发行主体是私人或私人机构,以此与法定数字货币作为区别(见图1-1)。

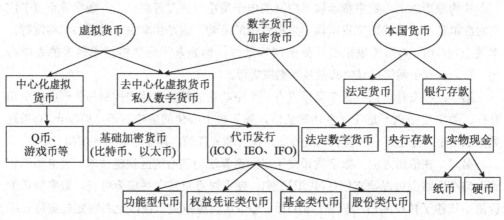

图1-1 虚拟货币、数字货币(加密货币)、法定货币之间的关系

货币数字化是货币发展史上的一个演进阶段,体现了货币在新技术特别是信息技术快速发展的今天的一种与时俱进,而法定数字货币则是具体的货币形态(也可以理解为电子现金),两者之间是相互关联且有所区别的。

货币数字化源于电子支付/清算和成熟的银行间信息技术系统的出现,使商业银行能够更有效、更独立地产生扩大广义货币供应量(M2)的信贷流。相比之下,由区块链技术等支持的法定数字货币会影响基础货币度量(M0)。传统上,中央银行直接控制基础货币的创造,但对更广泛的信贷流驱动的货币供应只有间接的权力。而有了数字法定货币,它们就有可能绕过商业银行,并最终重新获得对货币创造/供应的控制,从而

---

① 分布式账本是一种在网络成员之间共享、复制和同步的数据库,其记录了网络参与者之间的交易,比如资产或数据的交换,通过账本共享降低了因调解不同账本所产生的时间和开支成本。

在结构上集中它们在决策中的力量。因为,在货币数字化的过程中,第三方支付平台(如支付宝和微信)逐渐创造了一个无现金、无刷卡的经济社会,其建立在商业银行账户的网络上,以M2货币供应水平运行,是中央银行无法有效控制的。而发行和流通法定数字货币,就可以对这种货币数字化的趋势进行有效监管和控制。

目前,法定数字货币仍处在酝酿阶段,英国、美国、加拿大、新加坡、日本、中国等国的中央银行都先后建立了数字货币研究机构,积极开展数字货币的实验。根据2018年国际清算银行发布的《谨慎行事——央行数字货币调查报告》显示,参与调查的央行中有70%正在参与(或将要参与)发行法定数字货币的工作或相关研究,而有50%的央行已经或准备开始法定数字货币的试验或概念验证工作。各个国家对发行法定数字货币的动机也不尽相同,发达国家主要是希望通过发行法定数字货币寻求在现金使用频率下降的情况下提供现金的替代方案;对于发展中国家而言,法定数字货币的主要目的是降低银行成本。

3. 数字货币与金融创新

通过金融创新,数字货币将超越之前传统的货币形态,具备更强的金融属性,而全球经济一体化将进入一个传统货币金融体系和数字货币金融体系并存的时代。数字货币在发行、交易、定价和资产管理等环节,都在通过金融创新,实现对传统货币金融体系的颠覆和突破。

1) 数字货币首次发行

数字货币的发行可以分为两类,一类是区块链原生代币(Native Token),也称为基础代币或内置代币(Built-in Token),原生代币是指附着于区块链系统并在该系统内产生和使用的加密货币;另一类是在原生代币区块链系统上发行二代代币(数字货币),募集原生代币的发行行为。数字货币的首次发行也称为首次代币发行(Initial Crypto-token Offering, ICO),这类似于证券市场的IPO。两者的相同之处在于都是通过一种平台为项目或公司向公众募集资金,而最明显的区别在于,IPO一般是用股票募集现金(法定货币),ICO则是用代币募集原生代币。

ICO作为一种新的融资手段,正在成为资本市场的新宠,而且其进行数字货币发行的手段也在不断演进创新,类似交易所首次发行(IEO)、证券化代币发行(STO)、未来代币购买协议(SAFT)、首次锁仓发行(ILO)等。以ICO为核心的数字货币发行正在颠覆传统的证券市场IPO模式,在诸如互联网、共享经济等方面表现出更加灵活、更加便捷的募资能力,成为数字货币金融体系颠覆传统货币金融体系的风向标。

2) 数字货币流通交易

基于区块链技术和分布式记账技术的数字货币支付交易体系,具有以下特点:第一,依附于互联网,可以轻易实现跨境交易支付;第二,分布式记账技术带来的支付系统依托互联网，拥有数量无限的支付节点和信息分布存储，不容易受到攻击和恶意篡改交易数据，具有较高的支付安全性；第三，数字货币账户具有匿名性，数字货币是密码学的产物，其外在形态仅表现为一串无规律的字符串(加密)，不体现拥有者的任何特征，故具有类似于现金持有者的匿名性(电子现金)；第四，货币当局无法监管，数字货币交易支付过程不可追踪，无法溯源，持有和交易数字货币都无须交税；第五，交易不可逆，与其他电子货币不同，数字货币不依赖于现有金融体系，交易无法通过"回滚"机制来取消，一旦交易确定，只能通过新的交易来实现账户的修复；第六，交易和支付类似于股票市场，牌价、交易量都是公开透明的；第七，数字货币是可以不断细分的，比如比特币由于其特点(发行量限制在2100万)，随着其在市场上价值的不断增加，交易者可以通过细分(一个比特币可以被分到8位小数，比特币是最小的交易单位)来满足交易支付的实际需求。

数字货币支付交易的这些特点决定了其与传统货币截然不同的交易支付方式，也在颠覆传统货币金融体制，直接引起各国央行的关注。不论是在反洗钱、反逃税还是管制跨境资本流动方面，数字货币都成为各国央行的"公敌"，因此，各国央行在法律监管和金融创新之间必然要进行取舍，取的是数字货币的优点，通过发行法定数字货币等来进行金融创新；舍的是数字货币的弊端，转向严格控制或彻底禁止数字货币发行、交易行为。

3) 数字货币资产管理

自2009年比特币诞生以来，数字货币及相关产业经历十多年的蓬勃发展，数字货币投资者对专业化、规模化、规范化的资产管理机构及配套金融设施的需求与日俱增。但与传统金融体系相比，数字货币资产管理体系仍处在起步阶段，尚缺少与其相匹配的金融基础设施和投资工具。数字货币资产管理体系中，自资金端向后传导资金的特征并不明显，机构难以通过揽储等方式获得资金端优势，而是通过交易所、钱包、资产管理等产品服务直接沉淀资金。数字货币资产管理行业与传统金融呈现出不同的表现形式。同时，随着数字货币资产管理行业的起步与发展，产业链跨环节经营，全球化布局逐渐成为行业趋势，更多机构通过自营、并购和投资打通产业链环节，进行产业链环节间的协同以及用户和流量的分享。

在传统金融体系中，投资者可以利用银行、信托、基金等多种成熟渠道对资产保值增值，并对股票、债券、大宗商品、贵金属等进行资产组合和资产配置。数字货币市场自比特币诞生以来急剧扩张，总市值已达几千亿美元的规模，但尚缺少与其相匹配的金融工具来进行投资及风险管理。同时，数字货币市场信息公开程度低，项目技术门槛高，资产价值波动剧烈，许多个人投资者不具备数字资产领域投资的专业能力和风险承受能力。因此，数字货币投资者对专业化、规模化、规范化的资产管理机构及配套金融设施有很强的需求，这也催生了数字货币资产管理产业链。当然，由于数字货币市场发展时间较短，监管体系尚不完备，投资者依靠短期历史业绩难以判断机构的服务能力，因此，整个数字货币资产管理行业仍处在发育阶段。

数字货币资产管理机构与传统金融资产管理机构最主要的不同之处在于其从客户端建立的市场优势。传统金融资管体系的优势在资产端，其投资渠道较为成熟，市场上有股票、债券、外汇、衍生品等多种资产可以配置，资管机构可以针对主动管理、被动管理、现金类产品、另类投资等收益和风险偏好不同的产品，将资金投资分配于不同的资产中；而数字货币资产管理行业尚处在起步阶段，金融基础设施和投资工具尚不完善，投资理财产品与所投资产本身趋于一体化，可供投资者选择的理财产品较为有限。从资金端角度来看，传统金融资管体系中具有资金端优势的银行等机构，往往先通过与传统业务部门(投行、信贷等)协同提供服务来维持客户转化率，进而通过财富管理业务引导客户资金；在数字货币体系中，由于不存在央行这样发行货币的中心化机构，同时投资者对数字货币储蓄生息的观念比较淡薄，自资金端向后传导资金的特征并不明显，数字货币资管机构难以通过揽储等方式获得资金端优势，而是通过交易所、钱包、托管、资产管理等产品服务直接沉淀资金。因此，数字货币资管机构的优势通常建立在产品端，通过拓展产品功能和保持业绩来增强获客能力。钱包、支付、交易所是数字货币运行流通的基础，参考互联网行业流量的商业逻辑，这些也是数字货币行业的流量入口；而投资理财、借贷等金融产品与服务则建立在钱包、支付等基本功能支持的体系之上。

4. 数字货币法律监管

由于区块链技术发展的速度非常快，涉及的行业也越来越多，这对数字货币金融创新提供了基础和契机，但是监管当局无法适应这些市场变革，究竟是将数字货币纳入现有的法律监管体系进行监管，还是通过专门立法来监管数字货币，就成了各国监管当局面临的难题。

以美国证券交易委员会(SEC)对"The DAO"案件的处理方式来看，美国监管当局更倾向于将数字货币发行(ICO)视为证券发行行为，将其纳入现有证券法律体系进行监管，符合规定的ICO项目通过登记、注册进行发行活动，其融资行为被视为证券发行。德国金融监管当局对ICO的态度和监管措施也是在现行法律框架内就ICO进行监管。德国现行法律对ICO没有统一的界定，具体应在什么法律框架范围内受到监管主要取决于代币的内容和承载的商业模式。只要代币的内容满足该法律的适用条件，ICO即受到相应的法律的规制。[①]

---

① 李海，胡麓珂. ICO监管再思考——以德国现行法为视角[J]. 财经法学，2019(2)：3-13.

根据对全球36个主要经济体的数字货币监管政策进行跟踪,可以将其分成以下4种情况:明令禁止、严格监管、积极监管和缺乏监管。[1]所谓的严格监管就是企图将数字货币纳入现有法律监管体系进行监管,而积极监管则是通过设立新的法律或监管规则给予数字货币更加宽松、灵活和便利的市场环境。在积极监管方面,欧洲的瑞士和亚洲的新加坡可以称为典范,近年来这两个国家也成为数字货币投资者的天堂,大量的ICO活动汇集到这两地,促进金融创新和市场发展。

本书共分9章,先介绍比特币的产生及其设计原理,了解数字货币的基础框架和发展溯源,然后循序渐进地总结归纳了数字货币的发展演进、数字货币与区块链技术之间的关系,梳理了全球数字货币在发行、流通交易、资产管理、法律监管等主要环节的发展情况,同时引入法定数字货币的基本框架,解释了数字货币与法定数字货币之间的关系及区别,分析了数字货币对传统货币金融体系及货币政策的影响。编者希望读者可以在本书的帮助下,对全球数字货币市场的发展形成一个初步的知识体系和分析框架,为应对未来数字货币时代的金融发展打下基础。本书主要适合高等院校金融、投资专业的学生,也可以为希望了解数字货币的普通读者提供一个基础框架。

---

[1] 除了这36个主要经济体外,其他国家或地区大多属于监管空白。

第 2 章
数字货币与比特币

2.1 虚拟货币与比特币

2.1.1 虚拟货币的两大核心问题

李建军、朱烨辰(2017)[①]对数字货币演变形态进行梳理,指出"数字货币源自于电子支付,由电子货币、虚拟货币演化而来,并逐渐与电子货币和虚拟货币分离,形成去中心化的加密货币"。

Chaum(1983)[②]首先提出了电子货币的概念,并基于密码学构造了一个具有匿名性、不可追踪性等特性的货币系统——盲签名(Blind Signatures)。该系统被认为是最早的数字货币方案。盲签名技术可以使签名者在不获取所签署具体内容信息的情况下完成签名,也就是货币发行方使用盲签名技术对付款方的支付信息进行签名,签名后付

---

① 李建军,朱烨辰. 数字货币理论与实践研究进展[J].经济学动态,2017(10): 115-118.
② Chaum D. Blind signatures for untraceable payments. Advances in Cryptology: Proceedings of Crypto. Springer, 1983.

款方可以进行验证,并将支付信息发往收款方完成收款,从而实现了电子货币的匿名性和不可追踪性。由此,密码学被认为是构造电子货币系统的基础。Chaum随后创建DigiCash公司,开发了一套电子货币系统E-cash,但由于该系统采用中心化的架构,导致应用范围过小,系统无法承受大数据量的交易而最终崩溃。

随着互联网技术的普及和发展,在电子货币基础上又出现了虚拟货币。虚拟货币在网络世界得到广泛的应用,例如腾讯发行的Q币。作为中国最大的互联网综合服务提供商,也是中国在线用户数量最多的网络社交平台(微信、QQ),腾讯发行的Q币可以在其虚拟社区内购买增值服务,如会员特权、虚拟形象、网络音乐等。经过腾讯多年的运营,Q币已经形成了成熟的运营体系,拥有完善的渠道和客户关系,客户可以通过多种支付手段使用法定货币进行购买Q币,而随着市场的不断扩大,Q币的支付功能甚至延伸到了线下实体商品和服务交易,以及回兑人民币,直到2009年6月,文化部、商务部联合出台了《关于加强网络游戏虚拟货币管理工作的通知》,明确禁止Q币等虚拟货币回兑人民币,Q币才回归到虚拟货币的本色。此外,美国的网络游戏《第二人生》、社交平台Facebook也都先后发行过林登币(Linden Coin)和信用币(Facebook Credits)等虚拟货币,并且试图与美元或其他国家法定货币挂钩实现双向兑换,但最终都因为各种原因而无疾而终,特别是Facebook的信用币,当时市场甚至预测其可能成为与主权国家货币竞争的世界货币,但是由于汇率波动原因,2012年6月,Facebook直接将信用币表示的价格和用户账户结余转换为当地货币,不再进行多币种兑换。

在传统金融体系中,虚拟货币也在不断尝试突破。1996年出现的电子黄金(E-gold)就是独立于常规金融机构的私人黄金货币体系,但是最后电子黄金沦为被犯罪分子利用的传销手段,而被各国政府禁止。1997年,Adam Back发明了Hash Cash,用工作量证明(POW)①来获取相应的虚拟货币。Szabo(1998)发明的BitGold,利用POW将困难问题解答结果用加密算法串联在一起公开发布,构建出一个所有权认证系统。Dai(1998)提出了一套匿名的、分布式电子现金系统B-money。1998年还曾出现过两个虚拟货币:BEENZ和FLOOZ,两者十分相似,都声称将创造一种用于网络消费的统一虚拟货币,并且将挑战传统的法定货币,最终由于彼时互联网技术及应用尚未成熟而很快走向失败。

虚拟货币在这一阶段的探索很多只限于纸面设计,少数付诸实施的系统也均以失败告终,要么根本没有流通,要么流通的范围极其有限。失败的原因可以归结为以

---

① 工作量证明(Proof of Work,简称POW),就是组织庞大的算力,来解一个难度非常高的数学题,拥有的算力越大,解题越简单,获得的数字货币就越多,典型例子是比特币挖矿。

下几点：第一，大多数虚拟货币采取的基本上都是中心化的发行方式，由于中心化发行机构缺乏国家信用背书，一旦发生破产、法律制裁或者黑客攻击，无法保证持有人的安全；第二，大量发行的虚拟货币是免密的，如果系统无法保证安全性的话，将会被恶意复制、篡改，影响虚拟货币的信用度，最终导致使用者放弃虚拟货币；第三，采取中心化发行的虚拟货币，由于交易数据记录在某个"账本"中，一旦这些数据丢失，将给整个体系带来不可承受的破坏。

因此，虚拟货币的发展必须解决两个重要的核心问题：避免虚拟货币被伪造和避免双重支付。能够解决上述问题的虚拟货币，其实就是加密的虚拟货币或者加密的数字货币——加密货币。加密货币通过采取去中心化的组织结构，运用共识机制和加密算法来进行发行，网络广播实现匿名、分布式记账以验证、记录真实交易，可以解决虚拟货币上述发展难题。

2.1.2 比特币的基本框架

2009年1月3日，中本聪开发出首个实现了比特币算法的客户端程序并进行了首次"挖矿"，在位于芬兰赫尔辛基的一个小型服务器上，创建了比特币区块链的第一个区块——后被人们尊称为创世区块(Genesis Block)，并获得了50个比特币(Bitcoin, BTC)的奖励。创世区块是比特币区块链里所有区块的共同祖先，这意味着比特币系统中任何一个区块，循链向后回溯，最终都将到达创世区块。

创世区块的创建标志着数字货币金融体系的正式诞生。比特币从诞生之日起，就不断引起全球货币金融体系的关注，比特币的技术基础、发行方式和交易方式等都构成了数字货币发展的基础框架，而比特币的市场行情则成为全球数字货币发展的一个风向标。

比特币的区块链业务流程就是在创世区块的基础上，通过交易、认证和挖矿记账的三大环节搭建起来，并不断增长发展的(见图2-1)。

交易环节就是比特币区块链的不同"节点"间的交易行为，通过非对称加密算法赋予的"公钥"(Public key)和"私钥"(Private key)等一套加密体系来确定比特币的归属和流通。

认证环节就是比特币区块链的各个"节点"通过对交易数据进行验证，来确定交易的完成，并等待全网节点进行挖矿记账确认。

挖矿记账环节就是通过"挖矿"发行新的比特币。"挖矿"的实质就是通过区块链的共识机制来创建新的比特币区块链，使得整个区块链可以不断增长，而比特币则是对区块链中的节点创建新区块的奖励。需要指出的是，比特币区块链的创建其实是在一个算法体系下计算特解(求一个随机数，使其满足特定的条件，符合条件则得解)，最先得解的节点通过后续6个区块的验证后，即获得在分布式账本上记账的权力。

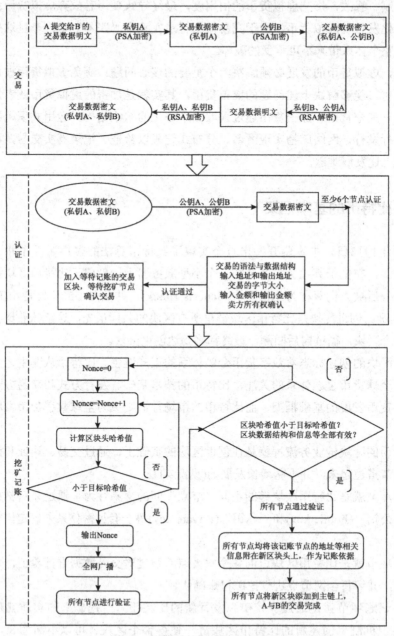

图2-1　比特币的区块链业务流程

2.2 比特币的区块链结构

2.2.1 比特币与区块链技术

与之前的虚拟货币不同，比特币不依靠特定机构发行，它依据特定算法，通过大量的计算产生，并由整个点对点网络(Peer to Peer，P2P)[①]中众多节点构成的分布式数据库来确认并记录所有的交易行为，使用密码学的设计来确保货币流通各个环节的安全性。比特币的去中心化(Decentralized)[②]特性与算法本身可以确保无法通过大量制造比特币来人为操控币值，基于密码学的设计可以保证比特币只能被真实的拥有者转移或支付。这样可以解决虚拟货币的两大难题，即虚拟货币被伪造和双重支付问题，同时确保数字货币所有权与流通交易的匿名性。另外，比特币与其他虚拟货币最大的不同是其数量非常有限(总数只有2100万)，具有极强的稀缺性。

比特币的技术基础是区块链技术，比特币也是区块链最早的一个应用。区块链是一种链式数据结构，按照时间顺序将数据区块(Block)相连组合而成；也是一个分布式账本，以密码学方式保证数据的不可篡改和不可伪造的分布式账本。区块链的概念最早是由中本聪提出的，其本质是一个分布式数据库，这也是比特币的核心和基础架构。区块链是使用分布式数据库进行识别、传播和记载信息的智能化分布式结算网络，可以无须接受第三方监管，即可实现人们之间的点对点的交易和互动，其去中心化、无须信任、集体维护和数据库可靠的特点使其具有一定的优势。区块链并不是单一的信息技术，而是现有信息技术的独特组合和创新。

---

① 点对点网络又称对等式网络，是无中心服务器、依靠用户群(Peers)交换信息的互联网体系，与有中心服务器的中央网络系统不同，对等网络的每个用户端既是一个节点，也有服务器的功能，任何一个节点无法直接找到其他节点，必须依靠其户群进行信息交流。

② 这里要厘清一下去中心化和分布式网络的概念。中心化就是集中式网络模型，也是目前最流行的模型，信息流源自一个中心，中心直接控制各个单元的操作，所有单元都要直接依靠中心点来发送和接收信息，以及接受命令。Facebook、Amazon、Google和其他主流互联网服务用的都是这个模型。去中心化和分布式网络模型有什么区别呢？分布式网络模型是指计算不是在一个节点上，而是分布到多个节点上完成的。去中心化的意思则是，任何一个节点都不会对其他节点的工作进行管理。比如Google的服务器群都在内部采用分布式架构，以加快计算速度，降低数据延迟。去中心化的系统可以是分布式的，比如比特币，因为它通过区块链的"时间戳"产生的总账本就是驻留在多个节点上的。同时它也是去中心化的，因为如果某个节点失效了，整个网络还可以照常运转。也就是说，任何使用区块链和其他端到端工具的应用都可以是分布式的去中心化系统。

区块链技术具有以下特点：①共识机制(Consensus Mmechanism)，区块链上的数据更新会同步到整个链条上，任何节点都能够查询区块链上的信息；②分布式账本，分布式数据库使得全网各个节点都存储了同样的交易数据备份，能够有效防范技术故障和恶性攻击，确保系统的安全度和交易的信用保障；③低成本信用，大部分文件和资产能够以代码和分类账的形式传至区块链，依靠算力消耗进行信用锚定，维持信用强度。

2.2.2 比特币区块链的数据结构

通俗点讲，区块链的本质是一个分布式存储系统，即所有节点均保存全量数据信息的一个分布式数据库。比特币区块链依托于一个P2P网络，网络中的节点可以有4种功能：电子钱包、完整的区块链账本拷贝、"挖矿"和路由[①]。

区块链是由区块(Block)和链(Chain)组成的。区块是记录一段时间内发生的交易和状态结果，主要记载了区块头[②]、区块体(交易详情)、交易计数器和区块大小等数据，是对当前账本状态的一次共识。每个区块相当于账本中的一页，这些数据通过区块文件永久记录在比特币网络上，或者说区块链中所有的节点都包含了整个区块链数据(分布式账本)，如图2-2所示。比特币的区块结构包括以下几点。

区块头(Block Header)包含的数据有：区块的版本号、时间戳、随机数、难度系数

---

① 节点路由功能(Route)是指节点将其他节点传送过来的交易数据等信息再传送给更多的节点，由于在分布式网络结构中，不存在一个指定的DNS服务器，节点之间无法通过一个服务器来直接交换彼此的身份信息，就只能依靠彼此联系并传播信息。在区块链中，这个功能一般会定义成一种协议，称为"节点发现协议"，除了发现节点外，更重要的一个功能就是同步数据，节点要保持自己的账本数据是最新的，就必须实时更新自己的数据，从哪里更新呢？由于没有服务器下载，改为通过向临近节点发送数据请求来获取最新数据，节点彼此都充当服务者和被服务者，通过这种方式，网络中的每一个节点都会在某一时刻达成数据上的一致。路由功能可以说是区块链中的触角，通过大量的触角将每一个节点连入网络，从而形成一个功能强大的区块链共识网络。
② 区块头包含以下信息。版本号(Version)：每一个区块的版本号，标记着当前区块是在什么版本的Bitcoin Core系统版本下产生的，目前版本为版本1和版本2，这与比特币系统分叉有关。时间戳(Timestamps)：核心字段，自1970-01-01T00:00 UTC之后开始的秒数。难度系数(Difficulty)：难度系数的哈希值，该字段标记着当前区块被"挖掘"出来的难度(哈希函数运算出来的难度)。随机数(Nonce)：当前区块工作量证明的参数(是一串以0开头的数)，存储格式为哈希值，当节点经过哈希函数计算出的值为该随机数时，即为"挖矿"初步成果(经过后续6个区块的认证之后，才是真正的验证通过)。前序区块头哈希地址(Hash PrevBlock)，为当前区块前一个区块的区块头的哈希值。默克尔树根哈希地址(Hash MerkleRoot)，当前区块打包的所有交易是以默克尔树的方式记录的，该字段记录该交易树的树根哈希值，当每一笔交易进入区块被打包的时候，该字段需要重新计算更新一次。

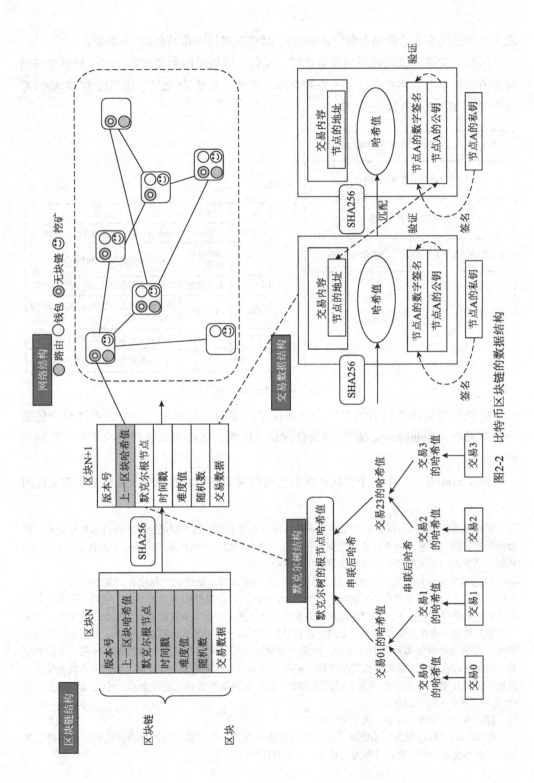

图2-2 比特币区块链的数据结构

及上一个区块头的哈希函数值①(Hash值)、默克尔树根哈希函数值②等参数。

区块体主要记录比特币的交易详情,是每个区块中的主要内容,包括每笔交易的转出方、转出方数字签名、收入方和金额,还有交易数量(交易计数器)、区块大小(存储空间)、魔法数③等数据(见图2-3)。

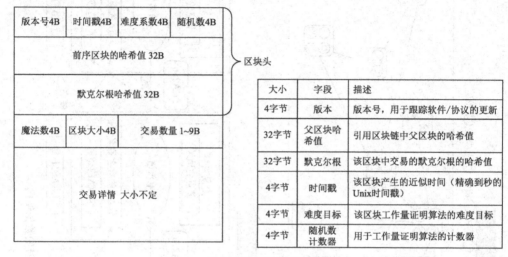

图2-3　比特币的区块及区块头结构

区块体里记录了所有这个区块时间段里产生的交易记录,一个区块体至少包括一个交易——Coinbase交易④,就是创建这个区块,比特币系统奖励给"矿工"的比特币。

链(Chain)是由一个一个区块按照发生的时间顺序串联而成的,是整个状态变化的

---

① 哈希函数(Hash Function)也称为散列函数,可以把消息或数据压缩成摘要,使得数据量变小,将数据的格式固定下来。哈希函数将数据打乱混合,重新创建一个叫作散列值或哈希函数值(Hash值)的指纹,通常用一个短的随机字母和数字组成的字符串来代表。
② 默克尔树是一种二叉树,包含了一组节点,它们的含有基础信息的树根有大量的叶子节点,一组中间节点,每一个节点都是它的2个子节点的哈希值,包括最终的一个根节点,树的"顶端"。默克尔树的目的是允许一个区块中的数据能够被零散地传递:一个节点只能从一个源来下载一个区块的头信息,树的一小部分关联着另一个源,并且仍然可以保证所有的数据都是正确的。之所以这样做行得通,是因为哈希值都是向上传导的:如果一个恶意的用户试图在默克尔树的底部替换一个假的交易,这个更改将导致上面的节点发生变化,然后上面的节点的变化又会导致其上面的节点发生变化,最终改变这个数根节点,也改变了这区块的哈希值,导致这个协议把它注册成一个完全不同的区块(也就是无效的工作量证明)。
③ 魔法数是一个固定常数,用来分隔区块。
④ Coinbase交易也称为创币交易,是比特币区块中的第一笔交易,是由创建区块的节点获得的奖励,与普通交易不同,创币交易没有输入,不消耗UTXO。

日志记录,通过时间戳机制①,保证区块按时间顺序链接起来。比特币系统中的时间戳服务器把当前数据块的哈希值打上时间戳后,发布到网络,以此证明数据的真实存在。在每一个时间戳对应的数据块中,包含了前一个数据块的哈希值,这样就形成了数据链(见图2-4)。

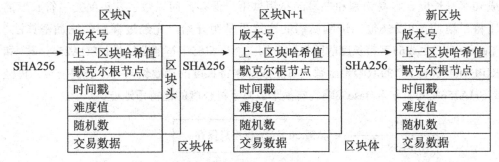

图2-4 比特币区块链的数据链

2.2.3 比特币的非对称加密过程

所谓的非对称加密(Asymmetric encryption)是针对对称加密(Symmetrical encryption)而言的。对称加密采用单钥密码系统的加密方法,同一个密钥可以同时用作信息的加密和解密,也称为单密钥加密。对称加密算法在加密和解密时使用的是同一个秘钥,而非对称加密算法需要两个密钥来进行加密和解密,这两个密钥是指公钥②和私钥。

非对称加密的工作过程如下:

① B生成一对密钥(公钥和私钥)并将公钥向其他方公开;

② 得到该公钥的A使用该密钥对机密信息进行加密后再发送给B;

③ B再用自己保存的另一把专用密钥(私钥)对加密后的信息进行解密,B只能用其专用密钥(私钥)解密由对应的公钥加密后的信息。

在传输过程中,即使攻击者截获了传输的密文,并得到了B的公钥,也无法破解密文,因为只有B的私钥才能解密密文。同样,如果B要回复加密信息给A,那么需要A先公布A的公钥给B用于加密,然后A再用自己保存的私钥对其进行解密。

为了便于识别和验证信息的完整性,比特币系统通过调用操作系统底层的随机数

---

① 时间戳机制是由Haber和Stornetta在1997年提出的,是一个用于保证数据文件安全的协议,也是比特币区块链协议的原型。

② 1976年,Dime和Henman为解决信息公开传送和密钥管理的问题,提出了一种新的密钥交换协议,允许在不安全的媒体上的通信双方交换信息,也就是"公开密钥系统"。

生成器来生成256位随机数作为私钥，由于私钥数量巨大，黑客无法通过遍历算法来获得，因而在密码学上是安全的。[1]

比特币的非对称加密过程，如图2-5所示。

256位二进制形式的比特币私钥，通过SHA256哈希算法和Base58编码转换，形成50字符长度、容易识别和书写的私钥供用户保存；而以数字开头的33字符长度的比特币地址，以256位二进制私钥的比特币私钥开始，先经过椭圆曲线加密算法[2](Secp256k1)生成65字符长度的随机数公钥，然后将65字符的公钥进行SHA256函数[3]和RIPEMD160函数[4]的双哈希函数运算生成20字符长度的摘要结果——公钥哈希，再经过SHA256哈希算法和Base58编码转换形成33字符长度的比特币地址。

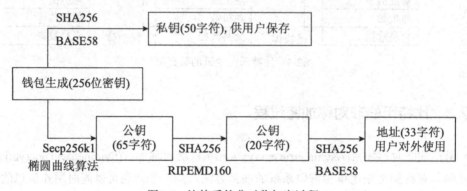

图2-5 比特币的非对称加密过程

---

[1] 256位，32字节，大小介于1～0xFFFF FFFF FFFF FFFF FFFF FFFF FFFF FFFE BAAE DCE6 AF48 A03B BFD2 5E8C D036 4141之间的随机数，都被认为是合法的私钥。

[2] 椭圆曲线加密(Elliptic Curve Cryptography，ECC)是一种建立公开密钥加密的算法，基于椭圆曲线数学，由Neal Koblitz和Victor Miller在1985年提出。

[3] SHA是安全散列算法(Secure Hash Algorithm)的缩写，是一个密码散列函数家族。SHA256就是这个函数家族中的一个，是输出值为256位的哈希算法。这组函数是由美国国家安全局(NSA)设计，美国国家标准与技术研究院(NIST)发布的，主要适用于数字签名标准。到目前为止，还没有出现对SHA256算法的有效攻击。

[4] RIPEMD(RACE Intergrity Primitives Evaluation Message Digest)，即RACE原始完整性校验消息摘要，是比利时鲁汶大学COSIC研究小组开发的哈希函数算法。RIPEMD使用MD4的设计原理，并针对MD4的算法缺陷进行改进，1996年首次发布RIPEMD-128版本，它在性能上与SHA-1相类似。RIPEMD-160是对RIPEMD-128的改进，RIPEMD-160输出160位的哈希值，对160位哈希函数的暴力碰撞搜索攻击需要2的80次方次的计算，设计充分吸取了MD4、MD5、RIPEMD-128的一些性能，使其具有更好的抗强碰撞能力。

2.2.4 比特币区块链的共识机制

1. 区块链的共识机制

所谓的共识机制是区块链通过节点的投票，在很短的时间内完成对某种交易的验证和确认；对一笔交易，如果利益不相干的若干个节点能够达成共识，我们就可以认为全网对此也能够达成共识。区块链的自信任主要体现在分布于区块链中的用户无须信任交易的另一方，也无须信任一个中心化的机构，只需要信任区块链协议下的软件系统即可实现交易。这种自信任的前提是区块链的共识机制，即在一个互不信任的市场中，要想使各节点达成一致的充分必要条件是每个节点出于对自身利益最大化的考虑，都会自发、诚实地遵守协议中预先设定的规则，判断每一笔记录的真实性，最终将判断为真的记录记入区块链之中。

区块链作为一种按时间顺序存储数据的数据结构，可支持不同的共识机制。共识机制是区块链技术的重要组件。区块链共识机制的目标是使所有的诚实节点保存一致的区块链视图(总账本)，同时满足两个性质。

① 一致性：所有诚实节点保存的区块链的前缀部分完全相同。

② 有效性：由某诚实节点发布的信息终将被其他所有诚实节点记录在自己的区块链中。

比特币采用共识机制的原因是，区块链是一个分布式数据库，信息通过P2P方式进行传播，而由于网络中存在的时延问题(某一节点向不同节点传播信息的时间不一致)，也就是说各个节点观察(接收)到信息(数据)的先后顺序不可能完全一致，为了防止在窗口时间(新区块从信息发布到最终社区认证形成的时间)错误信息产生数据分叉(同一个区块链数据库在同一时刻形成两个不同的新区块)，就需要有人把所有人接收到的信息进行验证，谁的工作量在全网(社区)占比越大，获得收益的概率就越高。最后公布正确信息，并获得全网的认证。

2. 比特币工作量证明机制

比特币的发行(比特币区块链创建新区块)就是节点争夺"记账"权力，简单地说，就是大家一起"挖矿"，最后看哪个节点("矿工"或"矿池")能最快地获得记账的权力。"挖矿"的过程是基于区块链技术的共识机制——工作量证明(Proof of Work，POW)。简单地说，就是在猜随机数的过程中谁的工作量大，谁的收益就多，而这个过程需要得到全网大多数节点的认证。

工作量证明(POW)，原来是一种应对拒绝服务攻击和其他服务滥用的经济对策，它要求发起者进行一定量的运算,也就意味着需要消耗计算机一定的时间[①]。简单地说,比特币"挖矿"中使用的工作量证明就是猜数字(一个随机数),谁先猜到,就可以向全网公布信息,经过社区认证(达成共识后),最终确定新区块的形成,比特币"矿工"获得相应的奖励。

举个例子,给定的一个基本的字符串"Hello,world!",我们给出的工作量要求是,可以在这个字符串后面添加一个叫作Nonce的整数值,对变更后的字符串进行SHA256哈希运算,如果得到的结果(以16进制的形式表示)是以"0000"开头的,则验证通过。为了达到这个工作量证明的目标,我们需要不停递增整数,对得到的新字符串进行SHA256哈希运算。按照这个规则,需要经过4251次计算才能找到恰好前4位为0的哈希散列(见图2-6)。

```
"Hello, world!1"    => e9afc424b79e4f6ab42d99c81156d3a17228d6e1eef4139be78e948a9332a7d8
"Hello, world!2"    => ae37343a357a8297591625e7134cbea22f5928be8ca2a32aa475cf05fd4266b7
...
"Hello, world!4248" => 6e110d98b388e77e9c6f042ac6b497cec46660deef75a55ebc7cfdf65cc0b9
"Hello, world!4249" => c004190b822f1669cac8dc37e761cb73652e7832fb814565702245cf26ebb
"Hello, world!4250" => 0000c3af42fc31103f1fdc0151fa747ff87349a4714df7cc52ea464e12dcd
```

图2-6 工作量证明示例

比特币网络中任何一个节点,如果想生成一个新的区块并写入区块链,必须解出比特币网络出的有关工作量证明的数学题。这道题关键的三个要素是工作量证明函数、区块及难度值。工作量证明函数是这道题的计算方法,区块决定了这道题的输入数据,难度值决定了这道题所需要的计算量。

① 比特币系统中使用的工作量证明机制是哈希函数SHA256。

② 比特币的区块由区块头及该区块所包含的交易列表组成。在工作量证明过程中,哈希函数SHA256的输入数据就是拥有80字节固定长度的区块头,即用于比特币工作量证明的输入字符串。因此,为了使区块头能体现区块所包含的所有交易,在区块的构造过程中,需要将该区块要包含的交易列表,通过默克尔树算法生成默克尔树根哈希值,并以此作为交易列表的摘要存到区块头中。

③ 难度值(Difficulty)是"矿工"在挖矿时的重要参考指标,它决定了"矿工"大约需要经过多少次哈希运算才能产生一个合法的区块。比特币的区块大约每10分钟生成一个,在不同的全网算力条件下,新区块的产生基本保持这个速率,难度值必须根据全网算力的变化进行调整。简单地说,难度值被设定在无论挖矿能力如何,新区块

---

① 这个概念由Cynthia Dwork和Moni Naor于1993年在学术论文中首次提出,而工作量证明(POW)则由Markus Jakobsson和Ari Juels于1999年真正提出。

产生速率都保持在10分钟一个[1]。

工作量证明需要有一个目标值。比特币工作量证明的目标值(Target)的计算公式如下：目标值 = 最大目标值[2]/难度值

目标值的大小与难度值成反比。比特币工作量证明的达成就是矿工计算出来的区块哈希值必须小于目标值。

简单来说，比特币"挖矿"的工作量证明机制，就是通过不停地变换区块头——尝试输入不同的随机数(Nonce)以进行SHA256哈希运算，找出一个特定格式哈希值的过程(即要求有一定数量的前导0)，而要求的前导0的个数越多，难度越大。

2.3 比特币的交易过程

2.3.1 比特币交易的核心概念

1. 电子钱包

比特币的电子钱包不是账号，而是一个应用程序，主要用于管理账号、保管私钥、发送和收取比特币。钱包中可以有多个账号，账号也能导入不同的电子钱包。

① 密码：电子钱包在创建账号时需要设定一个密码，但是密码不是私钥。

② 账号：每个账号都是由一对钥匙组成——公钥和私钥。每个账号都对应一个地址。账号与公钥、私钥、地址是一一对应的。

③ 私钥，由64位长度的16进制的字符组成，如：
0xE4356E49C88C8B7AB370AF7D5C0C54F0261AAA006F6BDE09CD4745CF54E011

私钥由随机算法生成，安全性较高，非公开，拥有者一定要妥善保管，不能被公开和泄露，拥有私钥即拥有相对账号的使用权。私钥可由助记词[3]推导出来。

钱包会在本地保管私钥，但是一旦钱包卸载，那么重新下载钱包后需要导入私钥。因为为了去中心化，钱包不会在服务器里保存私钥。

---

① 难度的调整是在每个完整节点中独立自动发生的。每2016个区块，所有节点都会按统一的公式自动调整难度，计算公式：新难度值 = 旧难度值×(过去2016个区块花费时长 / 20 160分钟)。这个公式是由最新2016个区块的花费时长与期望时长比较得出的，根据实际时长与期望时长的比值，进行相应调整(或变难或变易)。也就是说，如果区块产生的速率比10分钟快，则增加难度，比10分钟慢，则降低难度。

② 最大目标值为一个恒定值。

③ 因为私钥是64位长度的16进制的字符，不利于记录且容易记错，所以用算法将一串随机数转化为一串12～24个容易记住的单词，方便保存记录。

④ 公钥是由私钥通过椭圆曲线加密算法生成的，知道私钥就可以推算出公钥，但是这个推算是不可逆的，也就是说知道公钥是推算不出私钥的。

公钥有两种形式：压缩与非压缩，早期比特币均使用非压缩公钥，现在大部分客户端已默认使用压缩公钥。压缩格式是33字节，非压缩格式是65字节。即压缩格式是66位长度的16进制字符，非压缩格式是由一个130位长度的16进制字符组成。

⑤ 地址，是一个由数字和字母组成的字符串，由公钥通过一系列加密计算和编码得出，长度为25字节，转为Base58编码后，为34或35个字符，如：

1PFjZSK9GEGoGKt3aTDZU2o7kBC4W815pC

同样，公钥得出地址的过程也是不可逆的，知道地址是推算不出公钥的。

2. 子钱包

比特币的电子钱包用于管理多个账号，在比特币中账号与公私钥对、地址是一一对应的，公钥、私钥、地址也是一一对应的，私钥生成公钥，公钥生成地址，且不可逆，私钥是账号的核心且不可泄漏，地址可以公开用于转账。电子钱包如果拥有多个账号要进行管理，就必须使用子钱包。

比特币电子钱包使用比特币分成确定性钱包(Hierarchical Deterministic，HD)来进行子账号管理，BIP32[①]是HD钱包的标准定义，通过种子来生成主私钥，然后派生海量的子私钥和地址，种子是一串很长的随机数。种子可以派生生成多个私钥，所以种子是一个钱包账号中最关键的数据，比私钥的等级更高，因此备份一个种子就备份了相关联的所有私钥。HD钱包中包含了在树结构中派生的密钥，这样一来，父密钥就可以派生出一系列子密钥，每个子密钥都可以再派生出一系列的孙密钥，从而达到无限的深度(见图2-7)。

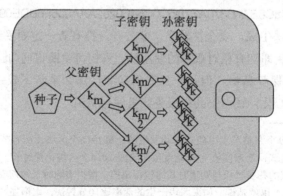

图2-7 比特币电子钱包的子钱包结构

---

① BIP协议(Bitcoin Improvement Proposals)是Bitcoin的改进建议，用于提出Bitcoin的新功能或改进措施。BIP协议衍生了很多的版本，主要有BIP32、BIP39、BIP44。

3. 比特币交易的核心概念

1) UTXO

比特币交易生成及验证过程涉及一个核心,即未花费的交易输出,英文是Unspent Transaction Outputs,缩写是UTXO。它是由比特币等钱包应用派生出来的产物。钱包的余额是通过与账户相关的多个UTXO算出来的。

简单来说,每一笔比特币交易实际上都是由若干个交易输入和输出组成的。交易输入是比特币来源,交易输出是比特币去向,每一笔交易都要从交易输入中花费一部分,这一部分就是未花费的交易输出,即UTXO。每一次的交易输入都可以追溯到之前的UTXO,直至最初的挖矿所得。由挖矿所得创建的比特币交易,是每个区块中的首个交易(Coinbase交易)。它由"矿工"创建,没有上一笔交易输出。一个UTXO一旦被创建,就不可被继续分割,它只能当作下一笔交易的输入被花费掉,花费后产生新的UTXO,这样周而复始地实现货币的价值转移。比特币钱包的账户余额,实际上是钱包通过扫描区块链并聚合所有属于该用户的UTXO计算得来的。

UTXO本质上来讲就是用比特币拥有者的公钥哈希锁定一个数字(比特币数量),具体就是一个数字加一个锁定脚本。所有的UTXO都被存在数据库中,花费比特币其实是花费掉属于你的UTXO,并生成新的UTXO。

2) 交易脚本

比特币的交易过程是非静态的,而是通过锁定脚本(Locking Script)与解锁脚本(Unlocking Script)实现动态的交易过程。

比特币交易的输入、输出字段数据结构,如图2-8所示。

字段	描述
交易	指向引用的上一个交易哈希
索引	被花费的UTXO索引号
解锁脚本	一个满足使用该UTXO(交易+索引指向的上一个交易的UTXO)所需要条件的脚本(满足解锁脚本)

字段	描述
总量	比特币值
锁定脚本	一个定义了使用该输出所需条件的脚本

图2-8 比特币交易的输入、输出字段数据结构

比特币交易脚本不是图灵完备的语言,没有循环或复杂流程控制,减少了灵活性,但极大地提高了安全性。比特币交易脚本是无状态的,所以一个脚本能在任何系统上以相同的方式执行,如果某个"节点"验证了一个系统脚本,可以确信的是每一

个比特币网络中的其他"节点"也将验证这个脚本,这意味着一个有效的交易对每个人而言都是有效的,而且每一个人都知道这一点。

比特币最基本的交易类型为P2PKH(Pay-to-Public-Key-Hash),其交易付款的对象是公钥哈希——SHA256函数和RIPEMD160函数的双哈希函数运算生成20字节长度的摘要结果。锁定脚本是由一连串堆栈命令和公钥哈希组成,比特币地址实际是由该公钥哈希进行Base58编码而来的,所以必须拥有该地址的私钥才能将锁定脚本解锁。解锁脚本由签名与公钥组成,这就保证了只有拥有私钥的用户才能对某一笔交易进行解锁。

以下这个简单的交易过程描述,可以更好地理解锁定脚本和解锁脚本。

- 锁定脚本:这笔钱发送给A(包含A的公钥)。
- 解锁脚本:我是A,这笔钱是我的。
- 锁定脚本:我要验证你的身份。
- 解锁脚本:这个是我用我的私钥签名的上一笔交易信息的签名。

"矿工"(节点)使用解锁脚本关联的公钥的地址的哈希信息与锁定脚本的地址的哈希信息比较;如果一致,则获取公钥,使用"公钥+上一笔交易信息+解锁脚本的私钥签名结果"进行验签;验签通过,说明这笔钱是A的,可以使用这笔钱。

在这个过程中,我们可以看到锁定脚本包含验签过程,解锁脚本包含签名过程,矿工(节点)负责整合资源完成验签(也就是交易的验证需要通过矿工的"挖矿"过程进行验证),签名的原信息为上一笔交易的交易信息(见图2-9)。

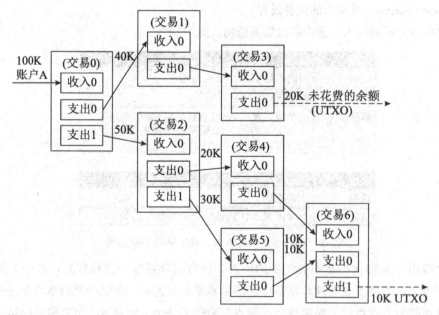

图2-9 比特币交易系统中输入、输出的过程

2.3.2 比特币的交易及验证

比特币的交易(Transaction，TX)，其实是一个经过签名的数据，被广播到网络上，如果有效，最终会进入区块链的一个区块。比特币交易的目的是将一定数量的比特币的所有权转移给一个比特币地址。当比特币的所有者向比特币的接收者发送比特币时，在比特币电子钱包客户端会创建一个单一的数据结构，即比特币交易，然后广播到网络。网络上的比特币节点将中继和重新进行广播交易，如果交易有效，节点将把它包含在他们正在挖掘的块中。此时，比特币接收者能够看到其比特币电子钱包中的交易金额。

比特币的交易分成三种基本类型。

① 挖矿(Generation TX)，这种交易的输入就是含有Coinbase字段的交易。因为是挖矿所得，所以这种交易类型没有输入，输入的地方只有Coinbase，Coinbase可以由矿工填写自己想填写的信息，是挖出"区块"的矿工的特权。这种交易的输出数量就是矿工所得，地址是矿工的地址。

② 普通交易(Pub-key Hash TX)，由多笔交易输入和1~2笔交易输出(支付+找零)构成。

③ 合成地址交易(Script Hash TX)，这种交易比较少见，该类交易的地址不是常用比特币地址，而是一个合成地址。这个合成地址以3开头。该地址可以由1~3个公钥合成计算得到，交易时也需要对应1~3个私钥签名。

下面我们详细构建一个比特币普通交易的过程。

1. 创建交易

假如A想转10个比特币给B，那么A必须在A的客户端(可以是钱包)进行操作。A用私钥完成签名，然后提供签名和公钥。其中，公钥用来对比上一笔转出中的公钥(地址)，证明上一笔的转出目标是A，也就是证明A拥有这笔比特币的所有权。但是这还不够，因为公钥是不保密的，所以还需要校验签名。签名是通过私钥签名的，私钥是绝对保密的，通过"私钥+公钥"来校验签名，通过后就表示这笔比特币属于A(见图2-10)。

所以，一笔比特币交易若要有效创建，就必须满足两个条件：

- 这个交易必须包含一个有效签名，来自它所花费的UTXO的拥有者；
- 被花费的UTXO的总金额必须大于等于该交易产生的UTXO总金额。

2. 比特币的交易过程示例

比特币交易必须保证以下两点：

- 保证用户只能使用自己的比特币(比特币账本是全网公开的)；

- 保证一笔交易的有效性。

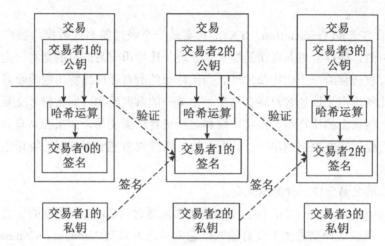

图2-10 比特币的交易创建

交易涵盖了两种类型：一种是Coinbase交易，即"挖矿"奖励的比特币，由于没有发送人，所以比较特殊；另一种是普通交易，包含多个输入和多个输出(见图2-11)。

交易类型：比特币交易		交易ID：000		
输入	输出			
挖矿奖励	索引	金额	脚本	接受者的公钥
	0	12.5	锁定脚本	Alice

交易类型：普通转账						交易ID：000
输入			输出			
上一笔交易的输出	脚本	发送者的公钥	索引	金额	脚本	接受者的公钥
引用交易ID：000	锁定脚本	Alice	0	10	锁定脚本	Bob
			1	2.5	锁定脚本	Alice

图2-11 比特币的一个简单交易过程

假设，Alice挖矿被奖励了12.5BTC，而Alice在一笔交易中，需要转账给Bob 10BTC；而Bob最终确认并接收了Alice发送的10BTC，系统多出了2.5BTC。所以，这个交易分成两部分，一个是发送给Bob的10BTC，另一个是找零产生的发给Alice的2.5BTC(暂不考虑交易费)。

在这个过程中，发生了如下几个关键的操作。

① Alice由于挖矿被奖励了12.5BTC，从而产生一笔Coinbase交易(交易ID：000)。这个交易包含一个输入和一个输出。在输出中，包含当前输出的索引、金额、锁定脚本和接受者的公钥。这里锁定脚本的作用是，设定成只有Alice才能使用这笔输出。而要使用这个UTXO，就必须要证明自己是Alice。

② 由于Alice要发送给Bob10BTC，那么Alice要先确认自己有没有足够的"余额"(UXTO)去支付这笔交易。要计算用户的余额，就要遍历Alice的所有交易记录。假设Alice只有一笔Coinbase交易，也就是说Alice当前的余额是12.5BTC，由于12.5BTC大于所要支出的10BTC，所以交易可以进行。

③ 创建一笔交易(交易ID：001)。这笔交易包含1个输入、2个输出(一个发送给Bob，一个找零发给Alice自己)。在UTXO模式下，一笔交易的输入实际上使用的是上一笔交易的输出，输入中也包含发送者的公钥，这里是Alice的公钥。

那么，如何保证Alice使用的是自己的UTXO呢？或者说，如何去校验要验证交易的输入是否有效。将这笔交易(交易ID：001)输入的解锁脚本，和该输入所引用的上一笔交易输出的锁定脚本组合在一起，并进行验证，如果验证通过，则说明交易的输入有效。解锁脚本里包含了Alice的对上一笔交易输出的签名和自己的公钥。通过数字签名技术，可以使用公钥对用户的签名(私钥加密)进行验证，从而证明签名者是否为用户本人。也就是说，可以通过解锁脚本提供的Alice签名和公钥去验证Alice使用的是否是自己的UTXO(见图2-12)。

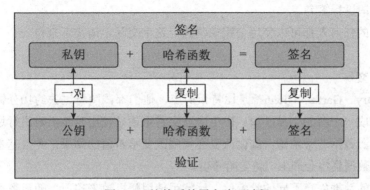

图2-12 比特币的用户验证过程

④ 验证该交易(交易ID：001)中输入所引用的上一笔UTXO确实是Alice的，从而证明该输入的有效性。接下来，就需要创建两个输出，一个是给Bob的10BTC，同时包含一个锁定脚本，该锁定脚本限定只有Bob才能使用；另一个是找零产生的输出，发送给Alice的2.5个BTC，其同样包含一个锁定脚本，并且限定只有Alice本人才能使用。

⑤ 交易创建完成后，就向比特币网络广播出去，当比特币网络确认这笔交易，并且在下一次挖矿竞赛中，将该交易打包进区块中并得到6个节点验证后，全网共识确认，这笔交易就确认有效了。

3. 交易及验证的完整过程

我们仍以Alice和Bob的简单交易为例，概括整个比特币交易及验证过程。

1) 创建交易

Bob和Alice的电脑上都有比特币钱包，钱包是一种文件，可以让用户访问多个比特币地址。每个地址是一串由字母和数字组成的字符串，每一个地址都有自己的比特币余额。

Bob创建一个新的比特币地址，用于接收Alice的付款，其实就是生成一个密钥对，由一个私钥和一个公钥组成。Bob的新地址代表一个唯一的公钥，对应的私钥则保存在他的钱包里。公钥允许所有人来验证被私钥签名的消息的有效性。如果Bob使用私钥对一个消息进行签名，它可以被对应的公钥(所有人都知道)所验证。

新地址可以将地址看作银行账号，但工作方式稍有不同。比特币用户可以任意创建多个地址，并且被鼓励为每一个新的交易单独创建新地址，以增强隐私性。只要没有人知道哪些地址是Alice的，她的匿名就受到保护。

Alice告诉她的比特币客户端，她要向Bob的收款地址转账。Alice的钱包里有她的每一个比特币地址的私钥。比特币客户端用Alice此次使用的付款地址的私钥，对她的这一交易申请进行签名。

网络上的任何人都可以使用公钥来验证，这个交易申请实际来自一个合法的账户所有者。

2) 验证交易

假设Gary、Garth和Glenn都是比特币矿工，他们都试图将过去约10分钟内的交易验证并打包成一个新的交易区块。矿工验证交易主要是使用哈希函数进行运算，由于哈希函数对源数据非常敏感，细微改变会彻底改变哈希值的结果，并且基本上不可能预测初始的数据集将会产生的特定哈希值。

为相同的数据创建不同的哈希值，比特币使用随机数来实现。随机数是在进行哈希计算之前，在数据中添加的随机数字。改变这个随机数会产生极不相同的哈希值。

每一个新的哈希值包含关于此前所有比特币交易的信息；矿工基于前一个区块的哈希值、新交易区块和随机数，来计算新的哈希值。

创建哈希在计算上微不足道，但比特币系统要求新的哈希值拥有特定格式，即必须以特定数量的0作为开始。

矿工无法预测哪个随机数会产生以要求数量的0作为开始的哈希值，所以他们被迫用不同的随机数创建很多哈希，直到获得有效的那一个。

每一个区块都包含一个名为Coinbase的初始交易，这是给胜出矿工的50BTC的支付报酬，在这个例子中是矿工Gary。Gray的钱包里生成了一个新地址，里面的余额是新挖到的比特币数量。

随着时间流逝，Alice向Bob的转账被埋在了其他近期交易的下面。任何人要想修改历史交易的细节，就必须重做一遍Gary的工作，然后再重做所有下一级矿工的工作，因为所有的改变都需要一个完全不同的胜出随机数。这样的操作几乎不可能成功。

3) 其他需要注意的细节

比特币交易是通过比特币协议，将数据广播到网络中，节点连接上P2P网络，从而参与到比特币的交易过程中。交易被发送、处理、打包到区块之前，有几个问题要了解。

① 一些节点保有一份完整的、最新的区块链拷贝，这样的节点被称为"全节点"。全节点能够独立自主地校验所有交易，而无须借由任何外部参照。

② 有些节点只保留了区块链的一部分，它们通过一种名为"简易支付验证(SPV)"的方式来完成交易验证。这样的节点被称为"SPV节点"，又叫作"轻节点"。

③ UTXO池可能会被安置在节点本地内存中，或者作为一个包含索引的数据库表安置在永久性存储设备中。

④ 矿工参与挖矿(贡献算力，计算符合挖矿难度目标的随机数值)。矿工是节点，但是节点可以不是矿工(不参与挖矿)，不参与挖矿的节点可以同步信息和验证信息。交易被广播到网络中后，被节点接收放入交易池(交易池存放没有验证的交易，存储在本地内存中)，然后矿工会将这笔交易和其他交易一起计算默克尔根值。交易在交易池中是有优先级的，优先级由UTXO的新旧程度、交易的字节数和交易的数量确定。具体来说，对于每一个输入，客户端会先将比特币的数量乘以这些UTXO在块中存在的时间(age，也就是这个UTXO后面有多少区块，区块越多，表示年龄越大)，然后将所有的乘积加起来除以此次交易的大小(以字节为单位)。

⑤ 矿工计算默克尔根值，再计算符合难度目标的随机数值。区块头中的数字、默

克尔根可以通过修改coinbase的内容改变，时间戳也可以随着计算的时间改变，所以通过调整这三个参数可以确定随机数，这个过程就叫作工作量证明。在打包区块后，一个新的区块就产生了。产生了新的区块后，需要做全网广播，进行其他节点的验证，然后矿工放弃这些交易的计算，重新开始计算下一个区块随机数。如果这个区块后面又产生了N个区块，就称作该区块完成N个确认。完成的确认数越多，这个区块中的交易越安全。一个区块链接到区块链的末尾，并不是最终的确认，而要延迟6个区块，每个区块耗时约10分钟，合计1个小时，才对这个区块进行确认，即最终写入区块链。

2.3.3 比特币的认证过程

比特币的出现，或者说区块链技术的出现解决了虚拟货币发展中必须解决的两个重要的核心问题：虚拟货币被伪造问题和双重支付问题。在比特币系统中，每笔交易的确认均需要进行全网广播，并收录进区块后才能得到真正确认。每笔钱的花销，均需要检测上次输入交易的状态。区块中的数据是带时间戳的、公开的，区块链由巨大的算力保障其安全性。所以比特币系统将货币多重支付的风险极大降低了，几近于零。通过等待多个区块确认，更是把风险从概率上降低至零。一般得到6个确认后，可认为非常安全，既可以避免双重支付，也同时避免虚拟货币被伪造。但对于重大支付，可能要等待20~30个确认。

所谓的双重支付问题，是指一个数字货币被使用两次或者多次。由于比特币区块链是一个分布式的点对点网络系统，必然会出现分布式系统问题，也就是拜占庭将军问题(Byzantine failures)[1]，即分布式系统由于存在信息传输延迟，导致节点间消息顺序差异带来的系统一致性问题。在比特币系统中，会出现系统中有两个矿工同时找到了符合要求的随机字符串，他们会同时广播到系统中，离他们相近的就会验证和同意这个区块的产生，这个时候系统就出现了分叉。此时系统会分成A区和B区，他

---

[1] 拜占庭将军问题，是由莱斯利·兰伯特提出的点对点通信中的基本问题，是指在存在消息丢失的不可靠信道上试图通过消息传递的方式达到一致性是不可能的。拜占庭(土耳其城市伊斯坦布尔的旧称)，是东罗马帝国的首都。由于当时拜占庭罗马帝国国土辽阔，为了达到防御目的，每个军队都分隔得很远，将军与将军之间只能靠信差传递消息。在战争的时候，拜占庭军队内所有将军和副官必须达成一致的共识，即有赢的机会才会攻打敌人的阵营。但是，在军队内有可能存有叛徒和敌军的间谍，左右将军们的决定，扰乱整体军队的秩序。在谋求共识时，结果并不代表大多数人的意见。在已知有成员谋反的情况下，其余忠诚的将军在不受叛徒的影响下如何达成一致的协议？拜占庭问题就此形成。

们会同时进行下一个区块的计算。在之后的验证中，大家都会找最长的链作为主链来进行计算。

账本分叉如图2-13所示。图中黑色表示当前账本主干。此时，可以随便选择一个作为当前主分支，例如选择A。

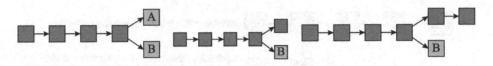

图2-13　账本分叉(以A路径为主链)

此时如果有一个新的账本是基于A的，那么这个主干就延续下去；如果这个主干一直这么延续下去，表示大家基本都以A为主干，B就会被遗忘。但是也有可能忽然B变得更长了，那么我们就需要将B分支作为当前主干，基于这个分支进行后续的工作(见图2-14)。

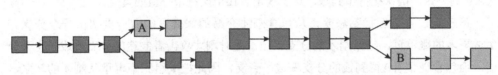

图2-14　账本分叉(出现B路径比A路径链条长的情况)

从局部来看，虽然在某一时刻各个小组的账簿主干可能存在不一致，但大方向是一致的，那些偶尔由于不同步产生的小分支，会很快被淹没在历史中。

双重支付问题就是基于这个点来实现的，当攻击者向一个用户A支付了一笔钱，用户收到了区块确认之后进行交易，但是攻击者同时又向另一个用户B支付同一笔钱，故意造成分叉来使上一笔交易失效。

具体案例如图2-15、图2-16所示。

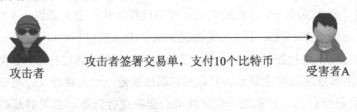

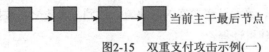

图2-15　双重支付攻击示例(一)

攻击者　　　　　　受害者A

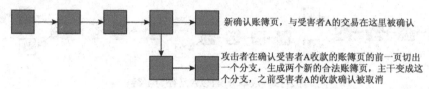

新确认账簿页，与受害者A的交易在这里被确认

攻击者在确认受害者A收款的账簿页的前一页切出一个分支，生成两个新的合法账簿页，主干变成这个分支，之前受害者A的收款确认被取消

图2-16　双重支付攻击示例(二)

第一步，攻击者准备从受害者A手里买10个比特币的黄金，他签署交易单给受害者A，转10个比特币给受害者A。

第二步，这笔交易在最新的账簿页中被确认，并被各个挖矿小组公告出来。受害人A看到公告，确认比特币到账，给了攻击者10个比特币等值的黄金。

第三步，攻击者找到账簿，从包含刚才交易的账簿页的前一页切出一个分支，生成更多的账单页，超过刚才的分支。由于此时刚才攻击者制造的分支变成了主干分支，而包含受害者A得到钱的分支变成了旁支，因此挖矿组织不再承认刚才的转账，受害者A得到的10个比特币被取消了。

第四步，攻击者可以再次签署交易单，将同一笔钱支付给受害者B。受害者B确认钱到账后，支付给攻击者等值黄金。

至此，攻击者将10个比特币花了两次，从两名受害者那里各购得等值黄金。攻击者还可以如法炮制，取消与受害者B的转账，将同一笔钱再支付给其他人。

比特币区块链可以有效杜绝这个问题。因为，在同一个区块时间里，矿工掌握所有的交易记录，能够轻松识别同一份比特币被用到了两个不同的地方。如果不在同一个区块时间，那么经过一个区块的确认，权限已经转移，也就是说，本来属于A的比特币，被交易给了B或者C，只有B或者C的私钥才能进行授权。所以，一般双重支付问题，被黑客用来进行撤销攻击。也就是说，黑客给B发送比特币，B收到比特币以后，开始向黑客发送货物或商品。但是黑客通过新建一个区块分支，将交易改为把100个比特币交易给自己，并系统产生区块链的速率进行竞争。当黑客篡改的区块链高度大于系统区块链高度时，系统认可黑客的区块链，达到了篡改交易数据的目的。这个过程可以建模成二项式随机过程。

为何要延迟6个区块来确认呢？当攻击者哈希比率恒定时，延迟确认区块数越多，攻击者要证明的工作量就越多，双重支付的攻击成功率就越低。在延迟区块大于

6之后，攻击者成功的概率明显越来越低，此外，考虑到交易的延迟带来的用户体验差的因素，比特币区块链把延迟确认区块数定为6。

2.3.4 比特币的挖矿记账过程

1. 比特币的挖矿过程

比特币的"挖矿"过程就是"矿工"(节点)[①]创建一个新区块的过程，创建新区块能否成功，取决于是否满足工作量证明的相关条件，具体过程如下。

① 读取上一个区块的信息，生成Coinbase交易，并与其他所有准备打包进区块的交易组成交易列表，通过默克尔树算法生成默克尔树根哈希值，把默克尔树根哈希值及其他相关字段组装成新区块的区块头。

② 将新区块头的80字节数据作为工作量证明的输入，不停地变更区块头中的随机数，并对每次变更后的区块头做双重SHA256运算，将结果值与当前网络的目标值做对比，如果小于目标值，也就满足特定的挖矿难度[②]，则解题成功，工作量证明完成。

③ 新区块的创建者有权记入账本的节点，会获得比特币系统的奖励，即比特币的发行来源于新区块创建成功带来的奖励。

奖励包含两部分：一部分是创建新区块成功，系统奖赏当前矿工的"奖励"交易金(Coin Base)[③]，这部分占主要比例；另一部分是所生成的新区块里打包的所有交易的佣金(交易费用)，这部分占比很小。新区块的产生速度是约每10分钟一个，每一个新区块的产生都会伴随着一定数量的新币发行。每开采210 000个新区块，比特币发行速

---

① 运行比特币客户端，链接在比特币网络提供算力的节点，如矿机、矿机池组等被称为"矿工"。
② 挖矿难度(Difficulty)的设置，是为了让整个比特币网络大概只有一个矿工能在10分钟左右的时间找到这个随机数。因为SHA256函数的特点是，虽然每个输入值对应一个输出值，而且每个输出值都是一个256位的二进制数，但每次运算的输出值具体是什么完全是随机的，而且无法预测，找到符合要求随机数的唯一方法就是以最快的速度输入不同的随机数，不断地尝试，因此对于节点来说，矿工越多(形成矿池)，算力越大，成功的概率也就越高。这个随机数是使得算出来的哈希值小于或大于某个固定值。由于哈希函数是一个不可逆的算法，无法通过具体的哈希值倒推出原文。这样每个节点只能采用穷举的方法来计算随机数，这个过程考验各个节点的CPU计算速度，算得快的，很快就能得到随机数，然后他就把这个随机数放在新创建的区块中，通过P2P网络广播出去。每个系统节点收到后，发现这个随机数是合法的，能满足要求，就认为挖矿成功。
③ 交易的每个输入便是前向交易的某个输出，追踪到源头，必然出现一个没有输入的交易，此类交易称为Coin Base，这是奖励挖矿者而产生的交易，位于区块交易数据中的第一笔。

率降低50%，初始奖励每区块50BTC，每隔4年奖励减半[①]，目前奖励为12.5BTC(见图2-17)。

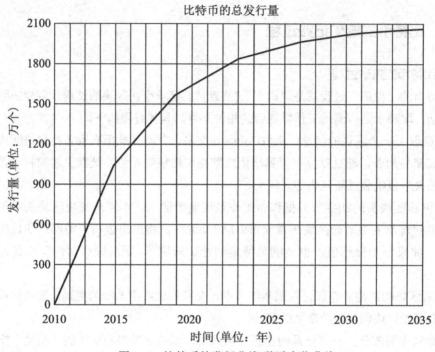

图2-17　比特币的发行曲线(奖励变化曲线)

2. 比特币的记账过程

比特币区块链在记账时会把账页信息(包含序号、记账时间、交易记录等)作为原始信息通过哈希运算，得到一个哈希值，如787635ACD，表示为

Hash(序号0、记账时间、交易记录) = 787635ACD

账页信息和哈希值组合在一起就构成了第一个区块。

比特币系统约10分钟记一次账，即每个区块的生成时间大概间隔10分钟。

在记第2个账页的时候，会把上一个区块的哈希值和当前的账页信息一起作为原始信息再次进行哈希运算，即

哈希(上一个哈希值、序号1、记账时间、交易记录)=456635BCD

这样第2个区块不仅包含了本账页信息，还间接包含了第一个区块的信息。按照

---

① 比特币发行的减半周期，严格来说，并不是准确的4年，而是每生成210 000个区块。之所以简称4年减半，是因为比特币系统会根据全网算力的大小自动调整难度系数，使得大约每两周产生2016个区块，那么4年约生成21万个区块。

此方法继续记账，最新的区块总是间接包含了所有之前的账页信息。

所有这些区块组合起来就形成了区块链，这样的区块链就构成了一个便于验证(只要验证最后一个区块的哈希值就相当于验证了整个账本)，不可更改(任何一个交易信息的更改，会让所有之后区块的哈希值发生变化，这样在验证时就无法通过)的总账本。如果仅仅是这样，显然每个人都可以很轻松地获得记账的权力，相应获得比特币奖励。

为了保证10分钟左右只有一个人可以记账，就必须要提高记账的难度，使得哈希运算后的结果必须以若干个0开头。同是为了满足这个条件，在进行哈希运算时引入一个随机数变量。

没有难度的情形下，如：

Hash(上一个哈希值、交易记录集) = 456635BCD

有难度的情形下(挖掘难度)，如：

哈希(上一个哈希值，交易记录集，随机数) = 0000aFD635BCD

由于改变哈希运算的原始信息的任何一部分，哈希值也会随之不断地变化，因此在运算哈希时，不断改变随机数的值，总可以找到一个随机数使得哈希的结果以若干个0开头，率先找到随机数的节点就获得记账权力。

哈希值是由数字和大小写字母构成的字符串，每一位有62种可能性(可能为26个大写字母、26个小写字母，10个数字中任一个)，假设任何一个字符出现的概率是均等的，那么第一位为0的概率是1/62(其他位出现什么字符先不管)，理论上需要尝试62次哈希运算才会出现一次第一位为0的情况，如果前两位为0，就要尝试62的平方次哈希运算，以n个0开头就需要尝试62的n次方次运算。

图2-18是实际区块#493050的信息。可以看到哈希值以18个0开头，理论上需要尝试62的18次方次，这个数是非常巨大的，如此大的计算量需要投入大量的计算设备(矿机)和电力等，目前应该没有"矿工"独立参与挖矿，基本都是由"矿工"联合起来组成"矿池"进行"挖矿"("矿池"里的"矿工"按照算力的百分比来分配收益)。

从经济的角度讲，只要"挖矿"还有收益(比特币价格不断上涨让收益变大)，就会有新的"矿工"加入，从而加剧竞争，提高算力难度，挖矿就需要耗费更多的运算和电力，这种相互作用让最终成本接近收益。

在节点成功找到满足条件的哈希值之后，会马上对全网进行广播打包区块，网络的节点收到广播打包区块，会立刻对其进行验证。如果验证通过，则表明已经有节点成功解谜，自己就不再竞争当前区块打包，而是选择接受这个区块，记录到自己的账本中，然后进行下一个区块的竞争猜谜。网络中只有最快解题的区块，才会添加到账本中，其他的节点进行复制，这样就保证了整个账本的唯一性。假如节点有任何的作弊行为，都会导致网络的节点验证不通过，直接丢弃其打包的区块，这个区块就无法记录到总账本中，作弊的节点耗费的成本就白费了，因此在巨大的"挖矿"成本下，也使得"矿工"自觉自愿地遵守比特币系统的共识协议，也就确保了整个系统的安全。

区块 #493050

概览	
交易次数	2428
总输出量	105,563.92341131 BTC
预计交易量	1,084.63321235 BTC
交易费	1.54816407 BTC
高度	493050 (主链)
时间戳	2017-11-04 14:47:52
时间	2017-11-04 14:47:52
播报方	BTC.com
难度系数	1,452,839,779,145.92
计算目标	402702781
大小	1043.455 kB
重量	3992.704 kWU
版本	0x20000000
随机数	2776680252
新区块奖励	12.5 BTC

哈希值	
哈希值	000000000000000003c78fb6e49de8c9f038971f1224e4d23ed72ca96aaea8c
上一区块	0000000000000000009606f32345f878841aa4e838fbaca54139fefac3dc14fb
下一区块	
二进制哈希树根	c017e2dc67bfb80efab3e4cc913f54674521eb148149a46989ce5fdc8dce335e

图2-18　比特币实际区块#493050的信息

3. 比特币挖矿记账的特点

根据上述对比特币挖矿记账过程的分析，可以更好地理解比特币"挖矿"和记账的本质。简单来说，比特币挖矿记账的本质就是在最新区块链的数据上，生成(创建)一个符合条件的新区块，链入区块链，经过全网认证后，获得唯一写入账本的权利。比特币挖矿记账具有以下几个特点。

① 比特币"挖矿"的过程就是运行特定的计算公式，试图计算出符合特定规则的哈希值的一个过程。

② 凡是被各节点认证过的历史生成区块，分布式账本是绝不会被篡改的，因为区块链只有追加(Append)操作，没有随机写入(Update)的操作。

③ 新生成的区块，只能链接"挂载"在当前区块链链条的末端。这也就意味着每个节点在开始运行(或运行中)创建新区块时，凡是有新区块被确认增加到了区块链上时，当前节点就需要停止手头正在进行的"创建"新区块的工作，转而需要先将最新的总账本同步到本地，再重新开始"创建"新区块。

④ 比特币区块链中每个节点都持有一份总账本，产生的交易由参与记账的节点确认后，再打包到区块中，每生成一个新区块，需要经过全网(社区)大多数节点认证，

方可添加到区块链末尾。

⑤ 比特币的发行就是维持比特币区块链的不断生产，同时对参与比特币区块链的新生产区块所有者(节点)进行奖励。

⑥ 要篡改比特币挖矿记账的数据，必须获得全网51%以上的算力，才能获得共识机制的支持，这是不可能实现的。

2.4 比特币的分叉

2.4.1 区块链的分叉问题

区块链技术与传统数据库技术的不同之处在于，作为分布式数据库，其升级是非常困难的，尤其是每次升级可能会伴随着区块链的共识机制(认证规则)发生改变，这就需要协调好所有的系统参与者。区块链升级会导致整个网络中升级了软件的节点与未升级软件的节点运行在不同的规则下，于是分叉(Fork)就产生了。区块链的分叉又分为硬分叉(Hard Fork)和软分叉(Soft Fork)两种类型，其对区块链系统发展的影响也是存在较大区别的。

1. 硬分叉

硬分叉是指区块链系统发生永久性分歧(Permanent Divergence)，在新共识规则发布后，部分没有升级的节点无法验证已经升级的节点生产的区块，就会产生硬分叉。区块链代码出现一个硬分叉，会改变挖矿算法的难度级别。也就是说，如果区块链软件的共识规则被改变，并且这种规则改变无法向前兼容，旧节点无法认可新节点产生的区块，即为硬分叉。这时候旧节点会拒绝新规则的区块，于是新节点和旧节点会开始在不同的区块链上运行(挖矿、交易、验证等)，由于新旧节点可能长期存在，这种分叉也可能会长期持续下去。

2. 软分叉

软分叉是指区块链系统发生临时性分歧(Temporary Divergence)，在新共识规则发布后，没有升级的节点会因为不知道新共识规则，而生产不合法的区块，就会产生软分叉。在软分叉过程中，区块链的共识规则改变后，这种改变是向前兼容的，旧节点可以兼容新节点产生的区块。实际上，在刚开始时软分叉通常不会产生两条区块链，因为新规则下产生的块会被旧节点接受，旧节点只是无法识别新规则的真实意义。因此，新旧节点仍处于同一条区块链上，对系统的影响也就较小。

3. 两者比较

硬分叉要求所有旧节点必须进行升级，否则旧节点就无法识别新节点生产的交易和区块，导致区块链分成两条链。

软分叉的升级空间有限，软分叉的升级空间不束缚在对现有字段的重新定义上，即软分叉无法重新定义区块数据结构里的"区块大小"这个字段，也就是软分叉永远实现不了对1M区块的突破，若这种极端复杂的兼容性稍微出点错，就会导致新旧节点不兼容，即硬分叉。

硬分叉的升级空间则要大很多，因为硬分叉只要考虑能够接受以前旧节点生产的交易和区块，不需要考虑旧节点是否会接受新节点生产的交易和区块。因此，硬分叉可以对交易数据结构和区块数据结构进行更大胆的修改。

2.4.2 比特币的分叉问题

比特币中的分叉主要是指因比特币协议(版本)的突发改变而导致的兼容性的问题。硬分叉是指比特币区块格式或交易格式(共识机制)发生改变时，未升级的节点拒绝验证已经升级的节点生产出的区块，然后各自延续自己认为正确的链，所以分成两条区块链。那么，比特币系统发生硬分叉后，之前的版本不再可用，则需要强制升级。其在区块链层面会有分叉的两条链，一条旧链，一条新链。系统中的节点就需要在某个时间点全部同意分叉升级，不同意的将会进入旧的区块链中。软分叉是指比特币区块格式或交易格式(共识机制)发生改变时，未升级的节点可以验证已经升级的节点生产出的区块，而且已经升级的节点也可以验证未升级的节点生产出的区块。软分叉有较好的兼容性，之前版本至少部分功能可用，可不升级，组成链的区块有新区块和旧区块。在相当长的时间里，可允许不进行升级，新区块和旧区块共存。

在比特币系统中，如果有至少51%的矿工的算力转向新版本，那么比特币网络自动完成软分叉。一开始旧版本创建的区块在新协议下被认为是不合法的，这时会出现一个短暂的分叉，但最终新版本的分叉会赶超旧版本的分叉成为最长链，因为旧版本的算力小于新版本的算力。

如果小于51%的矿工算力转向新版本，那么软分叉将不会出现，因为旧版本比新版本有更多的算力支持，同时旧版本不兼容新版本。由于旧版本不接受新版本创建的合法区块，则新版本的合法区块被认为是不合法的。因此，其要实现硬分叉，则比特币系统中所有的参与者(矿工、交易所等)都要切换到新的协议版本上。很明显，硬分叉是不向前兼容，而且不需要51%以上的算力。

2.4.3 比特币分叉的演化情况

图2-19展示了比特币分叉演化情况,重点介绍如下。

Bitcoin:2009年,中本聪发布了第一个比特币代码库。然后,它被称为"比特币"(或者,更具体地说,第一个版本的"比特币0.1.0")。同一代码库后期被重新命名为"比特币核心",有时也被称为"中本聪客户端"。

常规区块链分叉:当两个或更多的矿工同时挖到有效区块时,比特币的区块链会分叉成为两个分支。按照设计的规则,只要一个分支变长,这些分叉就会分解,此时较短的分支就会被丢弃。

第一次软分叉:比特币的第一个软分叉协议升级后禁用了协议特性的OP_RETURN。从技术上讲,这相当于一个用户激活软分叉(UASF),但在早期,这实际上只是中本聪在制定协议规则,升级没有导致区块链分叉。

第一次硬分叉:比特币的第一次硬分叉协议升级增加了一个新功能OP_NOP,是由中本聪指定的。然而,并不是所有人都认为这次升级实际上是一个硬分叉。从结果来看,它没有导致区块链分叉。

意外的区块链分叉:在比特币网络的不同部分看到不同的交易历史,并且通常不会自动解决的时候,就会出现意外的区块链分叉。这种类型的区块链分叉通常是由软件缺陷或其他技术问题引起的,并且是比特币可能经历的最大短期故障之一。幸运的是,在比特币的历史上,这种事情只发生过两三次,每次都是通过社区协调解决的,并没有造成太大的破坏。

Bitcoin Knots(比特币结):比特币核心代码库分叉的一个例子。代码库分叉的是代码的副本,且不会引起区块链分叉。比特币结的设计初衷是与比特币核心保持兼容,它只是提供了不同的功能,可以理解为相互兼容又能提供不同功能的比特币钱包软件。

Libbitcoin:在不同的代码库中完全重新实现比特币协议的一个例子。它不是一个比特币核心的代码库分叉,其设计目的是保持与比特币核心兼容。

第一次由矿工引起的软分叉(MASF):P2SH升级可以说是第一个MASF,尽管后来的MASF使用了一种更纯粹的基于哈希函数的升级机制,它没有导致区块链分叉。

BIP148客户端:比特币核心代码库分叉的另一个例子。BIP148客户端被调整为强制执行的UASF,以便激活隔离协议的升级。它可能与比特币核心和其他比特币客户端不兼容。

Bitcoin ABC:比特币核心代码库分支的另一个例子。然而,Bitcoin ABC进行了调整,以确保它在某个时间点与比特币核心和其他比特币客户端不兼容。2017年8月1

日，Bitcoin ABC与比特币核心和比特币客户端发生冲突。在此过程中，它创造了一种新的数字货币，称为"比特币现金"(BCH)。

BTC1：一个比特币核心的代码库分支，经过调整后，确保了它与比特币核心以及其他比特币客户端不兼容。然而，BTC1的目的是为新的比特币协议"SegWit2x"部署硬分叉升级。换句话说，它的目标是让所有比特币用户都改用SegWit2x协议，并把这个协议称为"B2X"。

第一次由用户引起的软分叉(UASF)：如果当时BIP148客户端没有获得足够的支持，它就会放弃比特币原链，从而创建一种新的数字货币。然而，由于有足够多的矿工升级了他们的系统，BIP148的客户端仍然与其他比特币客户端兼容。许多人将此协议升级视为第一个"真正的"UASF，它不是由开发人员决定的，而是源于草根用户的运动。

Bitcoin Clashic：这是一个新的Bitcoin ABC发行版，旨在从硬分叉升级到比特币现金协议。大多数比特币现金用户升级了这种新协议，并将其命名为"比特币现金"。然而，一小部分用户选择继续使用最早的比特币现金协议，并为这种加密货币取了一个新名字："Bitcoin Clashic"。虽然Bitcoin Clashic也存在了一段时间，但现在它已经完全被抛弃了(主要是被比特币核心所取代)。

比特币核心：2018年初，Bitcoin Clashic社区中的大多数人都采用了Bitcoin Clashic客户端的一个代码库分支，名为Bitcoin Core Sq。这与现有的Bitcoin Clashic客户端不兼容，所以这又一次创造了一种新的数字货币。该软件故意和"比特币核心(Bitcoin Core)"的名字相混淆，实际上与Bitcoin Core的数字货币、Bitcoin Core软件客户端、比特币协议并不兼容，是不同的产品。

比特币黄金、比特币钻石和几十种分叉币：在Bitcoin ABC开创了一个通过区块链分叉创造比特币现金的相对成功的先例之后，一系列所谓的"分叉币"陆续问世。大家普遍认为，区块链分叉是一种发行新币的好方法。

Bitcoin SV：Bitcoin ABC的一个代码库分支，但经过调整，Bitcoin SV确保了它在某个时间点与比特币现金协议并不兼容。2018年，比特币现金社区内部出现分歧，导致Bitcoin ABC和Bitcoin SV都脱离了现有的比特币现金协议。Bitcoin ABC方面的分裂几乎在各个方面都更大。

Bitcoin Dark：比特币核心的一个代码库分支，同时它形成了一种同名的数字货币Bitcoin Dark。与莱特币和其他许多数字货币一样，这个代码库从一开始就被调整为与比特币协议完全不兼容。因此，它是一种全新的数字货币，而非区块链的分叉，只是碰巧在其名字中使用了"比特币"。如今，Bitcoin Dark已经销声匿迹了。

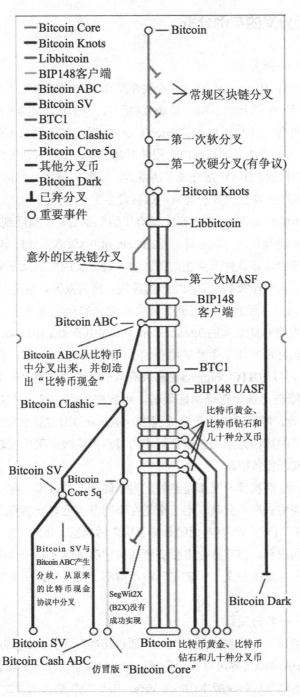

图2-19 比特币分叉的演化情况

2.4.4 比特币分叉的实例分析

1. 实际案例——硬分叉

2013年3月12日,Bitcoin qt 0.8.0版本软件发布了,0.8版本采用了一种新的数据库level db。有的矿工(节点)升级了Bitcoin qt 0.8版本,有的矿工还继续使用Bitcoin qt 0.7版本的软件。双方各自生产区块,但Bitcoin qt 0.8采用的新数据库生产出的区块被qt 0.7版本节点拒绝。具体的原因是旧的数据库对超过800KB的区块有时不接受。因此,在区块高度225430比特币区块链分成了两条链,一条是包含大于800KB区块的链,另一条是拒绝承认这些包含更大区块的链,这就发生了硬分叉。

当时是采用Bitcoin qt 0.8版本的矿工放弃了他们挖的链,退回到Bitcoin qt 0.7版本上继续挖矿。这次硬分叉是一次意外,是Bitcoin qt 0.8版本的软件出了bug,导致采用旧软件的节点拒绝验证新软件节点生产的区块。硬分叉的成因就是采用旧软件版本的节点拒绝验证采用新软件版本的节点生产的区块,然后双方各自挖矿。

在2015年7月4日,比特币区块链在区块高度363731又发生了一次硬分叉。当时是Bitcoin Core开发者在新版本的Bitcoin Core 0.10.0中添加了BIP-66。这本来是一起软分叉的修改,在比特币网络上主要矿池使用了0.10中版本的软件,但有一个矿池BTC Nuggets没有升级,导致BTC Nuggets挖出来的两个区块被其他"矿工"拒绝,然后双方就各自挖矿延续自己认为正确的区块链,由此产生硬分叉,分成了两条链。随后bitcoin.org发布公告,呼吁"矿工"升级到Bitcoin core 0.10.2版本来消灭分叉。这也是一次意外,硬分叉的成因是采用新软件版本的节点拒绝验证采用旧软件版本的节点生产的区块,然后双方各自挖矿。

到目前为止,这两次硬分叉都是意外,对于硬分叉的成因,前一个是在不同节点上对新产生的区块格式产生分歧,后一个是在不同节点上对交易格式产生分歧。硬分叉发生后,"矿工"(节点)需要考虑的是持币用户的意愿。虽然"矿工"(节点)可能拥有创造更大区块的权利,但获得更多投资者认可的那条链才是符合"矿工"利益的理性选择。因此,一旦发生分叉,"矿工"将不得不"站队",毕竟将算力分散并不是很经济的选择。

2. 实际案例——软分叉

软分叉在比特币历史上发生过多次,下面以BIP-34为例。Coinbase交易的输入中有一个字段coin base data内容可以任意定制。BIP-34要求在coin base data中必须包含块高度(Block Height)信息且将块版本(Block Version)从"1"修改为"2"。显然在旧规则下,节点并不关心coin base data是什么内容,完全可以兼容包含块高度信息的区块,所以不会就此产生分叉。

BIP-34的升级过程如下：

- 刚开始，"矿工"将块版本号变为"2"，以表示准备好进行升级，此时并不要求coinbase data必须包含块高度信息；
- 当最近1000个区块中超过75%的版本号为"2"时，整个系统开始强制要求版本号为"2"的区块coinbase data中必须包含块高度信息，但版本号为"1"的区块仍然被所有节点接受；
- 当最近1000个区块中超过95%的版本号为"2"时，版本号为"1"的区块开始被认为无效，节点会拒绝版本号为"1"的区块，于是逼迫最后一小部分节点进行升级。

2.5 比特币的发展状况

2.5.1 比特币的演进

2008年11月1日，中本聪发表了比特币白皮书《比特币：一种点对点的电子现金系统》(*Bitcoin: A Peer-to-Peer Electronic Cash System*)。

2009年1月3日，中本聪打包完成第一个区块，被称为创世区块，生成了第一批50BTC。

2010年5月22日，一位名叫Laszlo Hanyecz的程序员用1万枚比特币购买了两个披萨，这被广泛认为是用比特币进行的首笔交易。

2010年，中本聪逐渐淡出，并将项目移交给比特币社区的其他成员。12月12日，中本聪在比特币论坛(bitcointalk.org)中发表了最后一个帖子，提及了最新版本软件中的一些小问题，随后不再露面。

2012年11月28日，区块奖励首次减半，从之前每10分钟50BTC减至25BTC，区块#210000是首个奖励减半的区块。

2013年10月25日，美国"丝绸之路"网站的运营者"海盗罗伯茨"被逮捕，该网站被称为"销售非法药品的eBay"。FBI控制了"海盗"账户上的144 000个比特币，并将这些比特币转移到了FBI所控制的比特币地址上。

2014年2月，Mt.Gox在网站页面宣告停止交易并随后申请破产。Mt.Gox宣称遭到了黑客入侵。

2016年7月，比特币第420 000个区块已被开采完毕，区块奖励迎来了第二次减半，当前的区块奖励已成功降为12.5BTC。

2017年是比特币疯狂的一年，这一年发生了很多大事。3月，美国证券交易委员会(SEC)最终拒绝了卡梅伦和泰勒·文克莱沃斯兄弟的比特币交易所交易基金(ETF)上市申请，并指出当前全球比特币市场缺乏监管，存在着欺诈风险。8月1日，比特币进行了万众瞩目的硬分叉，产生Bitcoin Cash(BCH)，矿工在区块高度478 558开始了分叉的第一步。8月，在区块高度481 824，比特币隔离见证正式激活。9月30日，中国关闭所有境内交易所，引起包括比特币在内所有数字货币的价格大跌。11月9日，由于社区没有达成足够的共识，SegWit2x 硬分叉计划取消。12月27日，交易已经成功在比特币主网(mainnet)执行，标志其迈出了技术升级的第一步。12月28日，韩国对数字货币实行监管措施，包括对加密货币交易实施实名制，禁止匿名开设加密货币账户，以及根据韩国司法部的要求关闭虚拟货币交易所。12月18日，比特币价格突破18 000美元，达到历史最高点19 850美元。

2018年1月开始比特币价格持续下跌，11月25日，比特币跌破4000美元大关，最低跌到3000多美元。

2019年4月，比特币开始恢复上涨，再次站上5000美元大关；5月12日，比特币再次突破7000美元，6月比特币再次突破13 000美元大关，随后开始调整，但市场总体情绪乐观。

2.5.2 比特币的交易

1. 市场情况

从历史上来看，比特币价格波动较大(见图2-20)，大致分为以下几个阶段。

1) 2010—2012年不断上涨阶段

从2010年到2011年，比特币的价格一直处于上涨趋势。2011年2月，比特币价格首次达1美元，与美元等价。此后两个月内，比特币与英镑、巴西雷亚尔、波兰兹罗提兑换交易平台上线，《时代周刊》《福布斯》等美国主流媒体相继发表比特币相关文章，来自更多国家的投资者涌入加密行业。2011年6月8日，比特币单枚成交价达到32美元，创历史新高，比初始价格上涨一万多倍。但随后一周，由于比特币交易平台Mt.Gox的"黑客事件"的发生，比特币价格急剧回落至10美元。之后，比特币持续走低，11月跌至2美元，跌幅94%，创历史纪录。

2) 2013年暴涨暴跌阶段

2013年4月，欧洲塞浦路斯发生债务危机，比特币因其"去中心化"和"超主权"特征受到欧洲避险资金青睐，单枚价格一度从30多美元涨至265美元。此次危机带动的暴涨吸引大量比特币投资者进入加密行业。随后一周，市场趋于理性，比特币价格下跌至68美元。2013年10月，美国FBI关闭"丝绸之路"网站，全球比特币投资者担心美国会采取进一步行动，情绪异常恐慌，比特币市场大幅波动。但随着欧洲一些国家相继出台了一些有利于比特币的政策，比特币又重回上涨模式，单枚价格突破1147美元，一度接近一盎司黄金的价格。随后，受中国央行发布《关于防范比特币风险的通知》的影响，比特币大跌60%。

3) 2014—2016年陷入低迷阶段

2014—2016年，比特币市场陷入低迷，新投资者数量不断减少，价格整体呈稳中下跌趋势。2014年2月28日，Mt.Gox 85万个比特币被盗，比特币价格跌幅80%。2015年7月，比特币单枚价格跌至200美元。随后的2016年，受比特币产量减半、英国脱欧、美国大选以及亚洲市场的强势等因素影响，比特币持续上涨，2016年12月突破1000美元，并呈现进一步上扬的趋势(见图2-20)。

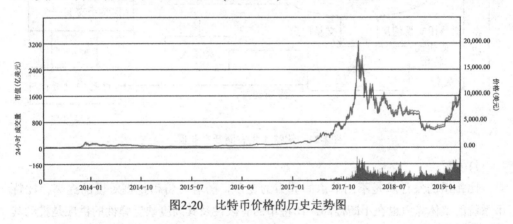

图2-20　比特币价格的历史走势图

4) 2017—2019年跃入新平台

2017年1月，比特币大涨，价格再度突破1000美元。2017年2—5月，比特币价格缓慢增长，到5月中旬单枚价格达到2000美元，但进入六七月后又开始下跌，跌幅达到45%。2017年9月，中国央行发布《关于防范代币发行融资风险的公告》，受此影响，中国国内投资热度消减，但日本和韩国比特币投资者持续涌入，比特币持续走高，12月18日比特币触及历史峰值18 674美元，之后开始暴跌，12月31日封盘价跌破11 000 美元。2017年比特币全年涨幅高达1700%。2018年比特币市场表现并不理想，币价剧烈波动，整体呈现下跌趋势，2018年1月，比特币有过短暂的升值期，1月7日达到峰值16 448美元，但从1月8日开始暴跌，仅1月8日一天就跌了2219美元，跌幅达15.6%。2018年，比特币最低创下3200美元的低点，此后有起有落。进入2019年，比特币重新进入升势，并在2019年5月重新冲上13 000美元大关，随后进入调整。总体上，比特币价格进入了一个10 000美元以上的估值新区间。

2. 比特币生态圈

根据Satoshi Capital Research的数据显示，比特币在2018年的名义交易价值达到了2.2万亿美元，比2017年8700亿美元的总交易量增加了61%。而根据万事达卡(Mastercard)的估计，其2018年的交易量也不过4.4万亿美元。

整个比特币生态圈分为发行、流通支付、交易投资三大产业群，如图2-21所示。

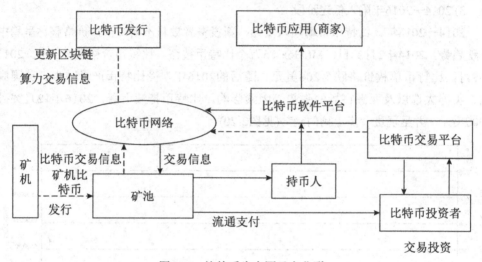

图2-21 比特币生态圈及产业群

1) 发行

比特币的发行就是不同节点间算力的竞争，随着比特币挖掘难度的提高，比特币系统的整体算力也在不断提高。比特币的有限性及其高度缺乏弹性的供应是推动其价格上涨和交易量暴涨的主要因素，而比特币价格又与比特币挖矿行业的整体发展有关。系统算力总量、单位算力成本、比特币价格决定挖矿收益，反过来也决定了比特币挖矿行业的发展状况。由于比特币产出是恒定的，对单个挖矿单位来说，算力占比决定能挖到的比特币数量占比；在比特币产生量稳定的情况下，降低挖矿成本(如提高矿机效率、降低电费)可以提高挖矿的收益。

总体来看，比特币的价格与系统总体算力增长仍呈高度正相关，而随着系统总体算力的不断上升和比特币挖矿难度的增加，挖矿成本也不断增加，而这又反过来会推高比特币的价格(见图2-22)。

在中国人民银行等金融监管部门对比特币等数字货币交易采取限制性措施之前，中国的比特币挖矿行业的算力占了整个比特币系统的80%左右(见图2-23)。

2) 交易投资

2017年11月27日，比特币的日活地址数量突破了100万。日活地址是一个重要指标，显示了大型交易所之间、独立地址之间直接转移比特币的交易情况(见图2-24)。

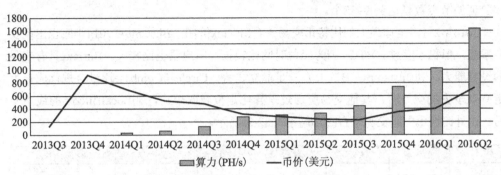

图2-22　比特币系统算力与比特币价格(2013—2016年)

矿池	所属国家	区块数	占比
鱼池F2Pool	中国	1182	26.36%
蚁池AntPool	中国	925	20.63%
国池BTCC Pool	中国	577	12.87%
BW.COM	中国	510	11.37%
BitFury	美国	411	9.17%
ckpool	美国	280	6.24%
Slush	捷克	220	4.91%
KnCMiner	瑞典	141	3.14%
1Hash	中国	52	1.16%
HaoBTC	中国	18	0.40%
Ghash.IO	荷兰	11	0.25%
Eligius	美国	10	0.22%
BitMinter	美国	9	0.20%
未知		138	3.08%

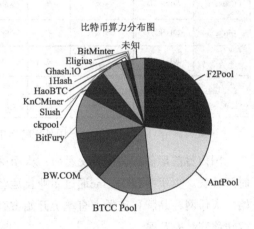

图2-23　比特币系统算力分布情况(2016年)

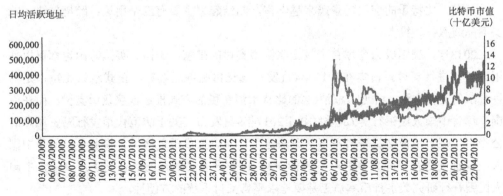

图2-24　比特币日均活跃地址数与市值情况(2016年)

资料来源：火币网。

根据Bitnodes statistics的数据，截至2018年10月16日，负责比特币转账交易的广播和验证的节点数量达到9988个。

2014年2月，全球最大的比特币交易平台Mt.Gox倒闭，Bitstamp在2014年底也出现安全事故，但稳定度过。BTC-e因为经营时间比较长，用户量也比较大。Bitfinex具有较强的经营能力，和Bitstamp、BTC-e有三足鼎立之势。Circle和Coinbase通过合规化成长为更有竞争力的交易所。其他交易所通过差异化定位获取用户，如LocalBitcoin的线下交易。国外比特币主流交易平台(2016年)如图2-25所示。

	成立时间	充值	交易手续费	安全声誉	交易声誉	市场深度	买卖速度	客服速度	特点
Circle	2014年9月	免费	高	非常好	好	0	最快	中	第一家获得BitLicense牌照
Coinbase	2015年1月	免费	高	非常好	非常好	0	最快	中	获得组交所投资，并获批交易所
Bitstamp	2011年8月	免费	中	中	好	高	快	慢	知名老牌交易所
BTC-e	2011年8月	1%手续费，第三方渠道较多	低	中	差	浅	中	中	经营时间较长
Bitfinex	2012年10月	免费	中	好	中	极高	快	中	借贷功能
LocalBitcoin	2012年1月	不需要	高	非常好	非常好	极浅	最慢	快	主打场外交易

图2-25 国外比特币主流交易平台(2016年)

国内目前形成三大主要交易所：火币网、OK inc和比特币中国。比特币中国运营时间较长。火币网和OK inc通过专业化运营脱颖而出，形成三足鼎立之势。2015年开始，火币网在品牌和市场占有率上开始占有绝对优势。但目前这些交易平台都已关闭或转移到海外发展。

3) 流通支付

目前，比特币的应用场景越来越丰富，归结起来主要有三个用途：跨境转账、购买商品或服务、投资。

2013年，德国成为全球首个接受比特币支付的国家，美国、英国等国也都可以使用比特币进行支付。日本在2017年4月发布《支付服务法案》，正式承认比特币是一种合法的支付方法，并通过取消8%的比特币消费税的方式推进数字货币支付。而在中国，尽管中国人民银行等7部委联合于2017年9月发布《关于防范代币发行融资风险的公告》，规定境内交易平台不得从事法定货币和虚拟货币之间的兑换业务，但是中国人民银行一直在研究数字货币，2018年3月，中国人民银行前行长周小川表示，中国人民银行行研究数字货币本质上是要追求零售支付系统的方便性。

2018年4月，全球支付巨头公司Discover Financail Services宣布加入区块链行业组织数字货币商会(DDC)[①]，成为该商会执行委员会的正式会员。4月初，日本金融业巨头之一瑞穗银行在福岛县富冈市的餐馆和其他场所进行数字货币测试。根据Usethebitcoin的资料，目前全球十大接受比特币的公司包括Overstock.com、EGifter、Newegg、Microsoft、Expedia、PayPal、Shopify、Virgin Galactic、Dish和Wikipedia。虽然这些世界顶级公司已经开始接受比特币的支付，比特币支付也逐渐从非营利性机构向广泛的商业服务场景扩展，同时比特币、以太币、莱特币等已经可以在全球进行支付流通，但是，目前数字货币作为支付功能的货币属性远不及其数字资产属性。

---

① 数字货币商会(The Chamber of Digital Commerce，DDC)成立于2014年7月，总部位于美国华盛顿特区，是世界领先的区块链贸易协会，同时该商会也是代币联盟、智能合约联盟、区块链联盟、全球区块链论坛等重要行业计划的创始人，并计划不断推进区块链技术未来发展，鼓励美国政府和行业开发区块链解决方案。DDC至今代表着200多家采用区块链技术进行投资和创新的公司。著名的成员包括Fidelity Investment、Microsoft、Overstock、IBM、Bitpay和Discover等公司。

第 3 章
数字货币与区块链技术

3.1 区块链技术

3.1.1 区块链技术概述

1. 区块链技术的发展阶段

区块链技术的发展经历了三个阶段。

(1) 区块链技术1.0，主要应用于以比特币为代表的数字货币，其特点是区块单位的链状数据块结构、分布式账本、非对称加密和源代码开源。[①]

(2) 区块链技术2.0，区块链在数字货币以外领域的智能合约应用，如分布式身份认证、分布式域名系统、分布式自治组织等，统称为分布式应用(DApp)，其特点是智能合约[②](Smart Contract)和分布式应用、虚拟机[③](Virtual Machine)，用户通过智能合约获得的利润达到一定程度时，就能够通过共享证书的分红获得收益。

---

① 区块链网络中设置的共识机制和规则都可通过一致的、对所有人开放的源代码进行验证。
② 智能合约是一种旨在以信息化方式传播、验证或执行合同的计算机协议。智能合约允许在没有第三方的情况下进行可信交易，这些交易可追踪且不可逆转。
③ 虚拟机是指通过软件模拟的具有完整硬件系统功能的、运行在一个完全隔离环境中的完整计算机系统，也就是用于执行智能合约编译后的代码。

区块链技术2.0在国际汇兑、信用证、证券交易等金融领域有着潜在的巨大应用价值,它可以注册、确认和转移各种不同类型的资产及合约,省去第三方金融中介机构环节,使交易远离全球化经济,保护个人隐私,并将掌握的信息兑换成真实货币,保证所有者的利益。同时,区块链技术2.0使网络存储个人的"永久数字ID和形象"成为可能,实现点对点的直接对接和去中心化,大大降低交易成本,缩短交易时间。

(3) 区块链技术3.0,适用于金融领域以外的各种行业,如司法、物流、医疗、交通、教育等领域,帮助解决社会经济发展的信用问题,提高社会经济系统运作效率。

2. 区块链技术的类型特点

(1) 公有区块链(Public Block Chains)

区块链完全开放,各个节点可以自由地加入和退出网络,网络中不存在任何中心化的服务端节点。世界上任何个体或者团体都可以发送交易,且交易能够获得该区块链的有效确认,任何人都可以参与其共识过程。公有区块链是最早的区块链,也是应用最广泛的区块链,典型的应用就是比特币和以太坊,各种数字货币及其衍生金融产品均基于公有区块链。

(2) 联盟/行业区块链(Consortium Block Chains)

各节点有对应的实体机构,需要通过授权后才能够加入或退出系统,各个机构之间组成利益联盟,由某个群体内部指定多个预选的节点为记账人,每个块的生成由所有的预选节点共同决定(预选节点参与共识过程),其他接入节点可以参与交易,但不过问记账过程(本质上还是托管记账,只是变成分布式记账,预选节点的多少、如何决定每个块的记账者成为该区块链的主要风险点),其他人可以通过该区块链开放的API进行限定查询。

(3) 专有区块链(Private Block Chains)

各个节点的写入权限由内部控制,读取权限会选择性开放,区块链是多节点运行的通用结构,但其资格认证被严格控制,适用于部分特定机构的内部数据管理和审计,蚂蚁金服就是该技术的应用典型。

区块链的类型一般分为三种,如表3-1所示。

表3-1 不同类型区块链技术比较[1]

要素	公有区块链	联盟/行业区块链	专有区块链
参与者	任何人自由进出	特定人群、协议	公司内部
信任机构	POS[2]	集体背书	自行背书
记账人	所有参与者	参与者协商	自定
激励机制	需要	可选	不需要
中心化	去中心化	多中心化	中心化
优势	信用自然建立	效率成本优化	透明、可追溯
场景	虚拟货币	结算	审计、发行
承载力	3万~20万笔/秒	1万笔/秒	10万笔/秒
典型应用	比特币、以太坊	R3[3]	蚂蚁金服

首次代币发行(Initial Crypto-token Offering，ICO)[4]融资模式爆发之前，公有链只是吸引了社区和媒体的眼球，更多的商业价值在联盟链和私有链上，但是全球ICO的爆发推动了公有区块链技术的迅速发展。比特币采用了区块链技术1.0，以太坊则将区块链技术推向了2.0时代，ICO与以太坊这一加密数字货币平台密切相关。比特币和以太坊两者最大的区别在于，开发者可以在以太坊区块链的基础上做其他的应用开发，智能合约开启了ICO的爆发。以太坊在2015年11月提出ERC-20标准，在技术上为广大开发者或者数字货币发行者提供了支撑，而使用这种规则的代币具有通用性和可行性，方便ICO项目代币的流通和估值。目前，ICO正逐渐成为基于区块链技术的科技创新企业的主流融资模式，反过来也推动了区块链技术的快速发展。

---

[1] 姚博·比特币、区块链与ICO：现实和未来.当代经济管理[J]. 2018, 40(9)：85-87.
[2] POW、POS、DPOS都是区块链的一种共识机制，是区块链技术的核心。POW(Proof of Work)是工作量证明。POS(Proof of Stake)是权益证明，即根据持有数字货币的数量和时间进行利息分配的机制，仍然存在算力问题，但对应数学难题的难度与持币的时间长短紧密相关。简单来说，持币者持有币的时间越长，难题越简单，挖到币的概率越大。DPOS(Delegated Proof of Stake)是代理权益证明，是一种基于投票选举的共识算法，持币人选出几个代表节点来运营网络，用专业运行的网络服务器来保证区块链网络的安全和性能。
[3] R3作为全球顶级的区块链联盟，与超过100家银行、金融及监管机构、贸易协会、专业咨询服务公司以及科技公司保持紧密合作，共同开发其专为商用设计的分布式账本平台Corda，完成银行间对账直联处理，能够实时、同步地记录、管理并执行各机构主体之间的金融协议，保证一致性。
[4] 首次代币发行(ICO)，源自股票市场的首次公开发行(IPO)概念，是基于区块链技术项目的首次发行代币，募集比特币、以太币等通用数字货币的行为。

3.1.2 区块链技术特点

1. 区块链技术的基本特征

(1) 去中心化

去中心化是区块链技术的核心特征。基于分布式存储和P2P技术，区块链上每一个节点的信息传递都是点对点的，都是平等的，都可以根据共识机制对全网数据进行存储、记录和更新。

(2) 去信任化

区块链的数据结构使得区块可以存储所有的历史数据，因此区块链上的每一条数据都可以追溯，且不可篡改。用户通过区块链进行相关数据处理或交易时，不需要通过信任任何第三方权威机构来确保数据的真实性和可靠性，节省了大量的数据处理和交易的成本。

(3) 去中介化

现代经济社会中，中介组织作为第三方机构，是市场交易中不可或缺的信息渠道和桥梁，可以为交易双方的互信提供担保。由于区块链技术引入了共识机制等架构，使得点对点信息传递可以实现全网认证，确保交易的真实有效，大大降低了传统交易过程对中介机构的依赖，甚至取而代之，也大大降低了交易成本。

(4) 共识机制

共识机制可以保证所有具备能力的节点都可以管理和维护整个区块链网络，任何节点都可以保存全网的总账本(交易数据)，且节点间可以根据共识机制来为总账本添加信息，进行认证，完成交易。

(5) 匿名性

基于非对称加密算法，区块链网络上各个节点之间的数据交换都是按照全网认可的、协同设定的规则进行的，由于交易过程中通过公钥和私钥经过一系列复杂运算来确定交易对手(地址)、进行交易验证和记录，使得交易双方只能看到一串复杂字符串代表(地址)的交易对手，实现了交易的匿名性。

(6) 安全性

新的交易数据被添加到区块链中并形成新的区块时，该数据也会被全网所有节点共同更新和记录，通过时间戳机制确保了交易的顺序，通过非堆成算法加密确保了数据安全和防伪，通过共识机制规避了双重支付等问题。同时，随着区块链节点的增多，全网算力不断增强，篡改数据的难度与成本越来越大，实现了交易数据的安全性和可靠性。

2. 区块链的层级结构

区块链的层级结构可以分为三个部分——协议层(Protocol Layer)、扩展层

(Expansion Layer)和应用层(Application Layer)，三者相互独立且不可分割。

1) 协议层

协议层包含了数据层(Data Layer)和网络层(Network Layer)，是区块链的底层技术基础，类似于计算机的操作系统，涉及网络编程、分布式算法、加密签名等。其中，数据层主要包含底层数据区块以及基础数据、基本算法等，其主要功能是描述区块链技术的物理形式，也就是区块链上从创世区块起始的链式结构，每个区块包含了区块上的随机数、时间戳、公私钥数据等，是整个区块链技术中最底层的数据结构。网络层则包括分布式组网机制、数据传播机制和数据验证机制等，其主要功能是实现区块链网络中节点之间的信息交流。网络层通过P2P(点对点)技术实现分布式网络，包括P2P组网机制、数据传播机制和数据验证机制，因此区块链本质上是一个P2P网络，具备自动组网的机制，节点间通过维护一个共同的区块链结构来保持通信。每一个节点既接收信息，也产生信息。

2) 扩展层

扩展层也称为共识层(Consensus Layer)，其主要功能是实现共识机制，负责点对点模式的有效识别认证。让高度分散的节点在去中心化的区块链网络中高效地针对区块数据的有效性达成共识，是区块链的核心技术之一，也是区块链社群的治理机制。扩展层又可以加入激励层(Actuator Layer)和合约层(Contract Layer)。其中，激励层主要包括经济激励的发行制度和分配制度，其主要功能是提供一定的激励措施，鼓励节点参与区块链的安全验证工作。激励机制在公有链中是必需的。在联盟链中，所有节点都是已经经过组织认证的节点，不需要额外的激励，这些节点也会自发地维护整个系统的安全和稳定。在公有链中，节点不需要进行认证，可以随时加入、随时退出这个网络，记账需要消耗CPU、存储、带宽等资源，所以需要有一定的激励机制来确保"矿工"在记账的过程中能有收益，以此来保证整个区块链系统朝着良性循环的方向发展。合约层则主要包括各种脚本、代码、算法机制及智能合约。合约层是区块链可编程的基础，负责规定交易方式和流程细节。区块链可以理解为是去中心化不可篡改的账本，程序代码也是数据，也可以存到账本里。智能合约是存储在区块链中的一段不可篡改的程序，可以自动化地执行一些预先定义好的规则和条款，响应接收到的信息。合约发布之后，其运行和维护就交给全网的矿工，通过"挖矿"的过程来达成共识，这也是区块链去信任化的基础。

数据层、网络层、共识层是构建区块链技术的必要元素，也是核心层，缺少任何一层都不能称为真正意义上的区块链技术。

3) 应用层

应用层是区块链技术在现实中的各类应用场景。基于区块链技术的特点，以下几种情况可以最快地发挥区块链的价值。

(1) 业务开展需要进行跨主体协同协作时

与建立中心化的系统来协调跨主体之间的任务分配、绩效考核激励及交易验证等相比，采用去中心化的区块链技术，由各个参与主体按照共识机制来进行任务分配、绩效考核激励和交易验证，可以支持更加复杂的业务，同时可以降低成本。

(2) 业务开展需要各方低成本信任时

中介机构在经济活动中涉及的场景非常广泛，从租房、二手买卖、婚恋到企业投融资等。由于市场中存在大量的信息不对称，因此信任机制就成为交易的主要障碍，也是迫使市场依赖中介机构的主要原因。通过区块链技术去信任化和去中介化的特点，分布式数据库提供的历史数据溯源和以智能合约进行履约等一系列创新机制，可以对那些难以建立信任机制或者维护信任成本高的场景进行应用创新，实现低成本的信任搭建。

(3) 当业务链条过长时

业务流程越长，信息传递过程的失真就越多，每个环节都难以确定其他环节的真实性、可靠性和有效性。同时，由于主体之间的业务隔离，容易形成信息壁垒，难以进行业务延伸。区块链技术可以保证在整个业务长链条上的各个参与主体身份的真实性、数据的可靠性和信息传递的有效性，可以有效地减少交易的中间环节，并促使多方交易的达成。

因此，区块链技术不仅可以广泛应用在现有中介机构涉及的业务范围内，还可以更加广泛地渗透到公共服务领域、数字版权领域和金融服务领域(见图3-1)。

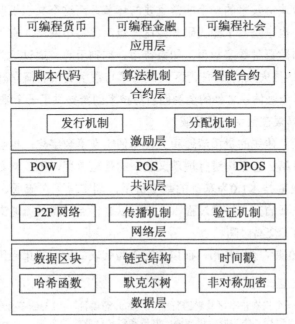

图3-1　区块链的层级结构

3.1.3 区块链技术演进

区块链发展的三个阶段是：以比特币为代表的区块链技术1.0，以以太坊为代表的区块链技术2.0，以实现完备权限控制和安全保障的超级账簿(Hyperledger)项目[①]为代表的区块链技术3.0。

1. 区块链技术1.0

比特币就是区块链1.0最典型的代表，它代表了数字货币在现实中的应用，包括其支付手段、流通媒介等职能，比特币创建了完整的数字货币体系和生态圈，使得数字货币从计算机技术层面向社会经济层面发展，甚至触动了传统货币金融体系。围绕比特币这一基础数字货币，在支付、流通、存储、投资乃至金融衍生品方面，全球金融业开展了一系列的创新和尝试。

区块链技术1.0的特征主要有以下三个方面。

(1) 从技术上实现了去中心化

中本聪通过技术整合，采用共识机制和"时间戳"概念解决了"交易重复"的双重支付问题，并给予维护系统/竞争分布式记账权的节点(矿工)以比特币作为"挖矿"奖励，真正从技术层面上实现了"全网自由交易、全网共同维护"的去中心化货币体系。

(2) 源代码开源，各种数字货币不断涌现

共识机制是区块链技术的一个非常重要的环节，而这个共识机制可以通过开源的源代码进行验证。也正是有了源代码开源这一点，比特币网络才有了可复制性，从而催生了世界范围内数百种数字货币，如莱特币、狗狗币等。通过这些数字货币的使用(大多数山寨币最终是失败的)，使得区块链技术与数字货币的概念开始在全球普及和推广，为传统货币金融体系之外的金融创新与技术创新提供了一个雏形框架。

(3) 应用场景局限在数字货币领域

在互联网时代，传统的货币流通和支付即使实现了数字化，也会采用传统的金融方式，通过银行等第三方机构进行烦琐又复杂的处理流程，不仅交易时间长，而且成本也很高。以区块链技术1.0为基础的数字货币，则实现了在流通、支付等环节的创新，节省了中间烦杂的交易处理过程，直接可以进行点对点的流通支付，极大地降低了交易成本，节约了交易时间。

区块链技术1.0催生了比特币，而以比特币为代表的数字货币应用，其场景已经基

---

① 超级账簿项目是一个旨在推动区块链跨行业应用的开源项目，由Linux基金会在2015年12月主导发起，成员包括金融、银行、物联网、供应链、制造和科技行业的领头羊。

本涵盖传统货币金融领域的流通、支付、存储等货币职能,因此尽管比特币发展过程中存在重重问题,如洗钱、价格剧烈波动、数量上限可能导致的通货紧缩,"挖矿"对能源的浪费,各国政府监管的限制,等等,但其仍然是区块链技术最成功的应用,并为人们勾勒了数字货币时代的蓝图。

2. 区块链技术2.0

区块链技术2.0的典型代表是以太坊,以太坊通过提供一个强大的可编程环境,借助智能合约的开发,实现了各种商业与非商业中的应用场景。智能合约推动区块链技术在金融领域的应用延伸。智能合约的核心思想就是利用计算机程序算法来替代人执行合约,形成自动化/自组织的资产组合与相互协调。智能合约包含三个基本要素:要约、承诺、价值交换,并有效定义了新的应用形式,使得区块链从单纯的数字货币体系拓展到货币金融以外的其他应用领域,包括在股权众筹、证券交易、保险区块链等领域开始逐渐有应用落地。目前,传统金融机构也在大力研究区块链技术,以期与传统货币金融体系进行融合与拓展。

相对于区块链技术1.0,区块链技术2.0有如下优势。

(1) 支持智能合约

区块链技术2.0定位于应用平台,在这个平台上,可以发布各种智能合约,并能与其他外部IT系统进行数据交互和处理,从而实现各种行业应用。

(2) 适应大部分应用场景的交易速度

通过采用PBFT、POS、DPOS等新的共识机制算法,区块链技术的交易速度有了很大的提高,峰值速度已经超过了3000TPS(每秒处理交易数量)[①],远远高于比特币的5TPS,已经能够满足大部分的金融应用场景。

(3) 支持信息加密

区块链技术2.0因为支持完整的程序运行,可以通过智能合约对发送和接收的信息进行自定义加密和解密,从而达到保护企业和用户隐私的目的,同时零知识证明等先进密码学技术的应用进一步推动了其隐私性的发展。

(4) 无资源消耗

为了维护全网络的共识,比特币使用的算力超过12.20EH/s,相当于5000台天河2号A的运算速度,每天耗电超过2000mWh。区块链技术2.0采用PBFT、DPOS、POS等新的共识机制算法后,不再需要通过消耗巨大的算力达成共识,从而实现对资源的零

---

① TPS(Transactions Per Second)是指每秒传输的事物处理个数,即计算机服务器每秒处理的事务数。TPS包括一条消息入和一条消息出,加上一次用户数据库访问。TPS是软件测试结果的测量单位。一个事务是指一个客户机向服务器发送请求然后服务器作出反应的过程,从发送请求时开始计时,收到服务器响应后结束计时,在此期间完成的事务个数。

消耗，使其能绿色、安全地部署于企业信息中心。

3. 区块链技术3.0

区块链技术3.0是价值互联网的内核。在这个发展阶段，区块链能够对每一个互联网中代表价值的信息和字节进行产权确认、计量和存储，从而实现资产在区块链上可追踪、可控制和可交易。区块链技术3.0的核心是由区块链构造一个全球性的分布式记账系统，它不仅仅能够记录金融交易，而是几乎可以记录任何有价值的能以代码形式进行表达的事物，例如信号灯状态、出生和死亡证明、结婚证、教育程度、财务账目、医疗过程、保险理赔、投票等。因此，区块链技术3.0的应用能够扩展到任何有需求的领域，包括审计、公证、医疗、投票、物流等领域，进而到整个社会，成为"万物互联"的一种最底层的协议（见图3-2）。

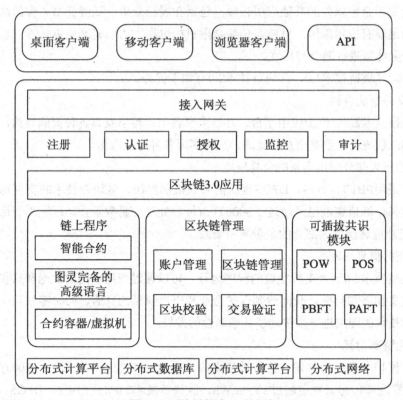

图3-2 区块链技术3.0的框架

在未来的区块链技术3.0概念中，区块链主要由两个部分组成：币值与生态。币值是区块链在资本市场上价值的体现，同时也让用户在区块链上获取的奖励拥有区块链的价值，这已经在比特币、以太坊等主流区块链中得到体现。而生态便是区块链的延伸与扩展，是区块链价值的实现与增值。

如果把生态再进一步细分,可以分为用户、社区(社群)、分布式应用(DApp)[①]三个部分。用户是生态的基础,没有用户肯定无法形成生态,社区社群是运营自治场所,用来监督进化区块链生态发展的方向,而DApp则是生态内容的体现,如何合法合规地利用区块链数据,上传数据,这就要通过DApp来实现。所以在规则下,每个DApp的地位都是合法平等的,比如同一类型的产品/服务,品质口碑越好,受欢迎的概率就越大,获得区块链上的消费与奖励就会越多。在区块链技术3.0环境下,大型互联网企业(比如阿里巴巴、腾讯这样的平台企业)无法通过大量政策性补贴与扶持来创造流量,从而可以避免产生不正当竞争。

3.1.4 区块链技术应用场景

根据区块链技术的特点,各种具有针对性的行业应用也应运而生。目前,区块链的应用主要是在垂直链条的产业中,主要有两种形态:第一种是高度匹配区块链技术特征的商业应用;第二种是对已有中心化业务采用区块链技术进行改造,使其获得区块链技术赋予的一些新特性和新功能。

区块链的应用其实是非常广泛的,区块链技术1.0的应用主要是数字货币,以比特币为主。区块链技术2.0的应用是智能合约。区块链技术3.0的应用是区块链与行业相结合。

区块链技术3.0可预见和正在实施的应用场景包括但不限于以下方面。

(1) 公证防伪

利用区块链技术来革新商业社会和政府部门的数据管理和数据记录方式,也就是建立一个不可撤销的发布系统,系统中的数据一经发布,便不可撤销,提供了一份准确、可验证且无法篡改的审计跟踪记录。利用区块链技术帮助开发各种各样的应用程序,包括审计系统、医疗信息记录、供应链管理、投票系统、财产契据、法律应用、金融系统等。

(2) 供应链金融

基于区块链的供应链金融和贸易金融是基于分布式网络改造现有的大规模协作流程的典型。区块链可以缓解信息不对称的问题,十分适合供应链金融的发展。供应链中的商品从卖家到买家伴随着货币支付活动,在高信贷成本和企业现金流需求的背景下,金融服务公司提供商品转移和货款支付保障。供应链溯源防伪、交易验真、即时清算的特

[①] DApp(Decentralized Application)是分布式/去中心化应用的缩写,不同的DApp会采用不同的底层区块链开发平台和共识机制,或者自行发布代币(也可以使用基于相同区块链平台的通用代币)。DApp就是底层区块链平台生态上衍生的各种分布式应用,也是区块链世界中的基础服务提供方。DApp之于区块链,就好比App之于iOS和Android系统。

点将解决现有贸易金融网络中的诸多痛点，塑造下一代供应链金融的基础设施。

(3) 物流溯源

利用追踪记录有形商品或无形信息的流转链条，通过对每一次流转的登记，实现追溯产地、防伪鉴证、根据溯源信息优化供应链、提供供应链金融服务等目标。把区块链技术应用在溯源、防伪、优化供应链上的内在逻辑是数据不可篡改和加盖时间戳。区块链在登记结算场景上的实时对账能力，在数据存证场景上的不可篡改和时间戳能力，为溯源、防伪、优化供应链场景提供了有力的工具。

(4) 资产交易

资产(房地产、有价证券、无形资产等)交易过程中的痛点在于信息缺乏透明，需要大量的证明文件，存在潜在的欺诈行为等，区块链提供了一个途径，以实现无纸化和快速交易。资产交易区块链应用可以帮助记录、追溯和转移产权(物权)等，还给交易各方提供了一个平台，安全地保存交易文件，同时增强透明性，降低成本。

(5) 共享经济

目前，大多数的共享经济项目都是依靠前期的巨额投资，盈利模式是否可行仍待验证，缺乏一个稳定的商业生态，后续的发展令人堪忧。用区块链技术搭建的共享平台是没有中心节点的，链上的每一个节点都是平等的。在区块链共享平台上，所有用户根据共享的资源自主定价并进行广播，平台上其他用户看到后根据其提供的资源和价格决定是否获取资源，这种P2P的模式降低了成本，并对资源提供者起到很好的激励作用。区块链技术可以为共享平台的自治性提供智能合约支持，使得用户在固定的规则下进行交易操作，用户的不合规行为会受到对应的处理，进而实现用户直接交互，达到平台自治。此外，区块链上的每一次交易操作都会有对应的时间戳，可以很好地解决共享经济业务过程中发生的法律纠纷。

3.2 区块链技术2.0与以太坊

3.2.1 区块链技术2.0

比特币的区块链1.0架构主要围绕支持虚拟货币的实现，虽然它有一定的灵活性，但用来支撑虚拟货币以外的应用场景还显得非常局限。而区块链技术伴随比特币热潮也逐渐引起社会关注，并成为独立于比特币的一个平台架构，其重要性越来越受到重视。区块链2.0的概念也随之产生，其核心理念是把区块链作为一个可编程的分布式信用基础设施,支持智能合约应用,以与过去将比特币区块链作为一个虚拟货币支撑平台区别开来。

区块链技术2.0就是把区块链作为一个"可编程的分布式信用基础设施",其核心是开发区块链应用程序的底层协议——"区块链2.0协议"。区块链技术1.0和区块链技术2.0之间的关系类似于Internet协议及其堆栈层的关系。前者可以被视为TCP/IP传输层,而后者可以被视为HTTP、SMTP和FTP。在这种情况下,区块链技术2.0类似于iOS和Android操作系统,而新开发的应用程序类似于操作系统上运行的网页浏览器、社交网络和文件共享服务等应用程序。

1. 区块链技术2.0的层级架构

区块链技术2.0采用5层架构实现,从下到上分别是数据层、网络层、共识层、激励层和智能合约层(见图3-3)。

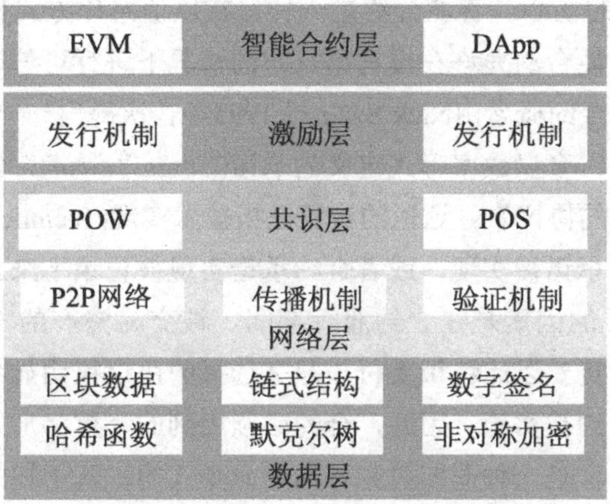

EVM	智能合约层	DApp
发行机制	激励层	发行机制
POW	共识层	POS
P2P网络	传播机制 网络层	验证机制
区块数据	链式结构	数字签名
哈希函数	默克尔树 数据层	非对称加密

图3-3 区块链技术2.0的层级架构

(1) 智能合约层

智能合约赋予区块链可编程的特性,通过虚拟机的方式运行代码即可实现智能合约的功能,比如以太坊的以太坊虚拟机(EVM)。同时,这一层通过在智能合约上添加用户交互界面,形成去中心化的应用(DApp)。

(2) 激励层

激励层主要实现数字货币(代币)的发行和分配机制,运行智能合约和发送交易都需要向"矿工"支付一定的奖励,进而实现代币发行和分配。

(3) 共识层

共识层主要实现全网所有节点对交易和数据达成一致,以以太坊为例,其采用了两种共识机制,初期采用工作量证明(POW)的机制,待网络中的以太币充分流通和分散后,就改为采用交易速度更快、无资源消耗的权益证明(Proof of Stake,POS)的机制,从而有效地避免了单纯采用 POS 机制导致的初期权益分配不公平的情况。

(4) 网络层

网络层主要实现网络节点的P2P连接和通信,具有去中心化等特点。

(5) 数据层

最底层的技术主要实现两个功能,一个是相关数据的存储,另一个是账户和交易的实现与安全。数据存储主要基于默克尔树,通过区块和链式结构实现,大多以 KV 数据库的方式实现持久化,如以太坊采用 Level DB。账号和交易的实现基于数字签名、哈希函数和非对称加密技术等多种密码学算法和技术,保证了交易在去中心化的情况下能够安全地进行。

2. 智能合约

以以太坊为代表的区块链技术 2.0 最大的标志是智能合约的应用,而智能合约也正是区块链技术 2.0 的核心。智能合约是一种旨在以信息化方式传播、验证或执行合同的计算机协议。智能合约允许在没有第三方的情况下进行可信交易,这些交易可追踪且不可逆转。智能合约概念由 Nick Szabo 于1995年首次提出[①]。他对智能合约的定义是"一个智能合约是一套以数字形式定义的承诺(Commitment),包括合约参与方可以在上面执行这些承诺的协议"。这里的协议是指技术实现(Technical Implementation),在这个基础上,合约承诺被实现,或者合约承诺实现被记录下来。选择哪个协议取决于诸多因素,最重要的因素是在合约履行期间,被交易资产的本质。以销售合约为例,假设参与方同意货款以比特币支付,那么选择的协议很明显将会是比特币协议,在此协议上,智能合约被实施。因此,合约必须用到的"数字形式"就是比特币脚本语言。比特币脚本语言是一种非图灵完备的、命令式的、基于栈的编程语言,类似于 Forth。当然,这样也会存在一些问题,因为智能合约是"执行合约条款的计算机交易协议",那么区块链上的所有用户都可以看到基于区块链协议的智能合约,就可能会导致包括安全漏洞在内的所有漏洞可见,并且可能无法迅速修复(见图3-4)。

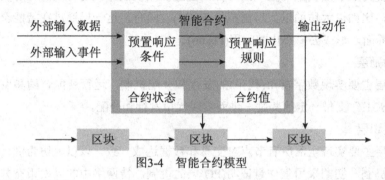

图3-4　智能合约模型

---

① Thomas Bocek. Digital Marketplaces Unleashed. Springer-Verlag GmbH,2017: 169-184.

智能合约是由事件驱动的、具有状态的、获得多方承认的、运行在区块链之上的且能够根据预设条件自动处理资产的程序，智能合约最大的优势是利用程序算法替代依赖于人的仲裁和执行合同。从图3-4所示智能合约模型可以看出，智能合约部署在区块链的某个区块上，当外部的数据和事件输入智能合约时，根据内部预设的响应条件和规则，输出相应的动作，并将结果记录在区块上。从本质上讲，智能合约也是一段程序代码，但是与传统的计算机程序不同，智能合约继承了区块链的三个特性：数据透明、不可篡改、永久运行。[1]

(1) 数据透明

区块链上所有的数据都是公开透明的，因此智能合约的数据处理也是公开透明的，运行时任何一方都可以查看其代码和数据。

(2) 不可篡改

区块链本身的所有数据不可篡改，因此部署在区块链上的智能合约代码以及运行产生的数据输出也是不可篡改的，运行智能合约的节点不必担心其他节点恶意修改代码与数据。

(3) 永久运行

支撑区块链网络的节点往往达到数百甚至上千，部分节点的失效并不会导致智能合约的停止，其可靠性理论上接近于永久运行，这样就确保了智能合约能像纸质合同一样每时每刻都有效。

3. 以太坊虚拟机

智能合约是部署在区块链的代码，区块链本身不能执行代码，代码的执行是每个节点在本地通过以太坊虚拟机(EVM)来实现的。所谓的"以太坊虚拟机"其实就是以太坊中智能合约的运行环境。智能合约可比作Java程序，Java程序通过Java虚拟机(JVM)将代码解释成字节进行执行，以太坊的智能合约通过EVM解释成字节码进行执行。EVM被沙盒(Sandboxes)[2]封装起来，也就是说运行在EVM内部的代码不能接触到网络、文件系统或者其他进程，甚至智能合约之间也只有有限的调用。EVM是以太坊的一个主要创新，它是以太坊中智能合约的运行环境，使得以太坊能够实现更复杂的逻辑(见图3-5)。

部署在区块链上的智能合约是一段能够在本地产生原智能合约代码的数据串，可以理解区块链为一个数据库，而客户端通过发起一笔交易，告诉以太坊节点需要调用的函数及相关参数，所有的以太坊节点都会接收到这笔交易，然后从区块链这个数据库中读取存储的智能合约运行代码，在本地 EVM 运行出结果。为避免节点作恶，节点运行智能合约的结果将与其他以太坊节点进行对比，最后确认无误后才将结果写入

---

[1] 李赫，孙继飞. 基于区块链2.0的以太坊初探[J]. 中国金融电脑，2017(6)：57–59.
[2] 沙盒是一个虚拟系统程序，它提供的环境相对于每一个运行的程序都是独立的，而且不会对现有的系统产生影响，主要用来测试不受信任的应用程序或网络行为。

区块链中，从而实现智能合约的正确执行。

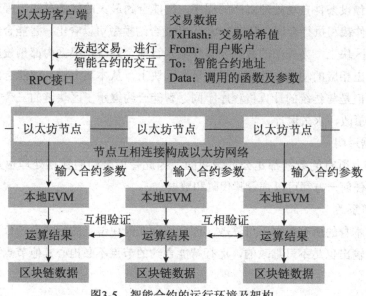

图3-5 智能合约的运行环境及架构

3.2.2 以太坊的技术框架

以太坊的设计是为分布式的应用程序和去中心化自治组织(Decentralized Autonomous Organization，DAO)[①]提供一个生态系统。虽然比特币与以太坊都是基于去中心化的区块链技术，但是在深层次的技术领域，特别是在去中心化的具体表现上，两者是存在区别的。比特币是完整节点去中心化、算力去中心化以及开发去中心化，而以太坊是开发过程完全中心化，虽然这样能够大幅度提高效率，但是也致使其无法保证其规则的安全性，容易遭受攻击。

1. 以太坊的架构

以太坊的整体架构为三层：底层服务、核心层、顶层应用(见图3-6)。

1) 底层服务

底层服务包含P2P网络服务、LevelDB数据库、密码学算法及分片技术(Sharding)[②]等基础服务。其中，P2P网络服务和密码学算法与比特币架构基础类似。而以太坊

[①] 去中心化自治组织是指一个通过智能合约设定的规则运行的组织，即由计算机网络支持的无中心组织，并且没有单一的领导者。

[②] 分片技术原本是一种数据库分区技术，通过将一个大型的数据库分割成小的数据碎片，并将其储存在不同的服务器上，进而更快、更有效地管理数据。区块链中的分片技术是于2015年在CCS学术会议首次提出的，被认为是区块链吞吐量问题的有效解决方案。

中的区块、交易等数据最终被存储在 LevelDB 数据库中[①]。分片技术可以并行验证交易，大大加快了区块生成速度。这些底层服务共同促使区块链系统平稳地运行。

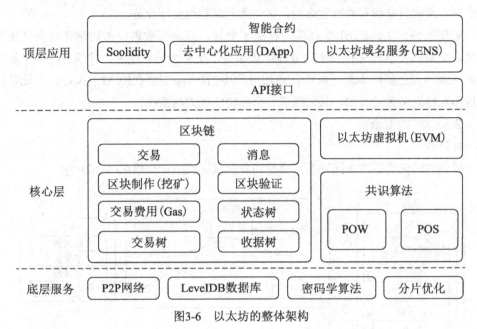

图 3-6 以太坊的整体架构

2) 核心层

核心层包含区块链、共识机制算法和以太坊虚拟机等核心元件，基于区块链技术，配合以太坊特有的共识机制算法，以 EVM 作为运行智能合约的载体，该层是以太坊的核心组成部分，主要解决区块链构造的去中心化账本的首要问题——确保不同节点上的账本数据的一致性和正确性。

3) 顶层应用

这一层包括编程语言[②]、以太坊域名服务(ENS)[③]以及去中心化应用(DApp)等，

[①] LevelDB 是 Google 开发的一个非常高效的键值对数据库，能够支持十亿级别的数据量。以太坊中共有三个 LevelDB 数据库，分别是 BlockDB 保存块的主体内容，包括块头和交易；StateDB 保存了账户的状态数据；ExtrasDB 保存了收据信息和其他辅助信息。

[②] 以太坊的编程语言主要有三种：Solidity 是类似 JavaScript 语言的编程语言，其他两种是 Serpent(类似 Python 语言)和 LLL(类似 Lisp 的类汇编语言)。

[③] 以太坊域名服务(Ethereum Name Service，ENS)是建立在以太坊区块链上的分布式、开放的域名解析系统。ENS 使用自动注册器，任何人都可通过拍卖流程注册以".eth"结尾的域名(如 myname.eth)，在交易中代替 42 个字符的 16 进制以太坊地址。

以太坊的DApp通过 Web3.js[①]与智能合约层进行信息交换，所有的智能合约都运行在EVM上，并会用到 RPC 的调用，该层是最接近用户的一层。企业可以根据自己的业务逻辑，实现自身特有的智能合约，帮助企业高效地执行业务。

底层服务中 LevelDB 数据库中存储了交易、区块等数据，密码学算法为区块的生成、交易的传输等进行加密，分片优化加快了交易验证的速度，共识算法用于解决P2P 网络节点之间账本的一致性，顶层应用中的DApp需要在EVM上执行，因此各层结构相互协同又各司其职，共同组成一个完整的以太坊系统。

2. 以太坊的要素

1) 区块

以太坊的区块主要由区块头、交易列表和叔区块三部分组成(见图3-7)。

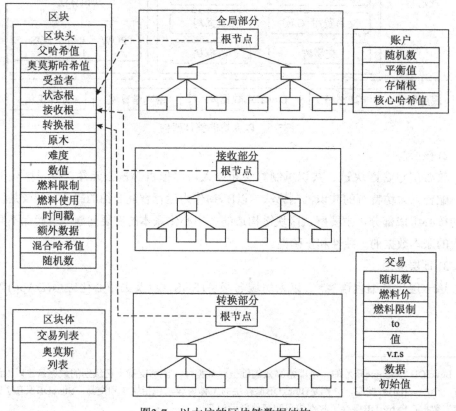

图3-7 以太坊的区块链数据结构

[①] Web3.js是以太坊提供的一个JavaScript库，它封装了以太坊的JSON RPC API，提供了一系列与区块链交互的JavaScript对象和函数，包括查看网络状态、查看本地账户、查看交易和区块、发送交易、编译/部署智能合约、调用智能合约等。

① 区块头包括父块的哈希值(Prev Hash)、叔区块的哈希值(Uncles Hash)、状态树根哈希值(State Root)、交易树根哈希值(Transaction Root)、收据树根哈希值(Receipt Root)[①]、时间戳、随机数等。

② 交易列表是由"矿工"从交易池中选择收入区块的一系列交易。

③ 叔区块是不在主链上的且被主链上的区块通过Uncles字段收留进区块链的孤块。

以太坊区块链上的第一个区块也称为"创世区块"，区块链上除了创世区块以外每个区块都有它的父区块，这些区块连接起来组成一个区块链。以太坊大约每15秒可以"挖出"一个新的区块。

2) 账户

账户(Account)以地址为索引，地址由公钥衍生而来，取公钥的最后20字节。以太坊系统中存在两种类型的账户，分别是外部账户(Externally Owned Account，EOA)和合约账户(Contract Account，CA)。以太坊中的这两种账户统称为"状态对象"(存储状态)。其中，外部账户是人为创建的，是用户实际控制的账户，用以存储以太币，但不能包含代码。每个外部账户有一对私钥[②]和公钥，私钥用于签署交易，公钥是由私钥经过加密算法(SECP256K1椭圆曲线加密算法)得出的，公钥经过SHA3算法得出外部账户地址。合约账户不是由私钥文件直接控制的，而是由合约代码控制的，它是一个包含合约代码的账户，其地址是合约创建时由合约创建者的地址以及该地址发出的交易共同计算得出的。合约账户的特性是：拥有一定的以太币余额；有相关联的代码，代码通过交易或者其他合约发送的调用来激活；当合约被执行时，只能操作合约账户拥有的特定存储。每当合约账户收到一条交易消息，其合约代码将被交易输入的参数调用执行，而合约代码将会在参与到网络中的每个节点上执行。

3) 数据结构与存储

以太坊区块、交易等数据最终存储在LevelDB数据库中。LevelDB数据库是一个键

---

① 以太坊区块链上区块数据结构相对比特币的一个重大改变就是保存了三个默克尔树根，分别是状态树、交易树和收据树。节点可以查询到以下内容：(a)某笔交易是否被包含在特定的区块中；(b)查询某个地址在过去的30天中发出某种类型事件的所有实例(例如，一个众筹合约完成了目标)；(c)目前某个账户的余额；(d)一个账户是否存在；(e)假如在某个合约中进行一笔交易，则交易的输出是什么。

② 以太坊常见的私钥有三种形态。(a)Private key，就是一串随机生成的256位二进制数字。用户甚至可以用纸笔来随机地生成一个私钥，即随机写下一串256位的仅包含"0"或"1"的字符串。该256位二进制数字就是私钥最初始的状态。(b)Keystore & Password，在以太坊官方钱包中，私钥和公钥将会以加密的方式保存一份JSON文件，存储在key store子目录下。这份JSON文件就是Keystore，所以用户需要同时备份Keystore和对应的Password (创建钱包时设置的密码)。(c)Memonic code，是由BIP 39方案提出的助记词，随机生成12~24个比较容易记住的单词，该单词序列通过PBKDF2与HMAC-SHA512函数创建出随机种子，再生成确定性钱包。

值对(key-value)数据库，键一般与散列相关，键值则是存储内容的RLP编码[1]。以太坊使用了MPT(Merkle Patricia Trie)数据结构，作为数据组织形式，用来组织管理用户的账户状态、交易信息等重要数据。MPT树是一种加密认证的数据结构，它融合了Merkle树(默克尔树)和Trie树(前缀树)两种数据类型的优点。在以太坊中，交易树、收据树、状态树均采用MPT数据结构[2]，账户的交易信息、状态和相应的状态变更，以及相关的交易信息等都使用MPT来进行管理，它是整个以太坊数据存储的重要一环。

4) 共识机制

以太坊仍然采用POW的共识机制，但是采用了一种专门的POW共识机制——Ethash算法，其特点是"挖矿"的效率基本与CPU无关，而与矿机的内存大小、带宽正相关[3]。由于POW算法的低交易率、能源消耗等问题一直受人诟病，以太坊引入了

---

[1] RLP(Recursive Length Prefix)是一种编码算法，用于编码任意的具有嵌套结构的二进制数据，是以太坊数据序列化的主要方法。

[2] (a)状态树：包含一个键值映射，其中键是账户地址，值是账户内容，主要是{nonce，balance，codeHash，storageRoot}。nonce是账户交易的序数，balance是账户余额，codeHash是代码的哈希值，storageRoot是另一棵树的根节点。状态树代表访问区块后的整个状态。以太坊是一个以账户为基础的区块链应用平台，账户的状态不是直接存储在每个区块中，所有的账户状态都是以"状态数据"的形式存储在以太坊的节点中。(b)交易树，每个区块都有一棵独立的交易树。区块中交易的顺序主要由"矿工"决定，在这个块被挖出前这些数据都是未知的。不过"矿工"一般会根据交易的GasPrice和nonce对交易进行排序。先将交易列表中的交易划分到各个发送账户，每个账户的交易根据这些交易的nonce进行排序。每个账户的交易排序完成后，再通过比较每个账户的第一条交易，选出最高价格的交易，这些是通过一个堆(heap)来实现的，并存在于交易树包含的键值对中，其中每个键是交易的编号，值是交易内容。(c)收据树，每个区块都有自己的收据树，收据树不需要更新，收据树代表每笔交易相应的收据。交易的收据是一个RLP 编码的数据结构：[medstate，Gas_used，logbloom，logs]，其中，medstate是交易处理后树根的状态；Gas_used是交易处理后Gas的使用量；logs是表格[address，[topic1，topic2，…]，data]元素的列表，表格由交易执行期间调用的操作码LOGO…LOG4生成(包含主调用和子调用)，address是生成日志的合约地址，topicn是最多4个32字节的值，data是任意字节大小的数组；logbloom是交易中所有logs的address和topic 组成的布隆过滤器。

[3] Ethash算法是为了解决挖矿中心化问题，专门设计了一个能抵制ASIC、轻客户端可快速验证的算法。具体流程：(a)对于每一个区块，都能通过扫描区块头的方式计算出一个种子(seed)，该种子只与当前区块有关；(b)使用种子能产生一个16MB的伪随机缓存，轻客户端会存储缓存；(c)基于缓存再生成一个1GB的数据集，称其为DAG，数据集中的每一个元素都只依赖于缓存中的某几个元素，也就是说，只要有缓存，就可以快速地计算出DAG中指定位置的元素，挖矿者存储数据集，数据集随时间线性增长；(d)挖矿可以概括为"矿工"从DAG中随机选择元素并对其进行散列的过程，DAG也可以理解为一个完整的搜索空间，"挖矿"的过程就是从DAG 中随机选择元素(类似比特币挖矿中试探合适nonce的过程)进行哈希运算；(e)验证者只需要花费少量的内存，因为验证者能够基于缓存计算出DAG中自己需要的指定位置的元素，然后验证这些指定元素的散列是不是小于某个哈希值，也就是验证"矿工"的工作是否符合要求。

POS(Proof of Stake)算法,将逐步把以太坊的共识机制由POW(Ethash)算法转变为POS算法。

POS算法即基于网络参与者目前所持有的数字货币的数量和时间进行利益分配,是一种对货币所有权证明的共识算法。基于链的POS算法在每个时隙内伪随机地从验证者集合中选择一个验证者(比如,设置每10秒一个周期,每个周期都是一个时隙),给予验证者创建新区块的权利,但是验证者要确保该块指向最多的块(指向的上一个块通常是最长链的最后一个块)。因此,随着时间的推移,大多数的块都收敛到一条链上。基于拜占庭容错(Byzantine Fault Tolerant,BFT)的POS算法中,分配给验证者相对的权利,让他们有权提出块并且给被提出的块投票,从而决定哪个块是新块,并在每一轮选出一个新块加入区块链。在每一轮中,每一个验证者都为某一特定的块进行"投票",最后所有在线和诚实的验证者都将"商量"被给定的块是否可以添加到区块链中,并且意见不能改变。

相比较而言,POW是一种极为粗暴原始的,但却又极其有效防止恶意攻击的选举算法。该算法与计算机内核中多线程协作的自旋锁有异曲同工之处,自旋锁的原理在于通过线程自身不停循环判断一个内存地址状态,直到该状态设置为空闲后,通过CPU原子操作将其置为锁定状态,以此和其他线程进行互斥的机制。POS更倾向于投票机制,通过固定时间协调所有节点参与投票,根据某种规则(例如持有代币数量或提供存储空间大小等)判断每个节点的权重,最后选取权重最高的节点作为检查点节点。而在数据库一致性选择的Raft算法中,普遍会根据最新事务号作为权重,多个节点之间优先选择包含最新事务记录的节点作为主节点。两者的区别如图3-8所示。

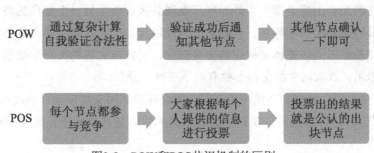

图3-8　POW和POS共识机制的区别

5) 以太币

以太币(ETH)是以太坊发行的一种数字货币,在以太坊的区块链上发起交易需要使用以太币。以太币的总供给及其发行率是由2014年的预售决定的,根据预售协议,以太币每年的发行量为1800万。

其具体分配如下:

- 预付款的贡献者总共有6000万以太币；
- 每挖出一个新区块，给挖出该区块的矿工奖励5个以太币；
- 如果叔区块被之后的区块引用，则奖励叔区块矿工4.375个以太币(5个以太币的7/8)；
- 矿工每引用一个叔区块，可以得到0.15个以太币(最多引用2个叔区块)。

6) 交易费用

比特币的交易费用是直接用比特币结算，但是以太坊的交易则引入了燃烧(Gas)作为交易消耗计算资源的基本单位，通过燃烧价格(Gas Price)与以太币进行换算。当以太坊节点执行一笔交易所需的计算步骤越多、越复杂，则这笔交易消耗的燃料越多。一笔普通的转账交易会消耗21 000单位燃料，而创建智能合约的交易可能会消耗几万，甚至几百万单位燃料。燃料价格是一单位燃料的价格(用以太币来标价)。

在以太坊中还有燃料限制量(Gas Limit)。对于单个交易来说，用户设置了燃料限制量，交易结束后，燃料没有用完，"矿工"只会收取实际计算开销对应的交易手续费；如果交易中燃料不够用，则交易终止，矿工收取燃料限制量对应的手续费，回到程序执行前的状态。燃料价格乘以燃料限制量表示用户愿意为交易支付的最高费用。如果没有燃料限制量的话，某些恶意用户可能会发送数百亿步骤的交易，矿工事前不知情，从而阻塞网络。对于一个区块的燃料限制量，表示一个区块所包含的所有交易消耗的燃料的上限，由"矿工"决定它的大小。根据以太坊协议，当前区块的燃料限制量只能基于上一个区块的燃料限制量上下波动1/1024。

7) 交易

以太坊的交易主要是指一个外部账户发送到区块链上另一个账户的消息的签名数据包，主要包含发送者的签名、接收者的地址以及发送者转移给接收者的以太币数量等内容。交易是以太坊整体架构中的重要部分，它将以太坊的账户连接起来，起到价值的传递作用。以太坊中的交易主要有以下三种类型。

- 转账交易：转账是最简单的交易，就是账户之间支付以太币的过程。
- 创建智能合约交易：是指将合约部署到以太坊区块链上，这也是通过发送交易来实现的。
- 执行智能合约的交易：该交易是为了执行已经部署在区块链上的智能合约，即调用合约。

3.2.3 以太坊的应用场景

2013 年下半年，Vitalik Buterin提出了"以太坊"的概念，即一种能够被重新编程用以实现任意复杂计算功能的单一区块链,这种新的区块链包含了之前众多区块链项目的大多数特征。2014年,以太坊基金会成立,Vitalik Buterin、Gavin Wood和Jeffrey Wilcke正式创建了以太坊项目,作为比特币之后的下一代区块链系统。

与比特币类似,以太坊也是一个去中心化的区块链平台。两者之间最大的区别体现在以下几点。

● 以太坊有更快的"出块"速度和更先进的奖励机制。目前,比特币的出块时间平均为10分钟,而以太坊的出块间隔为12秒,这意味着以太坊具有更大的系统吞吐量和更小的交易确认间隔。

● 以太坊支持智能合约,用户可以自己定义数字资产和流通的逻辑,通过以太坊虚拟机几乎可以执行任何计算,而比特币只能支持比特币的转账。这意味着以太坊可以作为更通用的区块链平台,支持各种去中心化应用(DApp)。

以太坊作为一个可编程的区块链平台,在其平台上发送的交易不仅仅可以是转账金额,还可以是调用一段代码,而该代码可以由用户自定义。因此可以想象,在以太坊区块链上处理的交易逻辑不再是单一的转账,而可能是任意的函数调用;记录在区块链账本里的不仅仅是账户余额,还有函数调用后变量的新状态。因为代码可以任意定义,所以应用就都可以在区块链上运行了。

不是所有的应用场景都必须用区块链解决,那么什么样的应用适用以太坊区块链呢?区块链上的应用需要的是跨越组织边界的,也就是说,在区块链上存储流通的资产(数据)的所有权是属于多个机构的,那么用区块链可解决机构间信任问题,减少摩擦,进而减少成本。一般而言,适合采用以太坊区块链平台的应用场景可以分为三大类。

第一类是时间戳和溯源类型场景,由于区块链上数据区块是持续增长且不可篡改的,所以历史上某个时间发生的事情可以从区块链上得到证明。

第二类是数字资产的发行和流通类型场景,正如上面介绍的,在以太坊区块链网络,用户可以定义自己的数字资产(虚拟货币、积分、权限等),这些资产可以在以太坊用户之间自如地按照应用定义的规则来转移和流通。资产与资产之间也可以通过定义来进行流通。该类的应用包括:商家联盟的积分兑换、游戏代币转移、IoT设备之间的权限转移,等等。

第三类是跨组织的数据共享,比如冷链物流。

以太坊与比特币相比,通过DApp可以作为更通用的区块链平台,支持上述的应用场景。与一般的应用软件不同,DApp的后端运行在分布式网络中的各个用户节点上,包含一套实现数据的去中心化存储和管理等逻辑的协议代码。在以太坊区块链上,DApp后端代码由智能合约具体实现,相比于现有的中心化应用软件,DApp为开源项目,具有公开透明的特点,同时通过去中心化的共识机制,可以通过激励机制来推动用户参与项目运作。

以下是几个DApp的经典应用。

- Golem，该款DApp旨在创造一个全球空闲计算资源的交易市场，用户可以向其他用户出租自己目前未使用的计算资源，同时可以向其他用户租借计算资源用以解决一些消耗较多算力的任务。

- Augur，该款DApp是一个用于预测未来真实事件的市场预测平台，用户可以通过Augur平台对尚未发生的真实事件作出自己的预测，如果预测正确，则可以获得奖励(REP代币)，否则会有一定的损失。

- Bancor，该款DApp可以实现基于以太坊区块链平台发行的不同代币之间的兑换，通过 Bancor 部署在以太坊上的智能合约，其独特之处在于使用了一套经济学的换算公式，使得各种代币均能根据其现有价格、总市值等标准与BNT进行兑换。

- Balance Coin，随着数字货币持币用户日益增多，手中数字货币只能存放在钱包或者交易所中。对于数字货币本身没有任何的资产增长，Balance Coin结合了钱包和银行的体系，为用户提供钱包服务的同时，享受银行的收益。Balance Coin的收益没有法币定价，完全以数字货币定价，通过基于智能合约和代币系统实现一套基本清算系统和开放平台接口协议。

- Kyber Network，是一款数字货币交易所DApp，用于实现跨区块链的各种代币之间的交易，实现更高效、更灵活、兼容性更强的代币实时兑换交易。

3.3 数字货币与以太坊

3.3.1 基于以太坊的加密资产

1. 以太坊加密资产

以太坊的设计目标就是让各种加密资产以智能合约的形式运行在以太坊虚拟机(EVM)上。目前，在以太坊上的众多智能合约之中，应用最为广泛的是代币合约(Token Contract)。代币合约是在以太坊上管理账户及其拥有的代币的智能合约，实质上可以理解为一张账户地址和对应账户代币余额的映射表。从某种意义上讲，以太坊上的代币(Token)可以被称为加密资产，记录资产数据的代币合约就是一份账本。代币既可以表示某一虚拟货币的价值，又可以象征某些实际的物理量，甚至可用于记录账户持有者的信用值。归根结底，以太坊上的加密资产就是指以太坊上代币合约中记录的账户代币余额数据。

与以往搭建由区块链直接记录的加密货币(Crypto Currency)不同,以太坊上的加密资产记录在以太坊之上的代币合约中。一般意义上的加密货币,如比特币、以太币和莱特币等,是记录在账户状态中,直接存储在区块内的数据,伴随"挖矿"等机制发行,并通过交易的方式流通。而加密资产则是以以太坊区块链为平台,记录在更高一层的代币合约中,具体来讲是存储在以太坊交易消息数据字段的可执行代码中。加密资产的发行无须经过复杂的"挖矿"程序,代币合约的创建者可以通过智能合约定义自己的代币发行标准,直接在合约代码中实现"铸币"功能。并且,代币的流通是通过在以太坊交易中调用智能合约的函数接口进行转账,代币合约创建者同样可以在这一过程中添加一些自定义的操作。相比之下,以太坊上的加密资产较加密货币拥有更高的灵活性,并且其安全性也由以太坊区块链机制和智能合约代码保证。

以太坊上的代币作为一种加密资产,需要有它的发行和流通机制。相较于以太币等基础数字货币基于POW和POS共识算法的发行机制以及基于发送交易进行转账的流通机制,以太坊上加密资产的发行和流通更加简便灵活,相关的操作一般由代币合约创建者在代币合约中实现。常见的代币合约在记录账户及代币余额的基础上,还包含一些基本的加密资产操作,如铸造代币、销毁代币以及代币转账等。代币转账是代币合约的一项基本功能,也是加密资产流通功能的具体实现。代币合约通过铸造代币和销毁代币来增加或减少代币供应总量,这两者是加密资产发行和回收功能的具体实现。当其他账户通过向合约转入以太币或其他方式调用合约铸造功能时,该代币合约向账户对应的余额值增加相应数量的代币,代币的总供应盘也相应增加,完成铸币。与之类似,账户通过调用合约的销毁功能函数,销毁其账户余额中的代币,代币总供应量也相应地减少。

2. ERC-20标准

除了以上的转账、铸币、销毁等基本功能,代币合约还可以加入加密资产的查询、权限控制,甚至经济学公式计算等功能。那么,功能繁多的代币智能合约是否有共同点,或者对代币合约的基本功能进行一些规范呢?以太坊平台的开发管理团队在以太坊改进计划(Ethereum Improvement Proposal, EIP)中,提出了ERC-20标准,为以太坊代币合约制定了一套标准的接口。

ERC-20标准规定了一个以太坊代币合约所需实现的函数功能和事件记录。该标准满足了代币作为加密资产所必须具备的一些基本功能和要求,如注明代币名称、代币转账、本账户中允许链上第三方使用的代币限额等。ERC-20标准的出现为以太坊上的代币合约提供了一个标准化的可操作方案,也对以太坊上加密资产的实现进行了一定的规范。ERC-20标准使得种类繁多的代币能够被更多的DApp和交易所兼容。

ERC-20 标准接口总共可分为三类：常量、函数功能以及事件。

1) 常量

常量类接口包含代币名称、代币符号和小数点位三个常量，分别定义了合约代币的名称、符号等基本信息。

(1) 代币名称(Name)

代币名称是由代币合约创建者指定的完整名称，是一串公开的字符串常量，如Bancor。在以太坊上，代币名称是由各代币合约各自指定，无法保证一个代币名称唯一标识一种特定的合约代币，但在代币交易所中，符合 ERC-20 标准的代币可以向交易所提供代币名称进行注册，交易所通过注册机制可以检查并保证代币名称与代币合约一一对应，实现类似于ENS的效果。

(2) 代币符号(Symbol)

代币符号是由代币合约创建者指定的代币简称，是一串公开的字符串常量，一般由3~4个大写字母组成，便于标识该代币，如BNT。与代币名称相同，符合ERC-20标准的代币可以通过在各交易所注册，使其代币符号能够唯一标识该代币合约。

(3) 小数点位(Decimals)是由代币合约创建者指定的一个公开的无符号整数常量，用于指定代币的最小精度值，一般为18。小数点位的数值表示该代币在交易中小数点后的位数，之所以要引入这一常量，是因为以太坊虚拟机不支持小数计算，智能合约代码中涉及小数的数值只能先转换为整数后再计算。

2) 函数功能

函数功能包含总供应量、余额、转账、从他人处转账、允许量值以及限额 6 个功能函数，分别规定了实现代币合约所需的查询、转账、权限控制等基本功能的函数接口。

(1) 总供应量

总供应量(Total Supply)函数主要用于查看代币当前的总供应量，即当前合约账本中所有账户余额的总和。该函数没有输入参数，返回值为无符号整数常量。

(2) 余额

余额(Balance Of)函数主要用于查看当前合约中指定账户的代币余额。该函数的输入参数为账户地址，返回值是账户代币余额，为无符号整数常量。

(3) 转账函数

转账(Transfer)函数主要用于从当前账户向其他账户进行代币转账。该函数的输入参数为目标账户地址和转账的代币数额，返回值为布尔型变量。若账户当前有足够的余额、转账数额为正数以及符合合约编写者指定的其他条件，则转账成功，合约中当前账户的余额减少，目标账户中的余额增加，函数返回值为真。

(4) 从他人处转账

从他人处转账(Transfer From)函数主要用于从他人账户向其他账户进行代币转账。该函数的输入参数为转账的发起地址、目标地址以及转账数额。与转账函数一样，当转账成功时返回值为真，当转账失败时返回值为假。

(5) 允许量值

允许量值(Approve)函数主要用于设定当前账户对指定账户的允许转账量值(Allowed)，该函数的输入参数为代币使用方地址和允许使用的额度，返回值为布尔型变量。为满足更广泛的需求，ERC-20标准提供了从他人处转账接口。为了账户更方便地管理自己的账户余额，必须对其他人从本账户中转走的代币数额进行限制。允许量值是一个二元组，记录的是用户A对本账户中允许账户B转走的代币额度，先通过检查，确保转出的数额不超过账户A设置的值，并且转账之后允许转账量值会减少相应的数额。

(6) 限额函数

限额(Allowance)函数主要用于查看当前的允许转账量值，该函数的输入参数为代币持有方A的地址和代币使用方B的地址，返回值为当前在账户A中允许账户B转出的代币数额，为无符号整数常量。

3) 事件

智能合约中还包括记录事件的event类型接口，ERC-20合约标准也对代币合约基本的事件接口进行了规范。ERC-20标准要求代币合约包含至少两个事件：转账(Transfer)和允许(Approval)。

(1) 转账事件

转账事件用于记录代币合约最基本的转账功能。事件的输入参数为转账的发起方、接收方以及转账的代币金额，一般位于转账函数和从他人处转账函数中，在转账成功之后触发。用户可以从交易收据(Receipt)中查看每一笔代币转账的相关信息。

(2) 允许事件

允许事件用于记录代币合约的进阶功能，允许他人从本账户中转出代币。事件的输入是代币的持有者、使用者以及所设置的允许金额，一般位于允许量值函数中，在成功设置允许限额后触发。用户可以从交易收据中查看代币持有者对他人设置的允许转账限额等相关信息。

3. 基于以太坊的代币发行流程

代币(Token，也翻译为通证)单纯从其名字上理解的话，可用于替代通用货币，起到交换的媒介作用，其可以是商场积分，可以是游戏币，也可以是筹码。但是在区块链中，代币通常指的是具有流通性的加密数字权益证明，比特币、以太币等加密货币都属于代币，但属于基础代币，在以太坊发行的代币是以以太币为基础进行的二次发行。这种代币具有以下三个要素。
- 权益证明：代币是一种数字形式存在的权益凭证，代表一种权利，一种固有的内在价值和使用价值。
- 加密：代币是加密的虚拟货币，可以防篡改，保护隐私，不可复制等。
- 流通性(去中心化)：代币可以进行交易，兑换其他代币或法定货币等。

下面简单介绍一下以太坊发行代币的基本流程。

(1) 准备工作(安装调试环境)
- 以太坊官网ERC-20标准合约代码，如图3-9所示；
- MetaMask是一款在谷歌浏览器Chrome上使用的插件类型的电子钱包；
- Remix是Solidity(以太坊智能合约开发语言)开发工具；
- 以太坊web钱包。

```
1   // https://github.com/ethereum/EIPs/issues/20
2   contract ERC20 {
3       function totalSupply() constant returns (uint totalSupply);
4       function balanceOf(address _owner) constant returns (uint balance);
5       function transfer(address _to, uint _value) returns (bool success);
6       function transferFrom(address _from, address _to, uint _value) returns (bool success);
7       function approve(address _spender, uint _value) returns (bool success);
8       function allowance(address _owner, address _spender) constant returns (uint remaining);
9       event Transfer(address indexed _from, address indexed _to, uint _value);
10      event Approval(address indexed _owner, address indexed _spender, uint _value);
11  }
```

图3-9 以太坊ERC-20标准的智能合约基础代码

(2) 编译智能合约，发行代币

第一步：编译合约(见图3-10)。

只有支持ERC-20标准的智能合约才会被以太坊所认同。

本章最后的附3-1提供了一个完整的代币合约代码，这是虚拟一个发行项目BliBli，代币为Bcoin。这个合约创建的代币，具有交易、转账、异常检测、更改代币持有人、设置汇率(Bcoin与以太币的兑换比)、被盗处理、超发代币等功能。

第二步：部署合约(见图3-11)。

部署合约有多种方式：geth编译代码，部署合约；用ethereum wallet电子钱包部署合约；最简单直观的部署合约方式是MetaMask和Remix Solidity IDE部署合约。如果按照MetaMask和Remix Solidity IDE来进行部署合约，基本上分为以下几个子步骤：
- 钱包账号创建成功后，记住密码和助记词(要记录下来)。
- 拷贝"代币合约代码"到Remix Solidity IDE中；
- 设置参数，如发行代币的数量、代币全称、代币简称等；
- 编译生成代币，产生哈希值，拷贝该哈希值，在钱包中添加代币。

图3-10 代币编译及参数设置

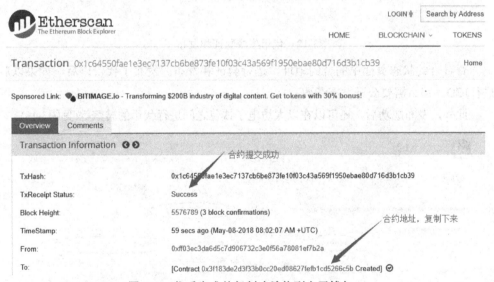

图3-11 代币生成并复制哈希值到电子钱包

第三步：验证合约(见图3-12)。

打开验证合约网址，合约信息包括：

- 合约地址，即提交成功后生成的合约地址；
- 合约名称，即编译时我们选择的BliBli；
- 版本号，即编译时使用的版本号；
- 合约代码；

- 合约中构造函数传入的参数的ABI码。

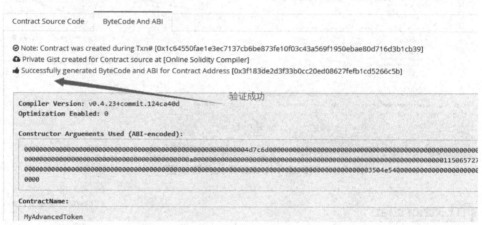

图3-12 代币生成验证和发布

查看合约状态页面中的合约地址，进行验证和发布。发布了代币以后，如果以后进行ICO，那么需要公开发布源码。

此外，发布成功后，还可以在以太坊电子钱包之间进行代币的转账等(见图3-13)。

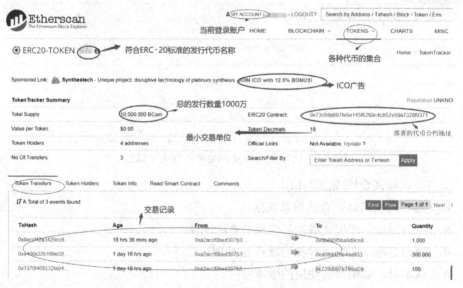

图3-13 基于ERC-20协议的代币发行

3.3.2 以太坊的发展趋势

1. 基于以太坊的代币发行情况

随着智能合约和代币的兴起,以及 ERC-20 代币合约标准的提出,以太坊上涌现出了大量符合 ERC-20 标准的代币,如BNT、BAT 和REP等。目前以太坊上市场份额较大的代币主要是由 DApp发行的代币或者开发其他种类区块链之前发行的代币。

1) BAT

BAT(Basic Attention Token)是以太坊上一款数字广告平台DApp在2017年5月所发行的一种基于ERC-20标准的代币。该DApp将前端浏览器上统计的用户网页广告停留时间换算成用户的"注意力",依此转换成 BAT 代币的价值,并让广告主由此向广告发行商支付相应的 BAT 代币。

2) REP 代币

REP代币是由Augur DApp项目2017年7月发行的一种代币。Augur是一个用于预测未来事件的、基于以太坊区块链的市场预测平台,用户可以通过该平台对未来的事件进行预测并押注,若预测正确,则可以获得奖励,否则会有一定的损失。Augur平台的智能合约中包括了一套ERC-20标准代币合约,其代币REP可用于预测过程中的交易。相比于一般的市场预测平台,Augur将平台搭建于以太坊区块链之上,使用智能合约进行管理,实现了去中心化,更加安全可靠,并且使用符合ERC-20标准的REP代币,提高市场交易效率,增强了流通性。

3) BNB

币安(Binance Coin)是人气超高的交易所平台,是全球三大场内交易所之一。与Coinbase不同的是,币安平台面向全世界所有的加密货币交易者。这也是它会同时具有韩语、俄语、西班牙语、法语、日语及中文版本的原因。在进行加密货币交易时,很多人通常不得不先将自己的法定通货转换为比特币或者以太币,然后再交易他们选择的山寨币。这个过程非常烦琐。币安基于以太坊的代币——币安币(BNB),发行2亿枚,对外发售1亿枚(总量50%)。使用BNB可以大大简化加密货币交易的过程,而且缴纳平台上的各种费用也很方便。币安平台许诺第一年为平台上所有使用BNB进行的交易提供50%的费用折扣。

4) OMG

OmiseGo项目致力于向那些没有银行账户的人提供一种便捷、低廉的方式,可从世界上任何地方发送或接收资金。在OmiseGo平台上进行的代币OMG交易是即时的,而且成本非常低。加上平台去中心化的本质,也就意味着它是去信任化的并且没有常规金融机构的官僚体制。一旦完全上线,OmiseGo将会提供大量直接与常规银行服务进行竞争的金融服务,其中涵盖从薪酬管理服务到汇款、资产管理及一般支付的方方面面。

2. 以太坊存在的问题及局限性

1) 以太坊存在的问题

从以太坊的发展路径来看,目前正在由第二阶段往第三阶段过渡,从2013年创建到现在的运行,目前出现了以下问题[①]。

(1) 2016年6月17日,区块链业界最大的众筹项目The DAO(被攻击前拥有1亿美元左右资产)遭到攻击,导致300多万以太币资产被分离出The DAO资产池,此项目是以太坊上面的第一个开发运用项目,后来通过社区投票表决作出分叉,找回被盗的以太币,从而挽回了损失,所以从发展到目前的技术来看,以太坊无法规避意外的硬分叉。

(2) 以太坊采用的是工作量证明(POW)机制,因为比特币也是同样的共识机制模式,从比特币的发展来看,POW容易导致中心化的情况出现。

(3) 从以太坊的发展路径来看,在第四阶段就会切换为混合共识机制(POW和POS共存),从区块链的发展历史来看,混合共识机制没有一个成功案例,所以以太坊走这条道路会对其自身或者社区带来风险。

(4) 以太坊的挖矿奖励机制是"区块链奖励+叔区块奖励+叔区块引用奖励",这里的叔区块是父块的"兄弟区块",以太坊的出块时间是12~15秒,从"挖矿"的角度来说,POW共识机制挖矿模式需要花费大量的电力,所以能耗高应该也算其一个缺点。

(5) 以太坊受限于CPU单线程性能,早期测试网络速度可以达到每秒25次交易,通过优化后可能会更高,然而在真正的运用程序负载下,以太坊的交易可能会被限制在每秒10次或者更低,交易速度还没有真正上去,达不到社区开发和运用需求。

2) 以太坊的发展瓶颈

总体来说,以太坊的发展主要受限于以下几个方面。

第一,扩展性不足。以太坊的主要开发人员和研究人员始终认为区块链技术要实现大规模采用,可扩展性是区块链应用程序需要解决的最重要的关键。以太坊底层设计的最大问题是只有一条链,没有侧链,它把所有的程序对等地抛在全球所有节点的矿机上,会导致系统时延问题越来越严重。

第二,合约程序漏洞,无法抵御DDOS攻击。相关研究表明,在基于以太坊的近100万个智能合约上,有3%含有安全漏洞,允许黑客窃取ETH、冻结资产或删除合

---

① 币精英商学院. 以太坊和EOS我该选谁. 简本, 2018-01-29. https://www.jianshu.com/p/a1dec7dd0427.

约。以太坊面对合约程序漏洞和DDOS攻击的问题，一直没有找到很好的解决办法。各种被盗、分叉事件足以说明其安全存在问题。

第三，智能合约费用过高。对于以太坊上POW的挖矿模式，交易是有手续费的，用来激励矿工处理交易和保护网络，不同的是，以太坊是以"Gas"的形式来收费。在以太坊协议中规定，交易手续费=Gas数量×Gas价格，其中Gas数量由智能合约的复杂程度决定，而Gas价格则由合约发起人决定。这对开发者和用户而言，意味着虽然读取本地区块链是免费的，但写入和运算是收费的，储存更是昂贵，因为任何写入的信息都会被永久储存着。随着ETH价格的上涨，以太坊DApp的使用成本同样会上涨。

第四，社区对共识协议改变的分歧。以太坊在2018年将POW机制改为POW/POS混合共识机制。但是改进过程中，涉及各方能否达到利益共识的问题，容易导致协议发生变化，社区意见不合，进而产生分叉。

第五，面临EOS等其他平台的竞争挑战。一部分区块链的技术开发者看到了以以太坊为代表的区块链技术2.0底层公链的各种缺陷，区块网络转账速度慢、费用高、系统并发处理能力差、稳定性差、数据存储安全存在隐患等。为了让区块链技术尽快链接上大规模商业应用，EOS等区块链技术3.0逐渐在商业应用上进行创新，并对以太坊造成威胁。

3.3.3　EOS对以太坊的挑战

由Daniel Larime团队开发的EOS.IO项目是一款新一代的区块链项目，针对以太坊现有的一些问题作出了改进。EOS可以理解为Enterprise Operation System，即为商用分布式应用设计的一款区块链操作系统。EOS是一种新的区块链架构，旨在实现分布式应用的性能扩展，被称为区块链技术3.0。

1. EOS的技术特点

EOS的主要特点如下。

● EOS有点类似于微软的Windows平台，通过创建一个对开发者友好的区块链底层平台，支持多个应用同时运行，为开发DApp提供底层的模板。

● EOS通过并行链和DPOS的方式解决了延迟和数据吞吐量的难题，EOS可以实现每秒上千级别的处理量，比特币为每秒7笔左右，以太坊为每秒30~40笔。

● EOS是没有手续费的，普通受众群体更广泛。在EOS上开发DApp，需要用到的网络和计算资源是按照开发者拥有的EOS的比例分配的。当你拥有了EOS，就相当于拥有了计算机资源，随着DApp的开发，你可以将手里的EOS租赁给别人使用，单从这一点来说EOS也具有广泛的价值。

相比于以太坊，EOS解决了以下几个问题。

1) 共识机制和治理

EOS和以太坊的一个显著差异在于区块链的共识机制和总体区块链治理的方法，因为以太坊使用的是工作量证明机制，而EOS采用的是代理权益证明(DPOS)机制的石墨烯技术，这种选择对商业可拓展性具有显著价值。相比以太坊，EOS包含一个冻结和处理破坏性或冻结运用程序的机制，简单地说，如果DAO事件发生在EOS上，它可以被冻结、处理或更新而不会干扰其他运用程序。

DPOS(Delegated Proof of Stake)是代理权益证明，将成千上万个POS节点，通过某种机制(例如持有代币的数量)选举出若干(奇数个)见证节点(Witness)或超级节点(BP)，在这几个节点之间进行投票(甚至会在这些节点间以令牌环的方式进行轮询，进一步减少投票开销)选举出每次的检查点(出块)节点，而不用在网络中全部节点之间进行选择。这种机制能够大幅度提升选举效率。在几十个最多上百节点之间进行一致性投票。一般来说，其可以在秒级完成并达成共识。因此，DPOS可以将检查点(事务确认时间)提升到秒级，通过减少投票节点的数量或采用令牌环机制甚至可以降低到毫秒级(见图3-14)。

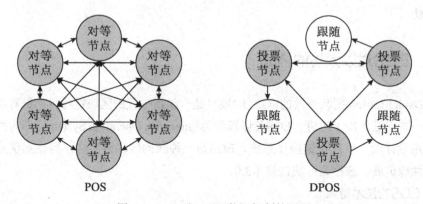

图3-14　POS和DPOS共识机制的区别

2) 可拓展性，交易处理速度

以太坊的交易效率是非常不理想的，相对以太坊，EOS有两个显著的优势，首先，EOS依赖已经在压力测试中展现出每秒1万至10万笔交易处理能力的石墨烯技术，其次EOS将使用并行化拓展网络，或将达到每秒数百万次的交易处理能力，如果这个数据能够实现，ETH上越来越多的运用会转移到EOS平台。

3) 经济模式，交易费用

EOS和以太坊网络是不同的经济模式，最主要的差别是所有权模式和租赁模式。

对于以太坊，交易中的每次计算、存储操作、带宽使用都需要Gas费用，而且这些费用不是固定的，偶尔波动会比较大，有钱的开发人员可以设置非常高的价格，这样对于"矿工"来说会优先选择处理高手续费的交易。

相比之下，EOS采用所有权模式，在这种模式下，持有EOS的代币(柚子币)就会给予用户分享相应比例的网络带宽、存储和处理能力，这意味着如果用户拥有1%的EOS代币，无论网络其余部分负载如何，他始终可以访问1%的网络带宽。这样小型企业或者开发人员就可以获得可靠的、可以预期的网络带宽和运算能力，并且，由于网络是零交易费用的，除了购买EOS代币，没有其他网络开发成本。低廉的交易费用，将有助于更多的区块链创业公司选择基于EOS开发运用，这样EOS社区就会越来越活跃，推动区块链快速向前发展。

2. EOS和比特币、以太坊的比较

从开发目标上来讲，比特币、以太坊、EOS是渐进的关系，分别代表区块链技术1.0、区块链技术2.0、区块链技术3.0，发展的重心分别是数字货币、智能合约和分布式应用(见表3-2)。

表3-2 比特币、以太坊和EOS的区别

	比特币	以太坊	EOS
功能	数字货币	智能合约	分布式应用
共识机制	POW	现在：POW 未来：POW+POS	DPOS
区块生成	挖矿"节点"	挖矿"节点"	超级节点 (BP区块生产者)
性能TPS	<10TPS	≈15TPS	数百至数千TPS
编程	比特币脚本 UTXO	图灵完备脚本语言 Solidity	C++/Rust/Python Solidity
虚拟机	/	EVM	WASM/Web Assembly
开发支持	/	智能合约	支持账户、储存

比特币的设计思路类似于黄金。在数字世界中，按工作量证明共识机制，挖矿节点进行加密计算，获得比特币形式的挖矿奖励。挖矿节点也可以获得交易费收益，不过，虽然其在比特币网络中的资产价值高，但交易并不频繁，交易费收益目前在"矿工"收益中的占比并不高。

以太坊的设计思路类似于高速公路。在这条收费高速公路上，车辆行驶需要付费。它早期募集资金，建设"高速公路"，早期投资者享有"高速公路"的主要权益。之后，一起建设与维护"高速公路"的挖矿节点也可以获得挖矿奖励与交易费收益。在以太坊网络中，由于各类项目已经基于它生成了大量的代币，因此以太坊网络的交易量相对较多,挖矿节点获得的交易费收益占比高于比特币。

EOS的设计思路则类似于房地产开发。Block.one公司在将土地售卖出去之后,从逻辑上来讲,它用获得的资金进行基础的开发,此后每年再以类似填海造田的方式增加5%的土地。EOS的繁荣主要取决于,已经竞购得到大量土地的开发商是不是开发和经营好自己的地块。EOS网络要依靠超级节点(即区块生产者)来各自建设、共同运营,按现在的设计,这些节点共同获得每年1%新增发的EOS作为回报。与以太坊不同,EOS网络的设计是不再收取网络交易费,持有EOS代币则拥有对应的网络使用权利。如果一个应用的开发者持有的EOS代币不足,可能就要从市场中购买和付费租用,以获得使用主网的权利。这种设计类似于购买或租用办公楼。EOS实际的情况是,Block.one公司募集资金开发一个名为EOS.IO的开源软件。EOS社区用这个软件来运行EOS主网,且从逻辑上来讲,这个主网不是由Block.one公司运行的,而是由社区运行的。另外,其他人也用EOS.IO这个开源软件建立替代网络(见图3-15)。

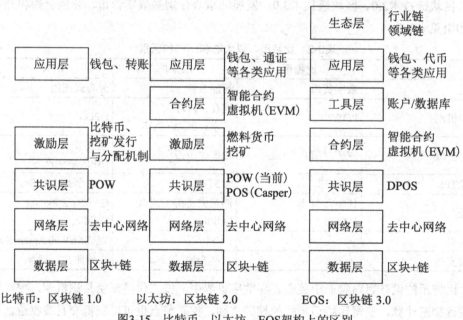

图3-15 比特币、以太坊、EOS架构上的区别

从架构的角度上分析,在最基础的层次——数据层和网络层上,EOS和比特币、以太坊并没有多大的区别。但是,EOS的共识机制采用了与之前较为不同的DPOS共识机制。EOS网络每年新增发5%的柚子币,其中1%按一定的规则分配给区块生产者,另外4%进入社区的提案系统(Worker Proposal System)资金池待分配。EOS的智能合约和以太坊略有差异,但基本上采取了相似的设计。EOS的应用也与以太坊相似。

因此，对于合约层和应用层，两者是相似的。

EOS的体系设计的创新在于工具层和生态层。为了让EOS适用于应用开发，EOS团队为它设计了账户、持续化数据库(Multi-Index DB)等工具与接口。因此，在合约层和应用层之间存在一个工具层，这使得在EOS区块链上开发应用更为便利。

EOS的另一个特殊设计在于，它将自己的EOS主网和EOS.IO软件分开，鼓励开发者采用EOS.IO软件建立行业专用、领域专用的区块链网络(应采用新的网络名)，并建立自己的一系列应用。在体系架构的最上层可能出现一个生态层，这一层是采用EOS.IO软件的区块链，比如专为游戏、物流、金融、社交、能源、医疗开发的公链。

附3-1 以太坊代币合约代码(虚拟一个发行项目BliBli，代币为Bcoin的例子)[①]

```
pragma solidity ^0.4.12;
contract IMigrationContract {
    function migrate(address addr, uint256 nas) returns (bool success);
}
/*NAS coin*/
contract SafeMath {
    function safeAdd(uint256 x, uint256 y) internal returns(uint256) {
        uint256 z = x + y;
        assert((z >= x) && (z >= y));
        return z;
    }
    function safeSubtract(uint256 x, uint256 y) internal returns(uint256) {
        assert(x >= y);
        uint256 z = x - y;
        return z;
    }
    function safeMult(uint256 x, uint256 y) internal
```

---

① 资料来源：https://blog.csdn.net/Java_HHHH/article/details/797。

```
returns(uint256) {
        uint256 z = x * y;
        assert((x == 0)||(z/x == y));
        return z;
    }
}
    contract Token {
        uint256 public totalSupply;
        function balanceOf(address _owner) constant returns (uint256 balance);
        function transfer(address _to, uint256 _value) returns (bool success);
        function transferFrom(address _from, address _to, uint256 _value) returns (bool success);
        function Approve(address _spender, uint256 _value) returns (bool success);
        function allowance(address _owner, address _spender) constant returns (uint256 remaining);
        event Transfer(address indexed _from, address indexed _to, uint256 _value);
        event Approval(address indexed _owner, address indexed _spender, uint256 _value);
    }
    /*  ERC-20 token */
    contract StandardToken is Token {
        function transfer(address _to, uint256 _value) returns (bool success) {
            if (balances[msg.sender] >= _value && _value > 0) {
                balances[msg.sender] -= _value;
                balances[_to] += _value;
                Transfer(msg.sender, _to, _value);
                return true;
            } else {
```

```
                return false;
            }
        }
        function transferFrom(address _from, address _to, uint256 _value) returns (bool success) {
            if (balances[_from] >= _value && allowed[_from][msg.sender] >= _value && _value > 0) {
                balances[_to] += _value;
                balances[_from] -= _value;
                allowed[_from][msg.sender] -= _value;
                Transfer(_from, _to, _value);
                return true;
            } else {
                return false;
            }
        }
        function balanceOf(address _owner) constant returns (uint256 balance) {
            return balances[_owner];
        }
        function Approve(address _spender, uint256 _value) returns (bool success) {
            allowed[msg.sender][_spender] = _value;
            Approval(msg.sender, _spender, _value);
            return true;
        }
        function allowance(address _owner, address _spender) constant returns (uint256 remaining) {
            return allowed[_owner][_spender];
        }
        mApping (address => uint256) balances;
        mApping (address => mApping (address => uint256)) allowed;
    }
```

```
contract BliBliToken is StandardToken, SafeMath {
    // metadata
    string  public constant name = "BliBli";
    string  public constant symbol = "BCoin";
    uint256 public constant decimals = 18;
    string  public version = "1.0";
    // contracts
    address public ethFundDeposit;          // ETH存放地址
    address public newContractAddr;         // token更新地址


    // crowdsale parameters
    bool    public isFunding;            // 状态切换到true
    uint256 public fundingStartBlock;
    uint256 public fundingStopBlock;
    uint256 public currentSupply;// 正在售卖中的tokens数量
    uint256 public tokenRaised = 0;                     // 总的售卖数量token
    uint256 public tokenMigrated = 0;                   // 总的已经交易的token
    uint256 public tokenExchangeRate = 625;             // 625 BILIBILI 兑换 1 ETH
    // events
    event AllocateToken(address indexed _to, uint256 _value);
    // 分配的私有交易token;
    event IssueToken(address indexed _to, uint256 _value);
    // 公开发行售卖的token;
    event IncreaseSupply(uint256 _value);
    event DecreaseSupply(uint256 _value);
    event Migrate(address indexed _to, uint256 _value);
    // 转换
    function formatDecimals(uint256 _value) internal returns (uint256 ) {
```

```
            return _value * 10 ** decimals;
    }
    // constructor
    function BliBliToken(
         address _ethFundDeposit,
         uint256 _currentSupply)
    {
         ethFundDeposit = _ethFundDeposit;
         isFunding = false;                            //通过控制预
CrowdSale状态
         fundingStartBlock = 0;
         fundingStopBlock = 0;
         currentSupply = formatDecimals(_currentSupply);
         totalSupply = formatDecimals(10000000);
         balances[msg.sender] = totalSupply;
         if(currentSupply > totalSupply) throw;
    }
         modifier isOwner()   { require(msg.sender ==
ethFundDeposit); _; }
    /// 设置token汇率
     function setTokenExchangeRate(uint256 _tokenExchangeRate)
isOwner external {
         if (_tokenExchangeRate == 0) throw;
         if (_tokenExchangeRate == tokenExchangeRate) throw;
          tokenExchangeRate = _tokenExchangeRate;
    }
    /// @dev 超发token处理
    function increaseSupply (uint256 _value) isOwner external {
        uint256 value = formatDecimals(_value);
        if (value + currentSupply > totalSupply) throw;
        currentSupply = safeAdd(currentSupply, value);
        IncreaseSupply(value);
    }
```

```
/// @dev 被盗token处理
function decreaseSupply (uint256 _value) isOwner external {
    uint256 value = formatDecimals(_value);
    if (value + tokenRaised > currentSupply) throw;
    currentSupply = safeSubtract(currentSupply, value);
    DecreaseSupply(value);
}

///  启动区块检测 异常的处理
function startFunding (uint256 _fundingStartBlock, uint256 _fundingStopBlock) isOwner external {
    if (isFunding) throw;
    if (_fundingStartBlock >= _fundingStopBlock) throw;
    if (block.number >= _fundingStartBlock) throw;
    fundingStartBlock = _fundingStartBlock;
    fundingStopBlock = _fundingStopBlock;
    isFunding = true;
}

///  关闭区块异常处理
function stopFunding() isOwner external {
    if (!isFunding) throw;
    isFunding = false;
}

/// 开发了一个新的合同来接收token(或者更新token)
function setMigrateContract(address _newContractAddr) isOwner external {
    if (_newContractAddr == newContractAddr) throw;
    newContractAddr = _newContractAddr;
}

/// 设置新的所有者地址
function changeOwner(address _newFundDeposit) isOwner() external {
    if (_newFundDeposit == address(0x0)) throw;
    ethFundDeposit = _newFundDeposit;
```

}
    /// 转移token到新的合约
    function migrate() external {
        if(isFunding) throw;
        if(newContractAddr == address(0x0)) throw;

        uint256 tokens = balances[msg.sender];
        if (tokens == 0) throw;
        balances[msg.sender] = 0;
        tokenMigrated = safeAdd(tokenMigrated, tokens);

        IMigrationContract newContract = IMigrationContract(newContractAddr);
        if (!newContract.migrate(msg.sender, tokens)) throw;

        Migrate(msg.sender, tokens);   // log it
    }
    /// 转账ETH 到BILIBILI团队
    function transferETH() isOwner external {
        if (this.balance == 0) throw;
        if (!ethFundDeposit.send(this.balance)) throw;
    }
    ///   将BILIBILI token分配到预处理地址。
    function allocateToken (address _addr, uint256 _eth) isOwner external {
        if (_eth == 0) throw;
        if (_addr == address(0x0)) throw;
        uint256 tokens = safeMult(formatDecimals(_eth), tokenExchangeRate);
        if (tokens + tokenRaised > currentSupply) throw;
        tokenRaised = safeAdd(tokenRaised, tokens);
        balances[_addr] += tokens;
        AllocateToken(_addr, tokens);   // 记录token
```
```

日志
    }
    /// 购买token
    function () payable {
        if (!isFunding) throw;
        if (msg.value == 0) throw;
        if (block.number < fundingStartBlock) throw;
        if (block.number > fundingStopBlock) throw;
        uint256 tokens = safeMult(msg.value, tokenExchangeRate);
        if (tokens + tokenRaised > currentSupply) throw;
        tokenRaised = safeAdd(tokenRaised, tokens);
        balances[msg.sender] += tokens;
        IssueToken(msg.sender, tokens);   //记录日志
    }
}

第 4 章

数字货币的发行

4.1 数字货币的首次发行

4.1.1 首次发行的基本概念

1. 首次代币发行(ICO)

数字货币首次发行也称为首次代币发行(Initial Crypto-token Offering，ICO)，其概念源自股票市场的首次公开发行(IPO)，是基于区块链技术项目，通过发行代币的方式，募集比特币(BTC)、以太币(ETH)等基础数字货币的行为。

在数字货币首次发行方面，有如下代表性案例。

① 第一次ICO是2013年6月的万事达币(MSC)发行。这是建立在比特币协议之上的代币，能够提供比特币协议层不能提供的功能，旨在帮助用户创建和交易加密货币以及其他类型的智能合约。Mastercoin通过在Bitcointalk论坛上发起众筹，每个人都能通过给Exodus地址发送比特币来购买MSC，共募集了5000多个比特币。

② 2014年7月，以太坊首发，募集到了3万余个比特币，目前以太坊是除了比特币之外市值最高的区块链项目。

③ 2015年10月，国内首个开源公有链项目和智能资产平台小蚁币(NEO)募集到了2100个比特币。

④ 2016年6月，去中心化组织项目DAO首次发行，众筹到了1170万个以太币(当时市值约2.45亿美元)，随后遭到黑客攻击，损失了300多万个以太币。

⑤ 2018年6月，经过长达一年的众筹，柚子币完成首次发行，共募集到了713万个以太币。

截至2018年11月，全球ICO项目数量为1181个，共筹集金额73亿美元。而2017年全球ICO数量为875个，共筹集资金62亿美元。2017年到2018年全球的ICO融资金额约为美国IPO市场所有融资金额的20%。

ICO作为数字货币领域的创新融资模式，已经成为全球资本市场的新宠。这一基于区块链技术发展带来的革命，可能对未来人类生活产生重大影响。ICO项目的参与者也是投资者，他们会在社区里为该区块链项目进行宣传，使它产生的代币在开始交易前就获得流动性。但ICO项目的参与者最看重的依然是由项目发展或代币发行后价格升值带来的潜在收益。而对于ICO的发起者来说，由于代币具有市场价值，可以兑换成法定货币，从而支持项目的开发与发展，达到类似IPO融资模式的募资目标。

2. ICO的技术基础

通过区块链技术进行ICO，所发行的代币也具有自身的信用基础。图4-1展示了区块链、数字货币和ICO的包含关系。

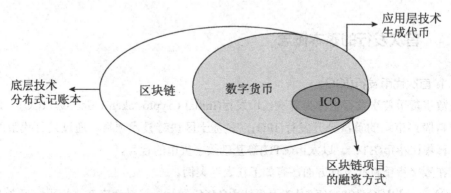

图4-1　区块链、数字货币、ICO的包含关系

ICO融资模式的爆发与以太坊平台的发展密切相关。比特币采用了区块链技术1.0，而以太坊则将区块链技术推向了2.0时代，两者最大的区别在于，开发者可以在以太坊区块链的基础上做其他的应用开发，正是智能合约开启了ICO的爆发。以太坊在2015年11月提出的ERC-20标准，在技术上为广大开发者或者数字货币发行者提供了支撑，而使用这种规则的代币具有通用性和可预测性，方便了ICO项目代币的流通和估值。截至2018年7月，以太坊的市值约为450亿美元，支持数以千种基于ERC-20标准

的代币，其中35种代币市值超过1亿美元，同时支持超过1500个项目，每日交易量约为750 000笔。目前，从ICO支持的融资币种来看，比特币和以太币占比最高，二者合计占比达90%以上。

3. ICO和IPO的区别

ICO与IPO两者之间的最大相同之处在于都是通过一种平台为项目或公司向公众募集资金，而明显的区别在于，IPO是用股票来募集资金(法定货币)，ICO则是用虚拟的数字货币，也就是代币(其本质也是一种基于区块链技术的数字货币)来募集比特币、以太币等通用数字货币。在数字货币交易所内，ICO项目的发起人先创建融资项目并发表白皮书，随之发起募资或众筹。投资人会用比特币、以太币等基础代币进行投资，作为回报，发起人会给投资人一定数量的项目代币。

从融资的思路上，ICO与IPO两者之间存在很大的差异，虽然ICO在一定程度上可以部分弥补IPO的不足，但是实际上存在较大的法律监管难度。

(1) 募集资金的过程不同

IPO是招募股东的过程，颁发有详细的产品盈利介绍的招股说明书；ICO不算是证券发行，既没有保荐人、承销商、托管行、审核流程，也没有国界、政府监管、法律条例约束等，更没有股东一说，总之，其就像个野生丛林，自发自主，众筹运动。由于ICO的门槛很低，且很多项目的商业模式不容易看清，信息披露不足，发行的代币估值不确定，导致普通投资者无法识别相应的风险，这种不透明、去中心化和自由定价的募资行为与IPO相比，存在着更大的监管难度和风险。

(2) 募集资金的主体和项目不同

ICO的筹资主体为中小企业，甚至是创业团队，募资的项目主要是基于区块链技术的项目；IPO是经过严格审批的合规企业，募资的项目可以涉及大多数传统产业和新兴产业，而不仅仅局限在基于区块链技术的项目。

(3) 募集资金的场所不同

ICO进行募资的场所是基于区块链技术的数字货币交易所，这是"去中心化"无第三方监管的平台，整个募资过程和代币流通过程缺乏监管，所以ICO融资成本低，门槛低，融资额也相对较低；IPO进行募资是在法律指定的证券交易所，整个募资过程和股票流通的过程都要接受相关监管机构的严格监管，所以IPO融资成本高，门槛高，融资额也相对较高。

(4) 募集资金的时间和对象不同

ICO通过区块链技术可以在全网面向全世界任何人进行融资，募资时间为1~6个月，而IPO一般仅局限在一个国家内或者只能针对合格投资人进行融资，募资时间为3~5年。

4.1.2 全球ICO市场的发展状况

1. ICO全球市场发展情况

2017年,全球ICO飙升至884笔,募资金额总计约62亿美元(见图4-2)。同时,各国监管层开始打压ICO活动,ICO在政策方面的风险远远高于项目本身,这也迫使加密社区想方设法将其往合法化方向推进。因此,尽管2018年ICO进入被压制的状态,全球ICO数量仍达到了1181笔,共募资约73亿美元。2019年全球ICO市场的表现延续2018年下半年的表现,融资金额出现大幅缩减。加密货币分析公司Coin schedule的数据显示,2019年1月全球ICO仅募集资金2.91亿美元,相比2018年1月下降近95%,但好于2017年1月的表现。

图4-2 2017—2018年全球ICO融资情况

数据来源:链塔智库(BlockData), http://www.blockdata.club/。

需要指出的是,全球ICO市场的活跃程度与比特币、以太币等通用数字货币的价格走势密切相关。2017年末到2018年初,多数代币的价格被炒到最高,之后一路下降,共蒸发掉6 800亿美元,严重打击了ICO追捧者的热情,导致ICO市场的活跃程度出现相应的变化。

根据链塔智库的分析,2018年前三季度,全球ICO融资潮逐渐消退,9月融资额相比1月减少了89.5%;1910个项目宣告ICO融资(见图4-3),仅863个项目成功,年ICO达标率为45.18%;成功融资的项目中,目标融资额随月份呈递减趋势;ICO项目的融资完成率呈下降趋势;行业应用项目占比增加,底层技术项目占比下跌73%。

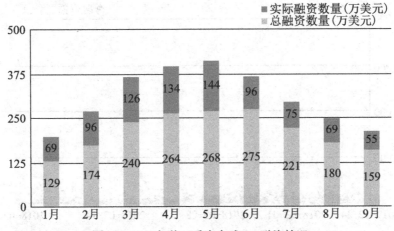

图4-3 2018年前三季度全球ICO融资情况

数据来源：链塔智库(BlockData)，http://www.blockdata.club/。

2. 单个ICO项目融资规模

从单个ICO项目的融资规模来看，2019年3月的Telegram ICO是目前融资金额最大的一笔ICO，创造了8.5亿美元的纪录，超过2017年Filecoin的2.62亿美元的纪录。

从2017年全球ICO融资规模的散点图(见图4-4)来看，2017年前三季度大多数ICO项目的融资目标在1亿美元以下，后面逐渐递增，呈现递增趋势，2017年末单个项目突破3亿美元。2018年则呈现不同的趋势，年初单个ICO项目融资额不断上升，市场热度高涨(见图4-5)，而后随着美国金融监管当局的介入，以及中国对ICO明确禁止，单个ICO项目融资额逐渐下降，并且融资项目也逐渐减少。区块链项目的融资形式逐渐由传统ICO转向更多的创新模式。2019年，随着比特币等主流通用数字货币价格的上涨，总体上ICO市场的规模在融资额和项目数上面都有所恢复和扩张。

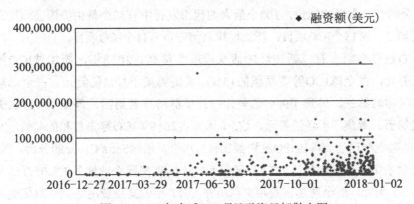

图4-4 2017年全球ICO项目融资目标散点图

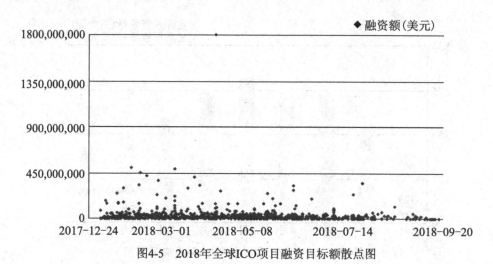

图4-5　2018年全球ICO项目融资目标额散点图

数据来源：链塔智库(BlockData)，http://www.blockdata.club/。

3. 全球ICO市场的区域发展情况

从各国区块链投融资热度来看，根据美国研究机构CB Insights的统计，从2012年到2017年2月，美国占全球区块链融资总额的55%，排在第二的英国为6%，新加坡为3%，中国、日本和韩国分别占比2%。但是，随着美国、中国和韩国监管部门收紧对ICO的监管，英国监管部门对ICO持冷淡态度，瑞士和新加坡ICO市场异军突起，瑞士和新加坡已经分别成为欧洲和亚洲市场的ICO和区块链中心，其围绕区块链、数字货币和ICO的金融生态正在形成。

目前，全球ICO前三大市场为美国、瑞士和新加坡。这三个国家也被认为是"ICO友好型市场"。根据普华永道《全球ICO市场发展趋势及各国监管政策报告2018》的分析，尽管监管方面存在不确定性，从ICO项目注册数量上看，美国已经确立了ICO全球首选市场的地位，100个最大的代币发行中有30个是由美国公司持有的，瑞士排名第二，有15个ICO项目；新加坡排名第三，有11个ICO项目。

从ICO融资金额上看，新加坡的活跃程度非常高。2018年，新加坡ICO筹集了近15.4亿美元，占全球ICO筹资总额的13%；美国筹集了12.2亿美元，占全球总额的11%；英国排名第三，筹集了9.45亿美元；开曼群岛排名第四，筹集了9.17亿美元；瑞士排名第五，筹集了8.45亿美元。这5个国家占2018年ICO筹集总和的47%，2018年全球ICO的融资额已达到美国IPO融资额20%的水平。根据Satis Group的分析，2018年美国加密数字货币交易额将达到7.3万亿美元，比同期美国企业债务的7.05万亿美元还要高出2.43亿美元。而全球加密货币交易所在2017年的交易费用达到了21亿美元，在2018年则超过了30亿美元。

同时，全球ICO市场竞争也开始趋于激烈。根据法国金融市场监管机构AMF于2018年11月发布的调查报告显示，自2014年以来，全球ICO市场已经达到194亿欧元(218亿美元)，其中大部分的市场份额主要集中在2017年和2018年前三季度，在此期间内筹集了134亿欧元，大多数ICO项目都是在美国进行的，法国只占据了市场的一小部分，在15个ICO项目中筹集了8900万欧元，法国ICO项目占2017年全球股权融资的1.6%。法国ICO市场的低迷与其对ICO项目的监管及相应的税收政策有关，这也是AMF未来改革的方向。

瑞士和新加坡的崛起主要受益于其监管机构对ICO所持的开放态度和监管上的透明度。目前，瑞士已经成为全球构建数字经济监管环境的标杆，加密谷不仅提供了独特的环境来挖掘ICO的潜力，而且向全世界展示了重视隐私保护和机密性的价值观。新加坡已经成为全球ICO的关键枢纽之一，税收优惠(所得税最高20%)、低干涉度监管机制和国家对于投资的支持，成为新加坡ICO市场崛起的关键因素。2018年10月，新加坡央行甚至表态不会将任何加密货币认定为证券，也不会对它们进行监管，也就是说无论是比特币，还是其他类型的数字加密货币，都被视作不受管制的资产。

4. ICO项目融资后的情况分析

Boston College的一项研究显示，在ICO融资后的4个月里，只有不到一半的ICO项目存活下来。而根据Satis Group的分析，2017年全球ICO项目中有78%的项目被证明是骗局，4%的项目彻底失败。这些ICO项目承诺了巨大的利润，却很少分享关于这个项目及其背后的团队的信息，有的甚至没有发布白皮书，而这些ICO项目大多数在融到代币发行之后就消失了。

2017年ICO筹集的120亿美元中，13亿美元(11%)在诈骗中丢失，17亿美元(14%)因为项目失败蒸发，6.24亿美元(5%)流向了已经"死亡"的项目。然而，超过70%，即80亿美元，最终到达了数字货币交易所。其中，诈骗的大部分资金都被投资于三个项目，即Pincoin(6.6亿美元)、Arisebank(6亿美元)和Savedroid(5000万美元)，这三个项目已被美国当地司法部门或SEC调查并冻结资产。

判断一个ICO项目融资成功的标准包括以下几点：

全球ICO项目融资后的情况可以分成几类。

- 诈骗：融资后，并没有把钱用在项目上。
- 失败：融资过程没有完成，就被闲置了。
- 濒危：融资完成了，但是没有在交易所上币，也没有代码。
- 成功部署了区块链或者平台。
- 有清晰的发展路线。

- 连续三个月在GitHub①上有代码贡献。

对一个ICO项目而言,其融资后的状态还有兑现(Promising)和衰退(Drrindling)。按照上述标准,2017年在全球市值超过5000万美元的ICO项目中,有51%的项目是成功的,有20%的项目还在兑现。

5. ICO项目类型分析

从行业分布的角度来看,2017年区块链底层技术项目占比46.85%,行业具体应用的占比较小。这表明,选择ICO的项目多半为公共链及其相关项目,行业处于早期阶段,重心在于技术研发。2018年的ICO项目,行业分布较为分散,底层技术项目占比下降,行业应用的占比增加,整个行业呈现出从底层技术向行业应用拓展的趋势(见图4-6、图4-7)。

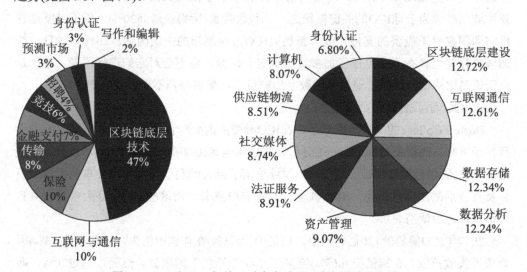

图4-6　2017和2018年前三季度全球ICO融资领域分布情况

数据来源:链塔智库(BlockData),http://www.blockdata.club/。

---

① GitHub是一个面向开源及私有软件项目的托管平台,因为只支持Git作为唯一的版本库格式进行托管,故名GitHub。GitHub于2008年4月10日正式上线,除了Git代码仓库托管及基本的Web管理界面以外,还提供订阅、讨论组、在线文件编辑器、协作图谱(报表)、代码片段分享(Gist)等功能。目前,其注册用户已经超过350万,托管版本数量非常多,其中不乏知名开源项目Ruby on Rails、jQuery、python等。2018年6月4日,微软宣布,通过75亿美元的股票交易收购代码托管平台GitHub。

排名		名称	首次代币发行截止日期	实际募集金额(百万美元)
1		EOS	2018/6/2	4100
2		Telegram	2018/3/31	1700
3		Dragon Coins	2018/3/10	320
4		Bankera	2018/3/21	189
5		Polymath	2018/1/31	139
6		EASIS	2018/4/17	133
7		Orbs	2018/5/20	118
8		Status	2018/9/19	108
9		Enivion	2018/9/16	100
10		Hedera Hashgraph	2018/9/15	100

图4-7　2018年前三季度全球TOP10的ICO项目

数据来源：链塔智库(BlockData)，http://www.blockdata.club/。

4.2　ICO的机制设计

4.2.1　ICO的基本流程

整个ICO流程可以概述为：项目发起人通过指定的交易平台进行项目公示、信息披露，约定在特定日期、以特定方式发行代币，并授予该代币特殊权益(产品使用权、股权、期权、收益分配权等)；项目投资者基于对发行项目前景的乐观预测，以其他数字货币(如比特币、以太币等)投资项目支持项目发展，并获得新发行代币；代币发行后也可以在指定交易平台自由流通，投资者可以在约定日期后出售套现，换取法定货币(如美元)来寻求退出或继续增持。

1. ICO项目的市场参与者

(1) 项目投资者

ICO项目投资者要具备投资的基本条件，先在数字货币交易所完成注册、开户、绑卡等操作，根据当日的牌价用法定货币购买比特币、以太币等加密货币，获得这些加密货币之后，将其提取到钱包。数字货币交易所为ICO项目提供发行的基础设施。

(2) 项目发起人

ICO项目发起人公布货币源代码并发布白皮书(类似招股说明书)，吸引投资人和参与者，组建社区，进行"预挖矿"，并保留5%~10%的项目代币，随后，ICO项目发起人开放矿区并上市交易，向投资人募集比特币、以太币等基础代币。此时，投资人用其持有的基础代币购买ICO项目的代币，进而持有相应的虚拟资产。投资人的预期收益来自不同发行阶段ICO项目估值的变动而带来的代币价值变化，交易成本为摊薄后承担的在ICO发行和市场宣传所需的服务的成本，以及项目失败的机会成本。

(3) 交易平台

数字货币交易所(相当于证券交易所)为线上的ICO项目进行募资，募集的基础代币数额，在ICO项目完成后，平台为买卖双方提供投资账户、投资记录登记、虚拟资产托管、项目信息披露等服务；同时，ICO项目投资人持有项目代币，可以在数字货币交易所进行交易，向其他投资者转让ICO项目代币，获得比特币、以太币等基础代币，实现对ICO项目的投资退出。当然，最终ICO项目投资者是要将这些收益(即以比特币、以太币计算的加密资产)按照交易平台的当日牌价兑换为法定货币，才能实现真正意义上的退出。

2. ICO项目融资的一般流程

一个正常的ICO发行流程一般包括以下步骤：项目策划、白皮书编写、募资与发行代币、后续项目开发等。

(1) 项目策划阶段

项目发起人策划项目商业模式、产品与服务、技术目标和路线、预期研发周期等一系列相关要素。由于ICO项目通常为技术类研发项目，因此，相关技术的实现难度、实施细节、难点等需要得到相关专家评估，以保证项目的可行性。

(2) 白皮书准备阶段

发行人需要为项目准备项目白皮书，这是整个ICO过程中最重要也是唯一的官方公开文件，类似于股票发行过程中的招股说明书。ICO项目的白皮书中需详细说明项目的商业模式、产品或服务、关键时间点、募集资金类型和平台、兑付方式、投资者回报、技术路线、技术难点、技术可行性、团队成员等内容。

但是，需要指出的是，ICO项目白皮书没有官方的书写要求，并非每个项目白皮书都包括上述内容。很多项目白皮书中内容并不翔实，甚至会有多个版本以及在发行过程中不断更新白皮书的现象。而且，从法律意义来看，白皮书并非具有法律效应的文件，其内容的可靠性和真实性目前无法得到保证，这在一定程度上给保护ICO项目投资者带来难度。

(3) 募集资金与发行代币阶段

ICO项目的资金募集一般以流动性较好的基础代币(如比特币或以太币)为主，其推广和募集平台通常为该项目所构建的自有社区或者相应的ICO发布平台。募资可以一次完成，也可以包括多个轮次。通常，较早的募资轮次具有较为优惠的募资价格(或者称为代币对价)。对项目有兴趣的投资人，按照白皮书中的规定，自愿将其持有的基础代币转账到项目募资地址,即可完成投资,ICO发行方会向投资者发行相应项目代币作为投资凭证。通常,发行代币给项目投资者,一般占50%~70%的份额。剩余部分留给项目相关的其他人,如创始人和项目团队,或留作未来的储备。

(4) 后续开发阶段

在成功完成募资后,ICO项目将按白皮书对项目进行开发和运营。对于IT项目,资金通常用于完成项目开发、市场推广、销售、社区建设等。持有项目代币的投资人可以根据项目代币在白皮书中约定的功能享受项目开发的产品或服务,或分享项目估值溢价带来的项目代币溢价等,也可以在数字货币交易所进行项目代币与其他代币之间的交易。

上面笼统地描述了ICO项目通常所要经历的一般步骤,但是,目前ICO并没有一个完善统一的分类框架和规范的流程,这是一个不断演化的过程。

4.2.2 ICO的类型

代币也就是加密货币,不仅具有与真实世界交互的支付功能,而且通过密码学构造出了安全可靠的转账功能。以区块链技术为基础的ICO项目发行的代币具有去中心化的特性,不再以法定货币作为基准货币,而是依靠一定的规则独立发行、自由交易,从某种程度上在一定范围内又具有替代法定货币的功能。显然,ICO项目代币的属性不能简单、笼统地认定为项目发行人利用区块链技术创造的特殊"铸币权",而是必须根据代币的不同功能定义其不同类型及相应属性。

ICO项目发行代币的用途可以归纳为以下6点。

- 获得项目的产品和服务的权利:包括去中心化应用的信用、会员资格、产品使用机会等。
- 分享项目内部机制产生的未来收益:如持有代币的用户/投资者在项目内部会有代币分红等。
- 分享项目基础资产带来的收益:类似于资产证券化。
- 分享项目组织的运营收益:持有代币的用户/投资者在项目中具有一定的投票权,也可以分享项目组织的运营收益。
- 转为持有项目企业的股权:项目组织一旦转为股份制转而进入资本市场,则持有代币的用户/投资者可将代币转为企业股份(有价证券),在二级市场流通。
- 代币流通的增值:代币可以在数字货币交易平台(二级市场)上流通,兑换为主流虚拟货币(比特币等),或间接兑换为法币,也可以通过二级市场炒作获得溢价。

根据项目代币的不同功能,可以将ICO划分为以下几种类型。①

1. 虚拟商品类

虚拟商品类代币也称为功用代币(Utility Token),即代币持有者有权使用基于区块链的网络或平台的全部或部分功能,在使用这些功能时,代币持有者使用消耗这些代币。绝大多数ICO项目发行的代币都属于这种类型。这种类型的代币,往往是平台提供产品或服务不可或缺的一部分,即只有使用代币才能获得平台提供的产品或服务,这也为代币创造了附加价值,让投资者有机会在二级市场获利。

虚拟商品类代币具有以下特征。

● 项目开发团队开发一个可供实际应用的区块链技术产品,或分布式账本,乃至广义上的"去中心化自治组织"(如DAO)。

● 上述产品通常内置了可转让流通的代币的公有链(私有链、联盟链无须将代币作为内部激励机制)。

● 上述代币作为用户使用该产品特定功能的必需品,将在使用过程中消耗掉或以其他方式流转。

● 上述代币并不由任何主体发行、承兑或承诺赎回(即不存在任何主体对该代币承担除使用功能质量保证之外的金钱性义务)。

这类ICO项目占到ICO项目中70%以上的比例,比特币、以太坊、Augur、Lisk等知名ICO项目都属于此类。

其中,前三项特征是从正面确定ICO行为具有众筹性质,而最后一项特征又从反面排除了这种众筹行为的金融属性。也就是说,就现有法律框架而言,符合上述特征的ICO项目属于产品众筹范围之列,参与者所获得的代币乃是产品或服务的实际回报,即获得对于某个区块链系统(或其中某些功能)的使用权,类似游戏中的"筹码"或"代券",其核心在于代币的具体使用功能。

如果从一般产品/服务众筹行为的角度来看,其在法律层面上是最为宽松的。产品众筹在很大程度上接近于"提前付款"的团购活动,即用户预先付款给项目发起人,作为其开发制造相关产品所需要的资金。在此过程中,项目发起人不仅预先获得了资金,同时预先获得了实际的用户群体,不必担心产品或服务今后的销路。大部分国家或地区都不把产品/服务众筹行为视为金融活动,故监管较为宽松,法律风险较低,除非产品本身就属于违法产品。

当然,此类ICO中的代币相较于普通产品/服务众筹的回报而言,仍然存在一个巨大差别:代币属于数字货币,具有高度标准化和流动性,可以像有价证券一样进行竞

---

① 孙铭.现行框架下对ICO行为的法律分析.搜狐中国,2016-08-01.https://www.sohu.com/a/77654780_286863.

价和流通，这明显不同于一般众筹行为提供的产品或服务回报，因为其不具有在二级市场上交易的可行性。这个问题就是各国在ICO监管中面临的法律适用难题。

2. 收益权凭证类

收益权凭证类代币(Equity Token)也可以称为类股票代币，它具有一定的有价证券特性，通常会被认定为金融工具。收益权凭证类的ICO行为出现时间较晚，其核心特征在于：相关代币并不具有实质性使用功能，而是代表了相关"基础资产"(Underlying Assets)的未来收益权，因此持有人可以在未来时间内定期或不定期地获得特定收益。

基于不同的基础资产种类，收益权凭证类ICO发行的代币又可进一步分为两个子类：

● 第一种收益权凭证类ICO是以相关区块链系统、分布式账本乃至更广义上的"去中心化自治组织"为基础资产(虚拟货币资产)，收益为该系统的内置代币；

● 第二种收益权凭证类ICO是以某个项目(无论是否与区块链有关)的业务运营收入(法定货币资产)为基础资产，收益可以为法定货币或某种数字货币。

1) 第一种收益权凭证类ICO

由于第一种收益权凭证类ICO的收益回报不依赖于发行人的兑现承诺，而是基于区块链底层协议以及相关算法所决定。[①]ICO项目发行人并不存在金钱给付义务，而只是确保其区块链产品的技术质量。从这个角度上理解，第一种收益权凭证类应该算作某种形式虚拟商品的预付形式，投资者获得的是"代用券"，其数量并不能预先确定，而是基于项目区块链程序算法自动增长，因此，相关的ICO行为也应当属于广义上的众筹行为。

这类ICO的典型案例就是基于以太坊的锚定货币项目"贷券"(Maker – DAI Bond)，其内置代币Dai是通过锁定抵押品到"抵押债仓"(Collateralized Debt Position，CDP)中来发行的稳定币。稳定币的原理是通过一部分人来吸收其中的不稳定性来释放出稳定的数字资产。如果能够成功，将在区块链世界中诞生出稳定的数字货币用以大规模使用。

Dai本质上是基于以太坊的一种可转让的、等价可互换的"加密债券"，它试图在不稳定的数字货币上构建出稳定的数字货币。它的总量是变化的，而价值与美元1∶1锚定；任何以太坊上的地址都可以持有Dai，也可以自由地发送给任何其他地址。Dai区块链基础设施是CDP，用户将持有的以太坊上的加密资产抵押给Maker平

---

① 这种类型收益权凭证的ICO，有点类似于投资比特币的矿池(或其他类型的挖矿算力)，可以视为相关区块链的虚拟挖矿算力，按计算机代码自动生成。

台,并生成CDP智能合约,向该用户发行对应的Dai(设定了一定的抵押率)。Dai锚定了美元,用户可以将Dai兑换成美元使用。当然,Dai的发行是有成本的,用户除了支付一定的利息外,还要支付一定的管理费用。Maker平台发行的系统代币MKR,在用户归还Dai时,还需要支付一定的MKR作为管理费用。用CDP发行Dai币在功能上等同于CDP抵押获得的可变利息贷款。用CDP获得贷款是很灵活的,因为它们除了抵押品要求外,没有条款限制,是即时的且可以随借随还的。标准CDP的抵押要求为150%(就是发行价值100ETH的Dai币需要价值150ETH的抵押品)。初期只有一部分资产会录入以太坊区块链,作为CDP抵押品;但是随着生态系统的日渐成熟,会扩展到所有资产类别,比如数字货币、商品和法定证券。大多数信贷服务可以减少到担保借贷,主要区别还是抵押品类型、借贷条款、发行机制和偿付计划。因为CDP保证所有这些参数的灵活性,Dai可以满足各种信贷要求。

此外,现实中也有点对点币(Peer Coin)这种通过持有就可以自我产生利息的数字货币,它把"具有使用价值的虚拟商品"和"商品(服务)的收益权"合二为一了。但从分类上而言,将它归入纯粹虚拟商品类ICO更合适(而不是第一种收益权凭证类ICO),因为其收益只是一种法律上所说的"天然孳息"概念,而非与本身使用价值可分割开来的独立收益权,故并不改变其商品本身属性。

就法律监管层面而言,这类ICO也和常见的产品/服务众筹行为一样,很少受到监管,甚至没有监管,其相关法律风险也较小,只要项目发行人不从事除技术开发以外的行为,产品本身并不违法。

2) 第二种收益权凭证类ICO

第二种收益权凭证类ICO尽管表面形式仍是加密数字货币,但其产生代币的区块链本身并不产生收益,只是作为一个独立的信息记录平台。

这类ICO项目常见于类似BitShares、NXT及Counterparty等去中心化、无监管的虚拟交易所。这类ICO行为常由一些匿名人士发起,影响力并不很大,而传统中心化交易因担心项目发起人的信用及法律风险,所以一般不敢贸然让相关代币上市流通交易。

通过对比,可以发现:第二种收益权凭证类的ICO行为是依靠开源代码来保证可靠性、自动性和去中心化性,第一种收益权凭证类的ICO行为则是具有很强的中心化色彩,参与者必须依靠对ICO发起人的信任才能获得收益。从法律性质上来看,第二种收益权凭证类ICO行为,其对应特定基础资产,且有着特定主体承担金钱(法定货币)给付义务,因此它已经构成了一种证券——资产支持证券(Asset-Backed Securities,ABS),实际上就是一种资产证券化的过程,参与者所获得的代币即是ABS,即基础资产的收益权份额(见表4-1)。

表4-1 两种收益权凭证类ICO行为的比较

项目	第一种收益权凭证类ICO	第二种收益权凭证类ICO
基础资产	仅限于某个特定的区块链,全自动化、无人为参与	非区块链的资产和业务(可与区块链有关或无关),必须有人参与运营管理
运营管理方	无	有,可以是公司、个人或其他组织(可能匿名)
权益凭证记录处	上述特定区块链之上	可以在任何一个区块链之上
收益	上述特定区块链的内置代币,由开源代码自动执行产生并分配	可以是法币或任意加密数字货币,通常需要一定程度的人工分配
收益兑付人	无	有(通常与运营管理方重合)

资产证券化与产品/服务众筹行为在法律上的性质完全不同,其面临的监管环境也有天壤之别。资产证券化属于受到政府严格监管的金融活动,无论是项目发起人、管理方、资金监管机构,还是投资者,都有一定限制,因此,这类ICO行为从严格意义上来说属于违法或违规行为。这类ICO项目发起人是借着ICO和数字货币来逃避法律监管,具有很高的法律风险。

3. 基金份额类

基金份额类ICO行为借助区块链技术替代基金管理人/受托人角色,是一种去中心化、自主式、新形态的(公募)基金。目前,这类ICO行为仅有一例,就是The DAO。作为一个区块链界尚无先例的ICO项目,The DAO不仅仅是因为其未经任何政府监管部门登记注册即发起基金公募(众筹)行为——这只是法律程序上的缺省,而且是一个超前于立法的ICO项目,因为从其各方面性质来看,The DAO不能完全匹配现有法律中对于某种特定行为的定义。

The DAO作为新型公募基金,具有以下特征:

● 发行对象针对非特定的公众;

● 筹资目的是用于投资,而不是像普通ICO项目一样用于自身的生产经营(The DAO主要投资于初创企业,故基本上可算是风险投资基金);

● 参与人(投资者)所获得的代币是标准化收益单位的权利凭证;

● 代币可流通、可赎回,参与人持有的代币(权利凭证)可随时自由流通转让,且(以某种特定方式)可随时赎回(具备此两特点的仅有ETF基金,而其他基金或公募信托不同时具备)。

The DAO通过DApp公开概述其在区块链上的功能和金融运作机制,进而实现通过众筹来募集资金和管理组织。由于没有基金管理人/受托人,虽然减少了管理成本,但是这种新形态的公募基金明显处于法律的真空地带,导致了以下两个根本性的法律问题。

(1) 财产权独立问题

The DAO这种基金份额类的ICO行为，项目发起人并没有承担基金管理人/受托人的责任，也不承担回购/赎回义务，而是由The DAO项目本身来承当相关的责任。The DAO项目本身作为存在于数字空间的计算机程序运行的结果，在法律上并不被承认为一种独立法人，其虚拟数字货币资产(假定已被法律承认是一种财产)的财产权无法确定归属方。

(2) 智能合约问题

上面的财产权独立与其归属问题也就直接导致后面的智能合约问题。The DAO作为新形态的公募基金，其与众筹参与者/代币持有人之间缔结的智能合约(持有基金份额的凭证)是由无法作为独立法人的存在于数字空间的计算机程序与之签订的，其法律效力和对当事人双方责任的约束认定，因法律不承认The DAO项目为独立法人而无法界定。

4. 公司股份类

公司股份类的ICO行为与收益权凭证类ICO行为在很多方面具有相同或相似之处，最主要的区别在于：所发行的代币并不具有实质性使用功能，而是代表了一个特定公司的股份，因此是一种权利凭证而非商品。代币持有者有权参与企业利润的分配、发表意见、表决提案等。

ICO和IPO虽然有类似之处，在发行代币与发行股份二者之间存在本质的区别：如果发行的代币是代表股份的凭证，那么ICO就应完全适用公开发行股票的规则，受到现行法律的严格规范。

公司股份类ICO行为本质上就是公司股份的公开发行，每个代币等同于公司的股份。因此在严格意义上，这种ICO就构成了公开发行证券。从法律层面来看，公司股份类的ICO行为包括以下两个特征：

● 存在一个确定的发行股份的公司，因此这类ICO不属于去中心化的社区项目，更是个"分布式自治组织"，相反，却存在着一个在法律层面上明确的责任承担者；

● 代币所在的区块链只是一个记账平台，并且可以随时改变这种记账平台，股份本身的权利与该区块链并无关系。

这一类ICO行为属于擅自公开发行证券——非法的IPO行为，具有明显的法律风险。2015年之前，在XCP和NXT平台上曾有许多小公司也发行过股份，因为这两个区块链项目有自带的交易所，但在美国监管机构联合调查清理后，这种ICO行为就基本销声匿迹了。

公司股份类的ICO缺省了几个重要的要素，导致其仍难以转化为一个正式的、合法的IPO，具体原因包括：

① 未按发行当地的法律进行事先审批、核准或者备案；

② 没有正式的招股说明书，也没有正式的股份认购协议，这类ICO所发行股份的权利凭证采用了区块链技术的代币，但是无法保证代币持有人的法定权益——股权无法被现有法律框架认同；

③ 匿名认购，由于ICO发行代币在交易过程中的匿名性，无法核实代币持有者(股东)的真实身份，这不但会违反股东必须实名制的监管要求，也会导致股份认购交易行为的无效性；

④ 所发行股份的登记场所并非法定要求的场所(法定交易所和结算机构)，最直接的结果就是法律上不予承认这些股份的存在，相关代币不能构成严格法律意义上的股份凭证，认购者今后无法凭持有ICO发行的相关代币来主张相关公司的股权；

⑤ 所发行股份的二级市场流通交易场所亦未取得许可，代币的交易平台都是基于区块链技术的去中心化数字货币交易所，并非合法的证券交易所，没有合法的证券交易资格，因此代币持有人的公司股份也就无法在法律上被承认。

4.3 ICO的演变形式

为了应对美国等世界主要经济体日渐趋紧的监管政策，全球ICO呈现新的动态。这些ICO的创新模式或变形的共同特点在于对ICO代币预售(Pre-sale)阶段(前期融资操作)进行调整，去除或修改了部分操作，使得ICO项目不属于监管法规禁止实施的客体。目前，对于这些ICO金融创新尚无针对性的监管措施，值得开展进一步的研究。①，基于传统ICO架构改造的主要演变形式包括未来代币购买协议(SAFT)、证券化代币发行(STO)、首次交易发行(IEO)、首次分叉发行(IFO)、新型代币发行(ILO)等模式。

4.3.1 SAFT模式

SAFT模式也被称为简单期货代币协议(Simple Agreement for Future Token，SAFT)，是针对ICO代币预售阶段的一种规避监管措施。ICO代币预售是指在正式公开发售代币之前的代币销售行为，主要分为代币预售和代币期权预售两种类型。而SAFT模式是在代币预售中借鉴了传统风险投资基金为了规避项目风险而设计的期货

---

① 孙国峰, 陈实. 新型ICO的法律规制——对SAFT模式下虚拟代币ICO监管的思考[J]. 中国金融, 2019(18): 47-49.

股权简单协议(SAFE)①，即有条件契约的标准流程架构。2018年上半年的ICO发行中有不少就采用了SAFT模式进行预售，为ICO项目提供一种合法不受监管禁止的功能代币，同时帮助ICO发行人实现ICO项目的早期融资。SAFT实质上就是代币发行方向许可投资者提供的投资合同，承诺在项目开始运营时提供一定数量的代币。它与标准ICO的不同之处在于，ICO项目的代币是立即发行的，而SAFT实际上是一种承诺或认购期权。

SAFT模式下，ICO发行人会在项目启动前在监管机构登记注册，然后按照监管要求预售虚拟代币。投资人在与发行人签署的SAFT协议中约定，投资人向发行人预购ICO项目代币。ICO发行人会在与投资人签署SAFT协议后将占有项目总发行量25%～30%的代币以预售的方式出售给投资人。此外，SAFT协议还约定了有针对性的信息披露要求，以及ICO项目价值评估标准。

由于在ICO项目初始阶段，SAFT模式更能符合监管机构的规定，相较于传统ICO具有更好的投资人保护机制。完整的SAFT模式的ICO发行工作流程包括了项目策划、签署SAFT协议、项目开发和项目营运4个阶段。其中，在SAFT协议签署阶段，ICO发行人与投资人在发行人向监管机构登记注册、提交合规材料后才正式签约，而且SAFT协议会约定，ICO项目发起人向投资人预售的是非功用代币(Prefunctional Token)，用于筹集开展ICO项目的初始资金，未来投资人持有的这些非功用代币可以直接转换为ICO项目上线后系统中会使用到的功用代币②，同时ICO项目发起人不稀释项目股权。

此外，投资人需要严格符合监管机构规定的证券投资人资格，实施严格的反洗钱(Anti Money Laundering，AML)和了解客户(Know Your Client，KYC)审查后，才能签署SAFT协议。

在美国，SAFT协议被誉为解决ICO及其代币监管状况不佳等问题的最有效方案，因为这种模式更接近于风险投资，可以很好地适应现有法律监管框架。此外，通过使用SAFT，也可以使投资者预先了解到投资的回报率，甚至在投资达到一定数额后，

---

① 期货股权简单协议(Simple Agreement for Future Equity，SAFE)最早被世界著名的创业孵化器YC(Y Combinator)用于减少创业项目初期融资的复杂程度，即在控制融资规模的前提下避免为了合规而准备烦琐的尽职调查报告以及其他相关文件，尽快完成股权投资。
② 非功用代币转换成功用代币是有折扣的，根据投资人的情况、预售时间点和预售金额，SAFT协议将预售虚拟代币的折扣分为不同的档次。不同程度的折扣可以在不同情况下吸引投资人，确保ICO项目获取稳定的初期投资。早期投资人可以在SAFT模式下获取更快的投资回报。因为在SAFT模式下的预售代币可以让投资人获得比代币正式发售更多的折扣，SAFT模式下的ICO代币投资，可让投资人在预购代币的1～2年后，获得投资回报。

允许买方在未经同意的情况下,适当限制发行商的某些活动,使得整个ICO活动更有利于投资者,更具有透明度。但是,SAFT模式也对ICO监管提出了新的问题:第一,ICO的投融资属性未变,只是在项目初期筹集阶段进行了改进,并没有办法对ICO发行代币之后的行为进行合理监管;第二,容易发生代币价格操纵,因为SAFT模式的缺点在于投资人可以在项目营运阶段,抛售所持有的预售代币,进而可能对整个价格产生影响,同时ICO发行人会预留发行代币总量的30%左右,也可能会操控代币价格,伤害其他投资人(特别是散户)的利益;第三,相较于一般项目的风险投资,ICO项目的预售代币流动性差,如果ICO项目失败,则投资人无法追索ICO项目发起人,投资损失远高于一般风险投资项目。

美国金融业监管局(FINRA)[①]在2018年8月就发出警告,提醒投资者注意,SAFT绝不是经过监管部门批准的可靠保证,仅类似于监管机构可能选择或不选择的私人意见,不能作为投资安全性和法规遵从性的证据。其警告声明强调:"投资者应了解,投资SAFT框架的ICO项目,并不代表该产品是'安全'的或符合相应的联邦法律和州法律……无论发行方如何阐述其代币能力,如何从证券代币转换到非证券代币,都无法保证SEC或法院会同意发行公司的评估意见。决定代币是否属于证券应基于事实和相应的情况分析,各种框架的代币头衔并不会改变这一点。"该投资警告,也是遵循了SEC最近的一系列监管执法活动,后者对于ICO的态度日趋严格,并表示将逐步加大对ICO及ICO的变形融资模式(如SAFT等)的监管力度;或者说SAFT模式的ICO项目,只是为了适应美国的监管政策,使得代币具有证券的部分属性,就要接受证券监管框架,也就会有法律和经济风险。

4.3.2 STO模式

1. STO模式的基本概念

STO模式也被称为证券化代币发行(Security Token Offering,STO),是将现实中的某种金融资产或权益,比如公司股权、债权、知识产权、信托份额,以及黄金、珠宝、土地、建筑等实物资产,转变为区块链上加密数字权益凭证,实现基于代币的全球资产、权益、服务的证券化。STO模式就是在现有明确的金融法律监管框架下进行的ICO,或者说就是资产代币化(通证化)。STO通常具有传统证券性质,但是其底层基于区块链技术。相较于传统的IPO,其融资时间短、成本低、更加便捷;而相较于传统的ICO,其又符合现有证券监管要求,可以说STO是介于ICO和IPO之间、传统金融

---

① 美国金融业监管局(FINRA)成立于2007年,由美国当时最有影响的证券业自律组织美国证券交易商协会(NASD)和纽约证券交易所监管局联合发起成立。

和区块链世界之间的桥梁。①

　　STO的第一步是资产代币化，一般而言，企业资产非常复杂，有固定资产和流动资金，还有负债和应收账款，因此，资产代币化也就非常复杂。其核心是资产标记和定价(会计师事务所出定价报告或由交易所交易定价，最好是两者结合)。第二步是资产证券化，企业资产发代币后，要上交易所进行交易，实现资产证券化。因此，STO也就兼具IPO和ICO的优点而规避了两者的缺点，首先，STO发行的代币背后有企业资产背书，规避了传统ICO缺乏对应资产作为标的物的缺陷；其次，STO模式发行的代币在区块链上发行，可以有效地防伪防篡改，也规避了IPO内幕交易的弊病。

　　STO模式的应用场景非常广泛，主要有三大优势：易于规范监管，便于拓宽融资渠道，降低融资成本。STO模式将各类传统资产代币化，使其具有较高流动性，例如：私募股权融资可将标的公司股权代币化后，让更多投资者较容易地参与，购买较小的交易单位，在更短的时间内完成融资。STO模式也存在风险，即较高的流动性可能导致由资产流动性过高带来巨大的价格波动，导致投资者亏损的风险(见表4-2)。

表4-2　STO、IPO和ICO的比较

	STO	IPO	ICO
证券类型	证券	证券	代币
企业类型	大部分是实体企业	符合法规的企业	区块链项目
项目风险	中	小	高
监管程度	强	强	弱
是否中心化	中心化	中心化	去中心化
投资者资格	合格投资者(国内)	一般投资者(国内)	无限制(跨境)
交易形式	ST交易所(24/7)	传统证券交易所	数字货币交易所(24/7)

　　另外，STO应用领域还必须符合以下几个特性，包括：具有内在价值，自动合规和快速清算，所有权可以不断分割，风险投资可以民主化，资产具有互通性，流通可以增加流动性和市场深度。

　　当然，STO模式也存在一些问题和困境。

　　第一，在新兴市场国家，本身IPO的监管机制尚未成熟，特别是在资产证券化领域没有很多的监管经验，STO模式对监管层更是一个全新的考验，又无先例可循。

　　第二，鉴于美国等发达国家将IPO纳入现有证券监管体系下，其对代币融资的审核可能就比传统的股权融资更加烦琐，STO模式有可能无法降低融资成本，反而可能增加合规性的机会成本和时间成本。

---

① 李虹含. STO——一场新的社会学实验[J]. 现代商业银行，2018(1)：20-22.

第三，由于STO模式也是基于区块链技术，其技术安全性要求要远高于传统IPO，由于代币持有的匿名性及黑客入侵等情况，无法保证投资人的安全。

第四，STO最大的风险是无法打破以国家主权为边界的法制边界。目前，STO的合规监管依然是各国家、地区监管框架下的法律监管，而且，当前STO的监管依然是中心化的监管，抛弃了区块链去中心化的特质。

2．STO发行的代币分类

不管是何种类型的STO，其根本是要符合当地的证券监管法律法规，总的来说，STO必须在如下方面符合基本的规定：合格投资人，反贪污、洗钱等用途的投资，尽职调查，信息披露和投资人锁定期限。比如在美国，所有融资类金融活动都在SEC管辖内，项目如果想融资，一般有两种选择：一是在SEC注册，然后融资；二是不注册，但是在SEC监管下进行融资。

因此，在美国采用STO模式进行融资时，会受到Reg D、Reg S、Reg A+和Reg CF几个主要融资法规约束。

① Reg D是私募融资法规。Reg D没有融资上限，只针对认证的合格投资者(包括美国和非美国公民的合格投资者)，不需要 SEC批准，但是有一年的锁定期和最多2000个投资人上线。锁定期结束后很难有交易流动性，通常只能在现有投资人之间交易。大部分STO和早期股权融资一样，使用的是Reg D注册。

② Reg S是监管美国企业面向海外投资人的法规。针对美国以外的投资者(离岸投资者)，允许非美国投资者投资美国企业，对于投资者的财富无任何限制条件，不需要SEC注册，可以发行股票及债券。

③ Reg A+是小型IPO。有两种级别：一级是筹资上限为2000万美元，且需要SEC和州级审查，但没有持续的报告要求；二级是只有SEC审查，筹资上限为5000万美元，每个投资人最多投资 10 万美元，有2年财务审查期，融资后需要所有财务公开和年审，会产生大量的法务和审计开销，投资人限定在18岁以上，允许非合格资质的投资者。

④ Reg CF是早期公司资本阶梯的第一步。投资人限定在18岁以上，可以从合格及非合格投资者中筹集上限为100万美元的资金，是最快、最便宜的方式。

(1) 按金融产品分

如果按照金融产品来划分，ST分为4种类别。

● 债权代币(Debt Tokens)：一种代表了债务或现金收益权的代币。

● 股权代币(Equity Tokens)：一种代表了对基础资产的部分所有权的代币，即Reg A+下的STO。Reg A+被称为Mini IPO，可以向全球所有投资人进行募集，且无锁定期，其性质类似于IPO，但相对于IPO而言，Reg A+的披露和备案等要求仍然很低，所以成为替代IPO的优先选项。

● 混合/可转换代币(Hybrid/Convertible Tokens)：结合股票和债务的特征，比如可转换债券和可转换优先股。

● 基金和衍生品代币(Derivative Tokens)：ST价格基于标的资产池的当前价格。衍生品可分为远期期权、期货、掉期工具，基金可以是类ETF、共同基金。

(2) 按资产分级分

如果按照资产分级来划分，ST分为三种类型。

● 优先(Senior)：优先层享受固定的较低的无风险收益。

● 次级(Mezzanine)：次级层享受固定的无风险收益加浮动的部分溢价。

● 劣后(Equity)：劣后层享受剩余的收益，但如果资产端出现违约，劣后层首先用于兑付。

3. STO的发行流程

从理论上来说，STO有两种可能的发行方式：第一种是根据项目所在国家或地区的IPO标准在当地证券监管部门注册，将背后的资产代币化并发行；第二种是合理利用项目所在国家或地区的证券监管法列出的豁免条件进行豁免。第一种发行方式对发行方的财务数据要求高、程序烦琐，至少就目前而言，对STO来说，更为经济和合理的做法是第二种。

豁免主要利用的是发行豁免，因此发行豁免的大量前期成本主要是在合格投资者审查环节。显然，此环节机器可以比人工表现得更好，因此目前市面上各个STO交易平台的卖点是，如何准确、高效地完成合格投资者审查，并在流通环节中持续完成对代币持有者资格的身份认证。

如Polymath和SWARM就将必要的法律监管要求嵌入Token的智能合约中，在ERC-20标准基础上加上监管层协议，自动对买卖双方是否有资格交易进行检验。Openfinace Network则推出了投资者通行证(Investor Passport)，通过收集并分析用户的信息和文档，以确保筛选出有权进行交易的用户。持有投资者通行证的用户便可以在该平台投资符合其投资范围的证券型代币。这不仅加快了合规的审核过程，而且大大减少了发行方的人力成本和时间成本。

以Polymath平台为例介绍ST的发行流程(见图4-8)。Polymath是美国的ST发行平台，主要为金融服务企业制定并发行ST。Polymath允许完成合格投资者认证的个人和机构投资者，在符合政府规定的前提下参与STO。

ST的发行流程一共有以下几个步骤。

(1) 注册代号

发行证券代币的第一步是通过《代码注册电子合约》来申请注册证券代币代码(类

似股票代码)。通过《代码注册电子合约》申请代码后的有效期内,其他人不能再使用同样的代码了。Polymath平台上初始设置的有效期是7天,也就是说,发行者在申请注册代码的7天之内如果没有使用代码,此申请就过期了。发行者将收到以下4个参数。

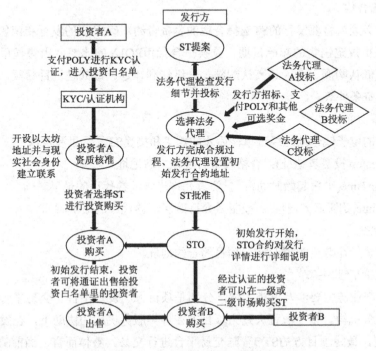

图4-8　Polymath的STO流程图

- Address_owner(所有者地址):这是证券代币代号的所有者账号。
- String_symbol(证券代币代号):需要注册的代号,比如TORO。
- String_tokenName(代号名称):需要注册的代号名称,比如The Toro Company。
- Bytes32_swarmHash(其他数据):用于储存其他需要的链外数据,可以空缺。

(2) 使用代号

注册代号后,发行者有一段时间可以考虑发行的具体问题,与律师、投资顾问、董事会或合伙人讨论融资方案,在平台上设置初始发行合约地址。这里涉及的参数有4个。

- String_Name(代号名称):需要注册的代号名称。
- String_symbol(证券代币代号):注册好的代号,比如TORO。
- Uint8_decimals(小数位数):若证券代币允许零星股,则允许的小数点后的位数通常为18位。
- Bytes32_tokenDetails(代币具体信息):用于储存其他需要的链外数据。

(3) 制作代币(可选)

在ST募资合约发布之前，发行者可以选择制作发放任意数量的代币，同时将股东的电子钱包地址加入"白名单"。

(4) 挑选合约

发行者必须为将要发行的ST选择合适的募资合约，确定ST的发行和销售方式。合约中通常至少规定销售的起始日期、兑换平台代币POLY的比率、出售代币的最高数量、个人最低认购额、个人最高认购额、分级红利计划、最低融资目标额、限制交易期和返还投资条件等。

(5) 准备白名单

投资者的电子钱包地址经过审核后才能购买和接受ST。这里涉及以下三个参数。

- investor(投资者地址)：合格投资者的以太坊地址。
- fromTime(出售起始时间)：投资者允许出售证券代币的最早时间。
- toTime(购买起始时间)：投资者允许购买证券代币的最早时间。

(6) 开始交易

合格投资者在购买ST时只需要项目的合约地址。

4. STO的产业生态[①]

STO的产业链主要涉及五类主体，分别是项目方、发行平台、交易平台、投资机构、其他服务机构。整个流程大致为项目方在各类服务机构的协助下，在发行平台上发行ST募资，最终项目方的STO登陆交易平台进行交易。整体而言，当前STO产业处于早期探索阶段，产品链尚未完全打通(见图4-9)。

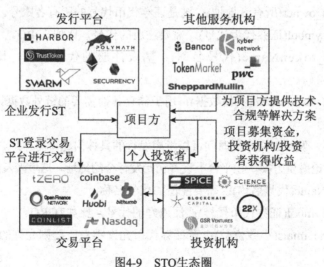

图4-9　STO生态圈

---

① 塔链科技. 2018年STO生态报告, 2019-02-01. http://www.blockdata.club/site/report?uid=50&page=2.

在这几类主体当中，交易平台的政策准入门槛最高，需要具备相应的资质牌照并满足监管要求，其他服务机构则为项目方提供技术、合规、流动性管理等服务，为ST顺利发行和交易提供保障。

1) 发行平台

与一般功用代币相比，证券型代币对投资者资质以及合规情况有较高的要求，因此这类代币的发行流程与一般功用代币的发行流程不同，需要有特定的技术解决方案和法律合规服务。目前，关于ST的发行有两种解决方案，第一种是在以太坊等主流公链上添加可兼容协议，在智能合约里嵌套投资者认证等工具；第二种是开发出新的、去中心化的、满足合规性要求的证券型代币发行平台(见表4-3)。

表4-3 ST发行平台

平台	成立时间	ST标准	ST
Polymath	2017年	ST-20	POLY
Harbor	2018年	R-Token	
Swarm	2014年	SRC20	SWM
TrustToken	2017年		TRU / TrueUSD
Secutitize	2018年	DS-Token	
Securrency 2	2015年	CAT-20 / CAT-721	
Ethereum	2014年	ERC-1400/1404/1410/1411	ETH
Hashgard	2018年	TAMT	GARD

2) 交易平台

ST交易平台是专门用于ST交易的平台，是STO生态中的重要平台。与传统数字资产交易平台相比，ST交易平台的运营需要一定的资质牌照，还要满足合规要求。当前，ST交易平台主要有三种类型：新生代ST交易平台(见表4-4)、传统数字资产交易平台、传统证券交易所。

在传统的数字货币交易所中，Coinbase获得美国SEC和FINRA批准，成功收购三家拥有经营许可证的证券交易商，拥有BD、RIA、ATS牌照；BCEX与瓦努阿图国家数字证券交易所达成合作，共同开展区块链数字证券业务，全球运营总部落户中国香港，参与香港的沙盒监管；火币投资布局了两家持有ATS牌照的交易平台——SharesPost和Openfinance。

传统证券交易所如美国的纳斯达克(Nasdaq)正在策划推出ST交易平台；伦敦证券交易所(London Stock Exchange)正在与Nivaura合作开发一个用于ST发行与交易的去中心化平台，该平台已经进入英国金融监管局(FCA)的监管沙盒；瑞士证券交易所计划推出的数字资产交易平台SIX Digital Exchange(SDX)，将受到瑞士国家银行的支持和瑞士金融监管机构的监管。

表4-4　ST新生代交易平台

平台	成立时间	资质牌照	融资情况
tZERO	2014年	清算和交易执行、ATS[①]	1.34亿美元/STO
OFN	2014年	ATS	220万美元/A轮
Coinlist	2017年	ATS	920万美元/A轮
BlockTrade	2017年	受MiFID II框架监管	/
Templum	2018年	ATS	1000万美元/战略投资

4.3.3 IEO、IFO和ILO模式

1. IEO模式

1) IEO的基本架构

2017年以前，ICO模式主要是通过主流数字货币(如 BTC、ETH 等)来参与某个项目的早期投资，风险是这个项目可能失败，或者项目代币无法在交易平台流通(或者流动性太低导致价值太低)。ICO模式正逐渐转变为被称为"首次交易所发行"(Initial Exchange Offering，IEO)的模式所取代。IEO模式是指项目发起方用数字货币交易所作为其项目的募资平台，通过向该交易所用户发行项目代币的行为来募集交易所发行的平台代币，随后该交易所也会成为该项目代币在二级市场上的主力交易市场。

相较于之前，IEO模式主要将项目的风险转移到交易所。交易所将利用其更多的资源和经验完成所有调查，并减少网络钓鱼、DDoS和其他恶意攻击。IEO模式简单来说就是通过交易平台进行代币的首次发行，投资者到交易所注册开户并且完成AWL/KYC验证之后即可参与投资。投资者使用基础代币购买平台代币，并申购拟在交易所平台发行的项目代币，从而实现项目融资目的。在交易所发行的项目代币价格统一，直接用数字货币交易所的平台币进行申购，一般情况下交易所会限制每个参与者的认购额度。每个IEO项目与交易所会协商不同的条款、安排和条件，诸如交易的费率、交易价格、交易额度、展示成本以及其他各种限制等，以保证项目方、交易所、参与者三方各自的利益。

随着实践的增加，IEO的范围正在延展，比如允许发生过私募的项目参与IEO，允

[①] ATS是指另类交易系统(Alternative Trading System)，是一种匹配买方和卖方而为交易形成对家的非交易所交易系统。ATS通常被作为证券经纪商而不是证券交易所来监管(尽管ATS实际上可以申请被作为证券交易所来监管)。一般而言，从监管目的角度来看，ATS是一个为买卖证券提供及维持市场和设备，但不为用户制定规则(不包括用户使用系统的规则)的组织或者系统。ATS必须由美国证券交易委员会批准，且作为传统证券交易所的可替代物。在欧洲与ATS相对应的同类系统被称作多边交易设施(Multilateral Trading Facility，MTF)。

许IEO项目进行空投等。IEO与STO有些类似，但STO的流程漫长，美国传统行业的STO基本上需要两年甚至更长的时间，但IEO相比STO最大的优势就在于其融资的便捷和效率。

2) IEO的优势

选择IEO进行融资对于项目发行方来说有以下好处。

第一，一些交易所的上市程序非常严格，即使项目获得交易所认可，也可能需要数月时间，而且要支付大笔费用(用比特币或以太币等主流通用数字货币进行支付)，才能在交易所实现IEO。IEO成功，就意味着项目被市场接受，具有一定的投资价值，对项目代币持有人而言，也就意味着其兑现的可能性大大提高了。

第二，IEO成功，意味着交易所的现有用户可能直接转化为项目客户，这就降低了项目的营销成本，这也正是一个新项目必须面对的最高成本。从长远来看，IEO不仅解决了融资问题，而且解决了项目的市场问题，毕竟大型数字货币交易所的用户基础远远超过大多数加密货币营销活动所能达到的范围。

第三，IEO项目的顺利发行增加了项目本身的可信性，同时交易所需要在IEO之前对项目进行尽职调查和评估，这个环节远比让投资者去解读ICO项目发布的白皮书来的更加可信，减少被欺诈的可能性。

第四，IEO可以在一定程度上防止价格操纵，代币在交易所上市，那些在预售中购买较便宜代币的人会立即卖出，以迅速获利。这些行动会立即引发下行趋势，很少会有反弹。

3) IEO的发展状况

目前，只有少数几家交易所提供这项服务，包括币安、EXMO、GBE和OKcoin等。

互联网上最知名、讨论最多的平台是币安交易所的LaunchPad，该平台在2017年短短几秒钟内就完成了面包(600万美元)和礼品(340万美元)的代币销售。2019年，BitTorrent项目的代币在18分钟内售罄，筹得720万美元，而Fetch.ai项目在22秒内筹集了600万美元。一个模式成功后，必然涌现出无数的跟风者。

EXMO加密货币平台在2019年2月推出了IEO，当时它选择Paytomat(PTI coin)作为其第一个合作项目。PTI代币IEO计划在3月初推出。由于合格的审计和对加密交易所代币的高度信任(自EXMO创建以来，一直没有代币退市)，该工具的推出吸引了密码市场参与者的极大兴趣。EXMO平台上的其他额外"红利"是可兑换法定货币(美元、欧元、卢布等)和大量可用的支付方法。项目可以在IEO之后立即收回代币，投资者可以为菲亚特基金购买代币。

OKcoin即将上线utility token销售平台"OK Jumpstart"产品，用于扶植真正优质的项目和早期创业者。2019年3月11日，Bittrex旗下子公司Bittrex International宣布，即将推出首个IEO项目RAID，经过KYC认证[①]的用户将能够直接在Bittrex International上使用比特币购买XRD代币。使用此工具购买代币的风险远低于在ICO中购买代币的风险，因为ICO的大多数项目都没有与交易所就进一步上市达成协议——这本身就是一个很大的风险。在中国三大交易所中，火币也拟推出类似LaunchPad的产品——"Huobi Prime"(火币优选上币通道)，相比LaunchPad，在模式和合规性上进行了创新，既非众筹，也非IEO。

2. IFO模式

首次分叉发行(Initial Fork Offering，IFO)，与首次币发行不同，它通常是建立在主流加密货币的基础上进行分叉，然后通过分叉前持有主流加密货币获得数量相等的对应分叉的分叉币，即另一种虚拟货币。比如，比特币进行硬分叉，分叉出来的两条链共享硬分叉之前的数据，理论上，硬分叉之前的用户可以免费获得等额的分叉币，并且在交易流通中获得价值，部分也会通过数字资产交易所进行交易流通。比特币的IFO项目有很多，第一个是比特币现金，然后是比特币黄金，近期还有超级比特币(SBTC)等。

比特大陆[②]投资的矿池ViaBTC(微比特)团队挖出了比特币第478 559个区块，随后对此区块链进行了硬分叉，由此产生了一种比特币的克隆竞争币比特现金(Bitcoin Cash，BCH)。比特币现金的区块大小可以上升到8M，可以容纳的交易笔数是原来比特币原链的大小的8倍左右，并且去掉了隔离见证，加入了双向重放保护。BCH的"挖矿"算法、矿机与BTC相同，一些矿池还加入BTC/BCH自动切换功能，可为矿工自动切换至收益高的币种。从表现来看，BCH是分叉币中最成功的，BCH比特现金币如其名，和比特币相比，它因为区块容量更大，交易速度更快，手续费更低(BTC手续费是0.0015BTC/KB，BCH手续费是0.0002BCH/KB)，的确更像一种"现金"，也算没有辜负取名者对它的期望。随后BCH影响力不断扩大，获得了众多交易所、钱包的支持，甚至一些币圈业内人士认为BCH才是真正的比特币，BCH的市值已达到688亿人民币，币价为4000元左右，在全球币种中综合排名第四。

IFO模式的最大特点就是没有直接的融资属性，而且用户的参与门槛低，对于原本持有主流币的投资者来说，分叉时会自动得到分叉币，所以如何对其进行监管是一

[①] 国际组织反洗钱金融行动特别工作组(FATF)已制定了一系列标准，旨在推动法律、规章和操作准则的有效实施，提高金融诚信度，打击洗钱和恐怖主义融资。KYC(Know-Your-Customer)规则是指对账户持有人的强化审查，是反洗钱用于预防腐败的制度基础，金融机构必须了解资金来源的合法性。

[②] 比特大陆(中国)拥有当前世界上最大的矿池，世界上最好的比特币芯片技术，还是世界上最大的矿机生产商。粗略估算，比特大陆(中国)旗下的矿池AntPool、BTC.com、BTC.TOP、Bitcoin.com、ViaBTC等合计拥有比特币全网接近一半的算力。

个令人困扰的问题。

3. ILO模式

首次锁仓发行模式(Initial Lock-up Offering，ILO)从本质上说并不是一种融资方式，而是一种加了条件的代币分发方式，简单理解，锁仓发行就是保本理财。可以用一个简单的例子来详细说明ILO模式。Edgeware是知名的跨链项目Polkadot(波卡)[①]的平行链，该项目发行的代币为EDG，其中90%的EDG会通过ILO的方式分发给用户。作为普通用户，如果想通过ILO的方式获得EDG，需要将自己的ETH发送到指定的智能合约地址，然后选择锁仓的期限(可以选择3、6、12个月，或者选择不锁仓)，从而获得EDG。相同数量的ETH，锁仓的期限越长，获得的EDG数量越多，如果选择不锁仓，获得的EDG数量微乎其微。等锁仓的期限过了之后，智能合约会自动将锁仓的ETH原路退还到投资者的电子钱包里。

图4-10对ICO、IEO和ILO模式进行了比较。

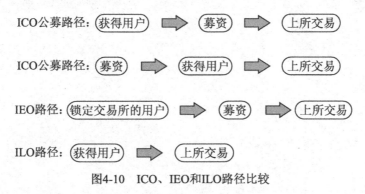

图4-10 ICO、IEO和ILO路径比较

传统公募ICO模式的本质是先获得用户，然后融资，再上所交易。ICO项目发起人最核心的策略是要宣讲产品获得用户，通过用户融到初始资金，然后上线交易所，通过投资技术、营销、宣传等方式拉抬代币价格，让一级投资者快速获利，剩余的资金用于项目发展。而私募ICO模式的本质是先融资，然后获得用户，再上所交易。ICO项目发起人先要搞定私募，拿着私募的资金来营销、宣传、吸引用户，再花钱上线交易所，通过拉抬币价等方式让私募机构退出，剩余资金用于项目发展。在IEO模式中，项目发起人本身是没有用户的，用户都是交易所的，交易所的用户基于快进快出的投资策略进行投资，很难留存转化为ICO项目的用户或者容易出现用户在交易平台扎堆的现象。

[①] Polkadot(波卡)是一个跨链项目，跨链项目是可以连接不同公有链项目(比如比特币、以太坊、EOS等)更底层的协议，但跨链不仅于此，还可以连接不同的DApp、传统商业世界的企业服务、政府各部门数据等。

ILO模式的本质是项目发起人先获得用户，然后上线交易所，中间省去了融资的环节。在ILO模式下，用户持有平台币并进行锁仓，根据锁仓时间和锁仓量获得项目的代币。愿意锁仓平台币越久越多的用户，获得的代币也越多，这就把投资属性相对较强的用户筛选了出来，让他们持有更多的代币，而获得代币的成本也基本为0，二级市场压力相对较小。项目发起人用代币换用户，代币越多，换来的用户的投资属性越强。这是一件相对划算的事情，可以再通过理财超市等存币收益的方式，将自己的用户和交易所的用户转化为项目的用户。

对于ILO模式，虽然从投资角度看，ILO类似于保本理财，但是从技术方面看，ILO还是有风险的，这个风险就是智能合约无法保证绝对安全，一旦出现黑客事件，可能面临的监管问题一样严重。

第 5 章
数字货币的流通交易

5.1 数字货币的流通

5.1.1 数字货币的功能分析

1. 数字货币的货币特征

数字货币是对传统货币形态的发展和颠覆,尽管对数字货币的货币功能存在较大的争议,但是数字货币仍具有一定的货币特征。

中本聪设计比特币的最初用意就是作为交易的一种支付手段,作为全新的货币形式,比特币本身去中心化的特性能够和传统的货币很好地进行区分。比特币等通用数字货币能够在全球范围内快速地进行流通绝对不是偶然的现象,数字货币自身拥有着和法定货币相同的性质特点,其价值尺度、流通手段以及支付方式等方面都与之相近。

第一,数字货币作为价值尺度。数字货币的去中心化特性,通过基于"共识机制"的发行模式,可以减少因信用问题而造成的货币贬值问题。因此,数字货币不仅可以通过发行数量的限制建立估值体系,进而成为某种与法定货币关联又不完全受制于法定货币体系的价值尺度;而且随着区块链技术在更多行业的应用,逐渐地向很多行业和领域进行渗透，体现其作为价值尺度的功能。

第二，数字货币作为流通手段。目前，比特币早已脱离了数字货币原来仅限于网络世界虚拟交易和流通支付的界限，现在已经有很多的实体商店以及网站逐步接受以比特币用于支付消费。比特币逐渐被大家所接受，慢慢开始具有自身的流通形式。随着比特币等基础数字货币进入实体经济并通过交易实现流通功能，数字货币的流通功能将日益展现。

第三，数字货币作为支付手段。对于比特币等基础数字货币而言，其交易的便利性是毋庸置疑的。去中心化的特质，使其也不用再通过银行等第三方中心化平台进行交易，更不需要在交易的时候有第三方进行交易担保，为此还能够节省一批中介消费的成本，慢慢地，这样支付的方式会被大众接受，逐渐融入实体经济和现实生活，改变目前的传统货币或电子货币的支付消费习惯。另外，比特币等基础数字货币具有全球流通、不受政府监管的特点，适合作为全球性的通用货币或支付手段。

第四，数字货币作为存储方式。对于比特币等基础数字货币来讲，其发行数量是有限的或特定的。而且伴随着"挖矿"过程难度的不断增加，以及市场流通需求量的不断增加，存储数字货币可以实现一定的保值增值功能，从而具有一定的投资意义。

2. 数字货币的功能缺陷

反洗钱金融行动特别工作组(FATF)[①]认为数字货币是一种价值的数据表现形式，通过数据交易并发挥交易媒介、记账单位及价值存储的功能，但它并不是任何国家和地区的法定货币，没有政府当局为它提供信用担保，它只能通过使用者间的协议来发挥货币的某些功能。因此，从交易流通的角度来看，数字货币存在以下几个功能缺陷。

1) 价值尺度

数字货币的软肋之一是没有稳定的币值，价格波动剧烈，就如同比特币的币值从高点近2万美元跌落到3000多美元，跌幅近70%，暴涨暴跌的程度超过目前国际金融市场任何一种金融产品。因此，数字货币无法作为衡量价值的尺度，而在流通交易过程中，因币值涨跌不可控也妨碍其大范围使用。

2) 流通手段

不可否认的是，目前已有部分领域实现了比特币的交易流通，但是在这过程中存在的棘手问题是其匿名性不利于监控。因为，比特币等其他数字货币都是采用区块链

---

① 反洗钱金融行动特别工作组(Financial Action Task Force on Money Laundering，FATF)是西方七国为专门研究洗钱的危害、预防洗钱并协调反洗钱国际行动而于1989年在巴黎成立的政府间国际组织，是目前世界上最具影响力的国际反洗钱和反恐融资领域国际组织之一，其制定的反洗钱40项建议和反恐融资9项特别建议(简称 FATF 40+9项建议)，是世界上反洗钱和反恐融资的最权威文件。

技术，其交易的特点就是去中心化、匿名性、隐蔽性、跨地区、无国界，所以很容易给恐怖分子、洗钱和贪污腐败分子以巨大便利，这也是全球各国政府试图对数字货币采取严格管控的重要原因之一。此外，数字货币总量是固定的，因此数字货币也被视为规避风险的投资工具，这也阻碍了其流通功能。

3) 支付手段

中本聪在设计比特币的时候，认为基于区块链技术的比特币能够减少第三方如银行等的干预，降低中间费用。因为，银行等传统货币或电子货币支付体系，是有中间成本的。①基于区块链技术的数字货币虽然无须向银行等机构提交费用，但为了维护系统的正常运转，每一笔交易必须交付一定的手续费给"矿工"，且手续费与交易金额大小和距离无关，只按数字货币交易的字节收费，即数字货币支付这种方式，对金额较大的交易及跨境交易更有利。以比特币的转账为例，一笔普通交易约占250字节，手续费为0.001～0.0015BTC(为20～30美元)。对于小额交易，特别是交易量甚至不足手续费所需的比特币交易而言，每笔0.001～0.0015BTC的交易手续费过高，解决的办法只能是扩容，等累积到一定金额再让"矿工"打包上链，即链下支付。②

4) 储藏手段

目前，全球市场上发行的数字货币都是依赖于区块链技术，以P2P网络、密码学和分布式记账为基础的数字签字方式进行交易确认和流转，其保管成本几乎可以为零，但由于短时间内数字货币价格波动巨大，大多数电子钱包不会储蓄计息，数字货币的储藏功能(保值增值)仍有欠缺，因此相比于传统的法定货币，两者无法相提并论。同时，数字货币作为一种数字资产，具有短时间内升值和贬值的巨大空间，如何与较为稳定的实物价值挂钩，目前还未找到较为合理的解决办法。

所谓的数字货币，就是电子货币和实物现金的一体化。数字货币一定与货币的数字化进程紧密相关，这个进程是一个动态的、不断演进的过程。实物货币向数字货币演进的意义在于，实物货币的流通支付功能优化了，交易介质和渠道拓展了，具有更好的普适性和流动性。

数字货币演进的意义则在于，它能吸收实物货币"点对点"支付和匿名性的特性，将支付权利真正地赋予用户自身。③

---

① 以银行间转账为例，手续费一般按照转账金额的一定比例收费，目前跨行手续费约为5‰，异地转账手续费为1‰～1%，而跨境转账除了支付以上手续费以外，还需额外支付一些其他费用。

② 如闪电网络，作为一种由链下交易构成的网络，参与者可将日常小额交易转移到基于比特币主链的第二层交易网络中进行，通过建立支付通道来降低手续费实现即时交易，再将小额交易打包上传到区块链主链。

③ 姚前. 数字货币的缘起、发展与未来. 新浪财经, 2018-11-23. https://finance.sina.com.cn/blockchain/roll/2018-11-23/doc-ihpevhck3493733.shtml.

5.1.2 数字货币的流通过程

数字货币的流通与数字货币的被接受程度密切相关,整个数字货币的流通过程可以分为以下几个环节(见图5-1)。

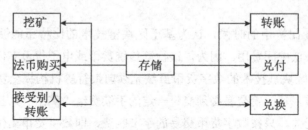

图5-1 数字货币的流通环节

获得数字货币的途径一般就是三个:挖矿、法币购买和接受别人的转账。在获得数字货币之后,其一般通过电子钱包将其存入相应的账户中。使用数字货币的途径一般也是三个:转账给他人,兑换其他数字货币或者法定货币,以及兑付。兑付是转账和兑换的结合,是将数字货币先转账给具有实时兑换能力的第三方平台,再由其兑换成其他数字货币或者法定货币。由此可见,在整个数字货币流通链条中,最关键的环节是兑付,也就是要具有实时兑换能力的第三方平台。

1. 数字货币的流通情况

1) 比特币

加密货币和区块链研究机构Diar的数据显示,在2017年12月比特币价格达到最高点时,比特币数量超过200BTC的钱包中有42%的比特币从未被转移。从那以后,大约有27%的钱包中所含的比特币数量在持续增加。截至2018年9月底,超过流通量55%的比特币都被放在了余额至少有200BTC的钱包里,这些钱包中有1/3的比特币从未进行过对外交易,这种情况可能意味着钱包的所有者要么丢失了私钥,从而降低了比特币的实际供应量,要么就是比特币的坚定持有者(见图5-2)。2018年8月,比特币价格在8000美元时,地址上有1000~10 000 BTC的"大户"所持有比特币的数量低于流通量的20%,但是到2019年5月,比特币流通量中的26%由地址上有1000~10 000BTC的账户所持有,这些比特币总价值约为360亿美元。超过87%的比特币被存储在了余额至少为10BTC(合6万美元以上)的钱包中——其总价值略低于比特币总市值的1000亿美元。然而,这些钱包地址只占所有比特币地址的0.7%。与此同时,余额至少为100BTC(价值至少为64万美元)的钱包地址数量仅占所有比特币地址的0.1%以下,但却占比特币流通总量的62%。

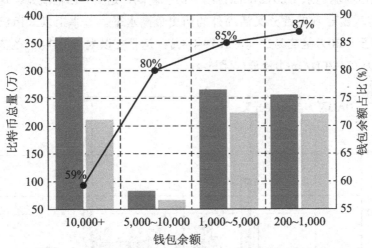

图5-2 不同持币水平的比特币账户持有比特币资产的情况

数据来源：Diar.com。

区块链分析公司Bitinfocharts的分析显示，在比特币流通领域，转账支付用途的比特币大概占到比特币总量的13%，钱包及交易平台用途的比特币占比大约为15%，长期投资、丢失或无法流通以及短期投资或投机用途的比特币占了比特币总量的72%，这也是比特币潜在价值增值的基础(见图5-3)。

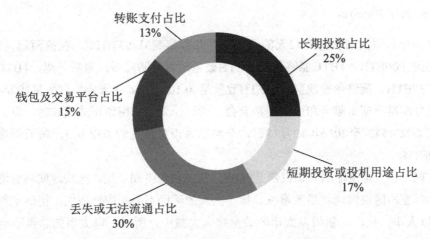

图5-3 比特币账户持有比特币类型比例

数据来源：Bitinfocharts.com。

2) 以太币

按照市值来计算，以太币是仅次于比特币的全球第二大加密货币。根据Diar的数据，以太币的流通水平2018年12月创下历史新高，达到1.15亿欧元，这是除2016年DAO黑客攻击导致的硬分叉活动外的历史最高水平，基本上以太币已经稳定在每月1600万至1700万笔交易之间。2019年4月，运行在以太坊上DApp的流通量创新高，有77.6万ETH在DApp上流通(见图5-4)。

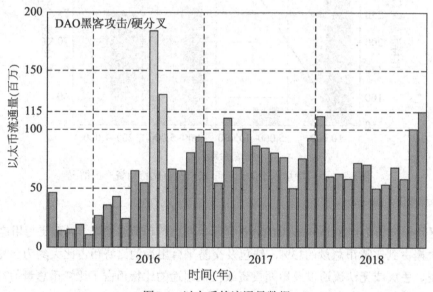

图5-4 以太币的流通量数据

数据来源：Diar.com。

2014年，以太坊在为期42天的预售中一共募集到31 531BTC。在前两周，1BTC可以买到2000ETH，1BTC能够兑换的ETH数量随着时间递减；最后一周，1BTC可以买到1337ETH。最终预售期售出的ETH数量是60 102 216。占预售EHT数量19.8%的以太币被分配给早期贡献者和以太坊基金会。所以，以太坊网络正式发布时，以太币存量为72 002 454。至2016年12月18日，全网以太币总量是87 052 673，每天新增大约31 889ETH。

前期，以太坊采取的共识机制是POW，从2017年中期开始，区块时间将会增加，在2019年左右区块时间将指数增长。每个区块的奖励不会相应地增加，仍然是每个区块5个以太币，从而，新增以太币的数量将大大减少。所以，以太币的总量不会远超过1亿个。以太坊共识机制转为POS以后，以太币的新增货币可能会更少，现在不确定最终新增的以太币是否为0，可能将不再增发新的以太币(见图5-5)。

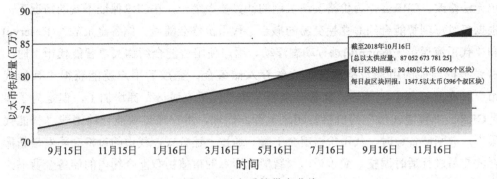

图5-5 以太币的供应曲线

2. 数字货币的兑换问题

以以太坊为例,以太坊的发展带动了大量新加密货币的涌现,这些代币没有足够的流动性,即使很多代币可能对用户或投资者来说是有真实价值的,但由于最终不能兑换为比特币、以太币或法币而不具有足够的流动性。

Bancor是基于以太坊的一个代币兑换系统,通过智能合约为市场中的非基础代币提供持续流动性。Bancor解决了交易量小的代币的流动性问题。它不需要第三方的机构,也不需要第二方,通过智能合约就能买卖各种代币。Bancor的独特之处在于使用了一套经济学的换算公式,使得各种代币均能根据其现有价格、总市值等标准与BNT进行兑换。Bancor的出现为以太坊上种类繁多的项目代币提供了一个较为统一的兑换平台,无论代币的总市值规模大小、兑换数额的多少,Bancor的换算公式均能维持所兑换代币价格的稳定,促进以太坊上各种代币的流通性。

经济学中的资产交易方面有一个经典问题叫作"双重需求巧合",Bancor协议引入了一种技术解决方案,通过使用以区块链为基础的智能合约和储备货币来解决这个问题。这个协议可以让所有人创建代币,这种代币以预先设置的比率来持有一种或几种其他代币作为自己的储备金。这些储备金可以是法币、金融资产(如黄金、白银、有价证券等)或加密资产(如比特币、以太币或其他加密货币)。通过使用这些储备金,新创建的代币直接获得价值。值得一提的是,Bancor的概念最早由著名经济学家凯恩斯(John Maynard Keynes)在第二次世界大战后提出,他主张透支原则,设立一个世界性的中央银行——国际清算联盟,并发行一个名为Bancor的超主权货币(Supranational Currency)。从某种意义上说,Bancor是向凯恩斯致敬,通过Bancor协议,建立第一个真正意义上的"网络货币"(Network Currency)。

Bancor项目发行的代币是一种以太坊区块链上的新型ERC-20兼容代币,代币发行者使用Bancor协议发行名为"智能代币"(Smart Token)的协议代币时,会设定一个名为"恒定储备率"的参数,这个参数范围是0～100%,设定后就被智能合约锁定,再也无法修改。CRR会作为价格发现机制的计算参数之一，在CRR保证不变的情况下，根据每时每刻智能合约对兑换交易的撮合，代币价格会随着"储备金余额"(Reserve)和"代币流通量"(Supply)进行动态浮动。用户使用智能合约购买"智能代币"时，需要根据当前的市场价格向智能合约存入储备金，完成后用户就能获得"智能代币"。在此过程中，虽然"储备金余额"和"代币流通量"都增加了，但是为了保持CRR，"智能代币"的价格将随之上升。同理，用户通过智能合约销毁"智能代币"，取回储备金时，代币价格就会下降。通过上述公式，代币的价格会随着最新撮合的交易进行适时调整。简单说，"智能代币"的市值由智能合约内的储备金背书，储备金余额增加，代币价格就会上升。Bancor协议的最大创新在于，数字货币在传统交易所的价值发现基于买单(BID)和卖单(ASK)的实时同步(Synchronous)匹配，然而基于Bancor协议，数字货币的价格取决于储备金余额和代币的流通量，价值发现的过程是异步的(Asynchronous)。

Bancor协议的应用场景有以下几种。

(1) 用户自发产生货币

用户自发产生货币(User Generated Currency)，这是Bancor团队开发的第一款应用产品，用户不需要任何技术背景就可以通过类似Facebook的用户界面，并通过基于WhatsApp、Telegram(未来会支持微信)的智能化聊天机器人(Chatbot)生成属于自己的数字货币网络。用户也可以通过该产品，一键发起代币众筹(Token Crowdsales)。

(2) 货币互换者

货币互换者(Token Changers)，当用户将CRR设定为100%(意味着"储备金余额"等于"代币流通量")，并在储备金中放入两种不同数字货币X和Y时，该用户就具备了将这两种货币进行兑换的能力，被称为"货币互换者"。例如，该用户想把货币X兑换成货币Y，他只需要将货币X存入储备金，然后再销毁"智能代币"，从储备金中提出货币Y。值得一提的是，改变X和Y的"储备金余额"和"代币流通量"将影响其价格，而当X和Y在Bancor网络中的价格和其在外部交易所市场的价格出现差价时，就产生了无风险套利(Arbitrage)机会。货币互换者通过不断地发现套利机会，在经济激励下有效地使得Bancor网络中各个货币价格和市场价格保持一致。

(3) 去中心化一篮子货币

去中心化一篮子货币(Decentralized Token Baskets)，同理"货币互换者"，当用户将CRR设定为100%，并在储备金中放入多种数字货币时，他就可以实现交易所交易基金(Exchange Traded Funds，ETF)或者指数基金(Index Fund)的类似功能。

Bancor也会发行自己的代币——BNT，用以太币(ETH)作为背书并作为储备代币，CRR设置并维持在20%。通过把ETH发送到Bancor持有储备金的智能合约中来发行BNT，这些发送过去的ETH就成为BNT的背书。在这样的设定下，用户可以发送20ETH到这个智能合约中来购买100BNT代币，这20ETH将会被这个智能合约强制收进储备金中。使用同样的方式，BNT可以兑换回ETH，只要用户把它发送到Bancor的智能合约中，就会获得一些ETH。Bancor协议允许用户在每次存或取储备金(ETH)时生成或销毁BNT。

Bancor网络中的代币之间最终会产生一种多层关系。新币由BNT背书，BNT由ETH背书，因此，在这些代币之间形成一个三层分层。如果ETH的价格上升(由于以太坊生态的发展)，BNT价格也会上涨(由于BNT和它的储备代币ETH维持恒定储备金比率)，BNT价格的上涨也会让新币价格上涨。这个分层模型利用所有利用Bancor协议创建的代币的网络效应，为这些新货币降低了进入市场的壁垒，有效地解决了流动性问题。

比特币不具备智能合约功能，无法基于比特币发行代币，也不支持数字货币之间的兑换和账务往来操作。在EOS等强有力竞争者出现之前，由于以太坊平台最大的功能是支持区块链项目发行代币，超过90%的区块链项目都是使用以太坊开源平台开发，这意味着项目所使用的代币有90%需要用以太坊兑换，因此除了Bancor外，还有诸如Binance(币安)等基于以太坊的数字货币交易平台可以提供兑换功能。

5.2 数字货币的交易

5.2.1 数字货币的交易平台

1. 数字货币交易所的概念

数字货币交易所是指进行数字货币间、数字货币与法定货币之间交易撮合的平台，是数字货币流通、交易和定价的主要场所。与传统证券交易所相比，数字货币交易所除撮合交易之外，还承担市商和投资银行的角色。交易所的做市商角色能增加市场的流动性，交易所从中赚取交易差价。交易所的投资银行角色为数字货币提供发行、承销等服务，交易所从中收取发行费，或者以交易所社区投票的形式收取保证金。

目前，绝大多数数字货币交易所都是中心化的交易所，可分为法定货币交易所、币币交易所、期货交易所等。

1) 中心化数字货币交易所

(1) 法定货币交易所

法定货币交易所允许用户将法币转换为数字货币，由于涉及当地的银行监管法规,一般法币交易所可以交易的法币种类比较有限,目前全球共有20多家数字交易所开通法币交易且有交易额产生。

法币交易所可分为两种:一种是场内交易所,如Coinbase等,是指可以直接通过信用卡或者银行转账从交易所购买数字货币的交易方式;另一种是场外交易所,包括火币网、OTCBTC、Gate等,场外用户通过交易所撮合与另外一名用户在交易所外完成数字货币支付的交易方式。

(2) 币币交易所

币币交易所允许用户将已经拥有的数字货币转换成其他数字货币,整个交易过程不涉及任何法币。因为受到的监管相对较松,主流的数字货币交易所都开通此项功能,比如通过BTC兑换ETH,或者BTC兑换其他类别的数字货币等。

(3) 期货交易所

期货交易风险高,允许杠杆交易,受到各地法规的监管更加严格。并且交易门槛高,受众面相对较小。

数字货币交易所主要通过收取交易手续费、项目发行费,以及数字货币做市商业务赚取差价等方式盈利。许多数字货币交易所还发行平台代币作为融资手段。

中心化数字货币交易所掌握着大量的用户资金,容易遭受黑客的攻击。同时,交易所内部员工的职业素养也是一大安全隐患。

中心化交易所存在的问题包括以下几点。

① 安全性隐患,中心化交易钱包中的货币数额巨大,容易成为黑客攻击的目标;也存在交易所监守自盗、挪用用户资产的风险。

② 作假及内幕交易风险,包括交易深度与数据作假,前后台数据更新不一致,误导用户,与项目方或其他交易所联合坐庄,操纵市场等。

③ 流动性不足,数量众多的交易所将数字货币市场分割成很多块,大大降低了流动性。由于每个交易所开通的交易对有限,用户需要频繁切换交易所,币资产在钱包和交易所间频繁转账,交易流程长,增加了手续费支出和交易时间成本。

2) 去中心化数字货币交易所

去中心化数字货币交易所是针对中心化交易所存在的诸多弊端,以及对基于区块链技术的去中心化实践而产生的交易所。目前,95%以上的数字货币交易所均为中心化交易所,但中心化交易所在数字货币产业链中的绝对核心地位与区块链技术的去中心化共识格格不入。针对中心化交易所存在的种种问题,越来越多的去中心化交易所开始出现,也被认为是数字货币交易所未来的形态。

去中心化数字货币交易所是指通过在区块链(例如以太坊)上直接构建P2P的交易市场,让用户可以自己保管私钥和虚拟币资产,从而解决现在中心化交易所带来的弊端。去中心化交易所项目除了早期Ripple和Bitshares，近期陆续出现的有0x、Swap、OmiseGo和Loopring等，均基于以太坊的ERC-20标准。大部分去中心化交易所本身也会发行平台币[①]作为维持交易的燃料(费用)，同时这也是创始团队的原动力和盈利方式。

去中心化交易所的特点包括以下几点。

① 在现有金融监管体系下，可以不受监管政策影响，交易环境较为宽松，但仍可以保证交易安全性。

② 没有中心化实体可以对交易进行干涉，不会给交易者带来任何不公平的优势，交易所管理依靠的是制度设计和自动执行，而不是人。

③ 比起中心化交易所本身的盈利需求，去中心化交易所的交易费用将完全遵照市场真正的动态平衡，一般远低于中心化交易所。

当然，由于技术发展的瓶颈和使用难度的限制，去中心化数字货币交易所也会存在以下问题。

① 基于区块链技术2.0的公链存在扩容问题，在没有获得根本解决之前，交易的速度比较慢，网络经常会拥堵。

② 每一笔交易都需要较高的手续费，并且效率很低。

③ 在分布式记账和共识机制模式下，节点的"矿工"可以提前看到交易，可能会对市场进行操纵或投机。

④ 跨链的交易难以实现，比如目前交易量最大的去中心化数字交易所DEW(单日交易额约1000万美元，在数字货币交易所的总排名在60～70位)，只能实现以太坊生态的币币交易，以太坊与其他公链体系的跨链交易一直没有打通。

2. 主流的数字货币交易所

全球数字货币交易的火热行情，催生了许多非法集资、洗钱等违法犯罪行为，危害各国的金融安全和稳定。数字货币交易所作为数字货币价值转换的主要渠道，各国政府对其的监管越趋严格。

以下是几个主流数字货币交易所的情况介绍。

1) Coinbase

Coinbase是由Airbnb前工程师Brian Armstrong在2011年创立的，是美国最受欢迎的中心化数字资产交易所。Coinbase允许用户购买、销售和存储比特币等加密数字货币，目前只开放比特币、以太币、莱特币和比特币现金4种数字货币与主流法币之间

---

① 平台币主要功能：手续费折扣；享受平台分红；上币、投票；平台回购；作为平台交易的基础货币，增大流通性；享受平台专项活动；平台燃料。

的交易，且不支持币币交易。Coinbase在全球32个国家开展业务，目前已经拥有2000万以上的用户。Coinbase的优势在于安全、监管合规、方便使用。Coinbase非常严格地遵守目前的监管政策和法律，并且从来没有受到黑客的攻击，Coinbase将自身定位为加密资产交易所中的安全避风港。

2017年1月17日，纽约州金融服务管理局(NYDFS)负责人宣布，已通过比特币交易平台Coinbase的牌照申请，这意味着Coinbase在美国纽约州的经营终于获得了官方认证。2018年3月6日，Coinbase宣布推出首支数字货币指数基金，进军资产管理行业。

Coinbase设立了数个交易板块，拥有Coinbase主板、Coinbase pro(相当于中小板)，以及收购的Paradex去中心化交易所(相当于创业板)等。Coinbase在上一轮牛市中依然保持着只有数个币种的交易，而这也给Coinbase带来了巨大的声誉和美名。凡是Coinbase宣布要上币的币种都会迎来短期的上涨，甚至于Coinbase宣布市值第三的瑞波要上Coinbase的时候，瑞波都短期上涨了10%，上币效应可见一斑。Coinbase主板的上币更是严之又严，目前一共就10个币种，和国内常用的USDT不同，其中的USDC还是Coinbase平台可以兑换的唯一一种稳定币。

Coinbase自运营以来从未被黑客攻击过，赢得了投资者的信任。Coinbase大部分加密数字资产离线保存在钱包中，其余的由伦敦的劳埃德保险公司提供保险，在Coinbase美元钱包中的资金可以由美国联邦储备保险公司(FDIC)保险覆盖。Coinbase在牌照和合规方面做了大量工作，Coinbase已经遵守了美国各州关于资金转移法规的要求，并且是少数几家持有纽约虚拟货币牌照的公司。Coinbase还遵守美国财政部金融犯罪执法局(FinCEN)注册货币服务业务以及银行保密法和爱国者法案。同时，Coinbase和执法部门也有紧密合作。Coinbase遵守严格的身份认证流程以符合类似AML/KYC监管要求，并且会跟踪交易所进出的加密货币交易。

2) BitMEX

BitMEX是由一支金融科技专业团队于2014年创立的，注册地位于塞舌尔。截至2017年9月，BitMEX已经拥有了6万注册用户。BitMEX是全球领先的数字货币期货交易平台，也是当前交易额最大的数字货币交易所，日均交易金额超过200亿元人民币。BitMEX是纯期货交易平台，提供杠杆交易，所有产品使用比特币进行买卖，所有的盈利和亏损都以比特币计算。BitMEX针对比特币交易可以提供高达100倍的杠杆，比特币与美元间的期货交易占平台交易额的99.98%，其他十余种主流数字货币与比特币之间的交易量则只占0.02%。

BitMEX是第一个推出永续合约的交易所。因为不会到期，用户无须担心在未来某个时间点的滚仓。它类似于拥有一个标的现货市场的仓位，并且支持杠杆交易，受到许多高风险爱好者的追捧。除合约交易外，BitMEX于2017年9月14日推出比特币美股总回报掉期产品(ETRS)。ETRS可以让全球投资者以比特币作为抵押品，买卖等同于持有在美国交易所上市股票的投资产品。BitMEX只接受客户存入比特币及处理比特币提取，新的ETRS产品不设最低投资限额。与ETRS合约金额等值的比特币存入客户账户后，会兑换成美元，客户可享受等同于持有美国上市公司股票的所有权益，而无须承担比特币/美元的兑换风险。随着ETRS等产品的推出，BitMEX将能为更多的散户投资者和高净值客户服务。BitMEX对数字货币市场的暴涨暴跌趋势进行了较为科学合理的价格锁定，通过用数字货币购买美股，实现全球法币与数字货币间再至美股间的流通渠道。

3) Binance(币安)

币安交易所成立于2017年7月，是国内三大数字货币交易所之一(另外两家是火币和OKEx)，也是全球交易量最大的数字货币交易所。币安从创立之初就定位为世界级的区块链资产交易平台，支持比特币、莱特币、以太坊、EOS、ZEC、ONT、NEO、XRP、BCH等主流数字货币的行情和交易，同时发行平台币——币安币(BNB)搭建币安交易平台生态，通过引导持有BNB的用户进行投票，筛选优质数字资产进驻平台。从流量上推断，在实际活跃用户数上，币安和Coinbase目前领先于世界其他交易所，可以说形成了两超多强的格局，两个交易所至今仍然存在着不错的上币效应。

币安交易所具备多集群系统架构，安全稳定的同时具备140万单/秒的高性能处理能力，同时平台提供多个数字资产交易对，以BNB、BTC、ETH等为核心的交易对具备高流动性。2018年7月，币安还宣布通过开发全新的币安链(Binance Chain)用于转移或交易不同的区块链资产。币安表示还将把BNB转移到其原生区块链上。目前，BNB是一个在以太坊网络上运行的基于ERC-20标准的代币，但是目前还不是很清楚会用哪种形式进行代币兑换。①

5.2.2 数字货币的交易状况

1. 数字货币交易所的收入状况

2018年，全球十大数字货币交易所每天的平均收入达到170万美元，从区域分布来看，亚洲的数字货币交易所几乎主导了全球的数字货币交易行业，交易量超过了全

---

① 币安在ICO中一共对外公开发行1亿BNB，占总发行比例的50%。创始团队成员持有8000万个BNB，天使轮融资持有2000万个BNB。在币安平台上参与交易的用户，无论交易何种代币，在需支付交易手续费时，如持有足额BNB，系统会对所需支付的手续费进行打折优惠，可以使用BNB完成手续费的支付。

球交易量的50%。但是，随着亚洲各国的监管越来越严格，这些交易所在慢慢转移。数字货币市场的竞争程度越来越激烈，使得各个数字货币交易所都在积极拓展海外市场，形成全球业务覆盖，同时也在增加各种涉及数字货币交易的相关业务(见图5-6)。

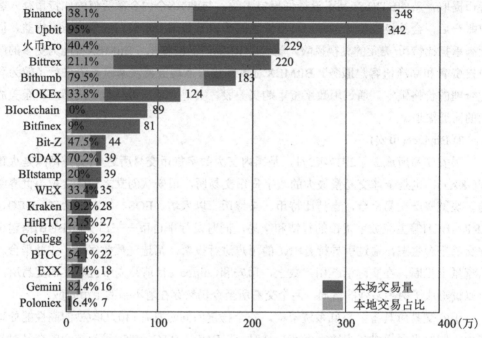

图5-6　全球主要数字货币交易所的收入情况(单位：万美元)

数据来源：链塔智库(BlockData)，http://www.blockdata.club/(截至2018年6月)。

由于币币交易已成市场主流，交易者进入数字货币市场时，需要通过场外交易市场(OTC)来换取通用数字货币，如BTC、ETH等，有的平台会在这个环节收费。进入场内交易市场进行币币交易时，交易所抽取一定的交易手续费，影响手续费高低的是交易的数字货币品种和交易对手平台。参与期货类数字货币交易的交易者还需要为其使用的杠杆支付一定的利息，这部分也是数字货币交易所的收入来源。另外，数字货币交易所对交易者提币会收取一定的手续费，一般的费率在0.2%左右。

除了上述的收费之外，交易所的上币费用(发行代币的费用)也是其主要的收入来源，即通过收取项目总发行代币的一部分或融资总额的一部分来作为上币费用。上币(发行代币)的质量和数量是数字货币交易所相互之间竞争的主要战场，不仅关系着交易所的经营业绩，还关系着交易者对交易所的信心，因此，交易所在审核代币发行的严格程度和判断项目质量的准确程度是其能否在市场竞争环境中生存的重要影响因素(见表5-1)。

表5-1 全球前十大数字货币交易所的上币审核机制

交易所	上币制度	介绍
币安	审核制 投票制	需要在平台先注册,每个用户一票,一票一个BNB,结果第一上币
OKEx	审核制 投票制	与币安模式相拟
火币Pro	审核制 投票制	一票一个HT,不限制单一用户投票数,结果第一上币,第三期开始改为投票后退回
Upbit	审核制	能上Bittrex的自动上Upbit,韩国会有专门的机构负责审核
Bitfinex	审核制	未披露
Bithumb	审核制	韩国有专门的机构负责审核
HitBTC	审核制	疑似审查不严格
LBank	审核制 投票制	采用微信投票,截止后排名前三的项目,LBank团队会尽快与项目方取得联系,只要审核通过,都可以上线LBank平台,且不收取任何费用
GDAX	审核制	未披露
Bittrex	审核制	未披露

资料来源:链塔智库(BlockData),http://www.blockdata.club/ (截至2018年6月)。

占据主流的审核制是数字货币交易所根据各自自行拟定的标准进行审核,部分数字货币交易所从审核制改为投票制后,一般仅针对项目进行真实性及合法性审核,不再对项目的投资价值进行评估。由于整个数字货币行业没有统一的标准,透明度较低,缺乏监管机构把控,数字货币交易所的代币发行(IEO)存在一定的问题,未来仍需要进一步完善和改进。

2. 数字货币交易所的交易量情况

在全球十大数字货币交易所中,交易数量最多的是BTC、ETH、XRP、EOS等主流基础或通用数字货币,从交易量排名来看,BTC在4家交易所占据第一的位置,EOS在两家交易所排名第一,ETH在一家交易所排名第一(见表5-2)。在币币交易中,以币安为例,前十大交易币种占比超过一半,分别是BCN/BTC、BTC/USDT、ETH/BTC,交易量都超过一亿美元,后面的币币交易量则相对占比较少,说明主流基础或通用数字货币的交易活跃度更高(见图5-7)。

表5-2 全球前十大数字货币交易所的主要交易币种

名称	上线交易对数量	主要币种
币安	312	BCN、BTC、ETH、EOS、TRX
OKEx	450	BTC、EOS、ETH、TRUE、BCH
火币Pro	228	ETH、EOS、BTC、BCH、BFT
Upbit	253	EOS、BTC、BCC、ADA、TRX

(续表)

名称	上线交易对数量	主要币种
Bitfinex	74	BTC、ETH、EOS、BCH、XRP
Bithumb	22	EOS、TRX、ETH、BCH、BTC
HitBTC	607	BTC、BCN、BCH、ETH、XRP
LBank	75	VET、BCH、QTUM、ETH、BTC
GDAX	12	BTC、ETH、LTC、BCH、LTC
Bittrex	273	SRN、XVG、BTC、ADA、DOGE

资料来源：链塔智库(BlockData)，http://www.blockdata.club/ (截至2018年6月)。

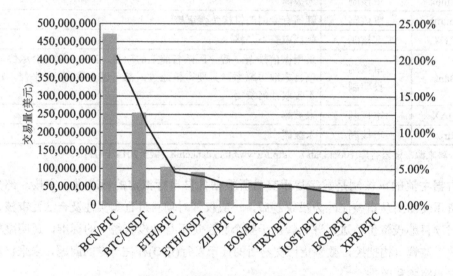

图5-7 币安的前十大币币交易交易量

数据来源：链塔智库(BlockData)，http://www.blockdata.club/(截至2018年6月)。

总体来看，大部分的数字货币交易所的高频交易区间为10万至100万美元。交易量高于1亿美元的交易对并不多，且只有6家交易所交易量超过1亿美元。

交易量处于1000美元至10 000美元的，10家交易所平均交易对数量为14对，Bitfinex、LBank、Bithumb和GDAX几家交易所交易对数量较少，上线交易对基本为基础数字货币，而Upbit和HitBTC两家交易所上线的交易对中，有较大比重处于每日交易量低于10万美元的区间，实际流动性差。

5.2.3 数字货币的去中心化交易

数字货币交易所是一个集资金资产的登记、托管、清算和交易撮合能力以及券商、做市商等功能于一体的超级机构，其业务甚至延伸到一级市场(IEO)，兼具了投行、风险投资基金等多重角色。在这个发展过程中，数字货币交易所作为市场交易的枢纽，其边界缺乏监管和制约。在市场监管不足且不再有分工制衡的情况下，这种制度安排具有极大的风险。数字货币交易所出现诈骗、刷量、抢先交易、操纵市场、任意修改交易规则等事件层出不穷。

因此，随着区块链技术的发展，对现有中心化数字货币交易所进行变革，真正发挥区块链技术特点，实现去中心化交易，才能真正为数字货币的发展提供良好的标准化服务。

1. 去中心化交易需要解决的问题

1) 去中心化的KYC/AML[①]规则与体系

数字货币交易的去中心化特点使得不存在一个统一的登记和清算中心机构。数字货币因为天然的跨国流动特性，以及监管洼地的存在，在自由市场条件下，必然会出现多家数字资产交易所提供数字资产的交易和清算服务，监管部门即便强制要求统一登记入口，也难以阻止场外交易的发生。正因为存在这样的本质差异，现有证券交易所体系不一定适用于数字资产，而考虑到目前各国对数字资产的认知差异和法律体系的差异，建立统一的跨国监管规则不仅漫长而且低效。借鉴区块链技术的框架，充分利用其共识机制方面的优势，可以构建去中心化的KYC/AML规则和体系。

建立去中心化KYC/AML规则和体系的第一步是建立一个去中心化的身份平台。区块链技术本身可以通过作为去中心化公钥体系来保证交易的安全有效，因此，区块链可以被视为去中心化的证书颁发机构，可以将身份维护映射到公钥。智能合约还可以增加复杂的逻辑，实现撤销和恢复，减轻终端用户的密钥管理负担。这些技术将身份的所有权从集中式服务推向个体之间端到端的服务，并使身份本身可控。这通常被称为自主身份(Self-sovereign Identity)。这种方法分散了数据和计算，并将其推向每个个体。对于黑客来说，其经济上的价值较低，因为需要大量的努力才能一个接一个地攻击许多个人身份。

自主身份机制因为不存在国家主权和商业利益的冲突，因此可以成为跨境KYC/AML的可行技术路径，在此基础上发展适合各国法律要求的监管规则，建立起数字资产世界的KYC/AML体系(见图5-8)。

---

① KYC是"了解你的客户"(Know Your Customer)规则，这个过程包括获取有关服务客户身份的相关信息，如照片、身份证、账户、住址、账单、发票等。KYC主要用于确保只有符合条件的人才可以使用某项服务。AML是"反洗钱"(Anti Money Laundering)规则，AML由一系列法规组成，这些法规的实施是为了防止通过非法活动和非法交易产生收入。政府和金融机构有义务制定监管框架，防止犯罪分子将非法经营得来的资金转化为合法资产。主流金融生态系统有许多旨在防止洗钱的制衡措施。

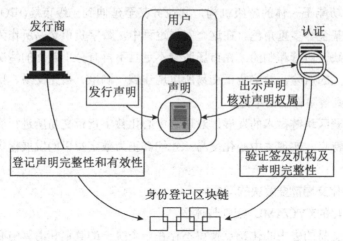

图5-8 去中心化KYC/AML规则和体系

2) 去中心化订单本、交易撮合及自动做市商

目前业界提出的各种服务于资产交易的去中心化方案根据交易模式和清算方式大致可分为以下几类。

(1) 自动做市商模式

这方面的典型代表有Bancor和Kyber两个项目。

Bancor的模式在前面已经有详细阐述。Kybe Network是一个在以太坊网络上的数字货币支付工具，也是一个去中心化交易所。Kyber由智能合约以及网络的几种参与者组成。其中，智能合约扮演的主要角色是代币交换的撮合工作，它会遍历全网的储备库(类资金池)，寻找到价格最低的交易对，给出报价，在接收到用户代币后，合约会从储备库中去除一定量的目标代币发送到指定用户的指定地址。如果用户指定的地址是自己的地址，那么合约便实现了交易所的功能；如果指定的地址是他人的地址，那么合约便实现了跨币种支付的功能。

总的来说，Kyber智能合约的作用更像是全网资源的一个撮合者。在这个过程中，储备库是保证高流动性的核心。直接获得收益的是储备库，储备库通过设置兑换率时产生的利差来获得自定义的收益(类做市商)。提供储备库内代币的储备贡献者可以分享储备库的收益。同时，储备库的管理会采用无须信任的基金管理模式，比如MelonFund。

显而易见，储备库的安全性是核心问题，但白皮书对方面的阐述较为简单，表示如出现不合理报价会进行链上监控并结合链下进行干预，未做更进一步的解释，也未对其安全存放和可能的被盗用风险作出阐述。

KNC是Kyber Network平台使用的代币，储备库在开始运营之前，需要预先储备

KNC,每笔交易达成后,Kyber Network会向储备库收取一定数量KNC作为手续费,这个数量是根据ETH和KNC之间的兑换比率灵活变动的。收取的手续费中,一部分会分配给参与交易的合作伙伴,例如软件或硬件钱包等,剩余的手续费则会作为燃料费消耗掉。储备贡献者在将代币贡献到储备库后,会获得一定数量的KNC来表示他们对平台的贡献,而后KNC可以用于在贡献者需要时从储备库中赎回他们贡献的代币,在赎回的过程中可以选择需要的代币种类。此外,储备库会根据贡献者的贡献大小按比例分配其在交易过程中获取的利差。

从经济模型的角度来看,Kyher是一个由运营社区分享交易手续费的去中心化交易所,储备贡献者可以分享手续费,这样的经济模型决定了在平台交易量不断提高的时候,KNC的数量会逐渐减少,而KNC又是这个网络中支付手续费的唯一方法,将会推高单个KNC的价格,投资者可以从KNC价格上涨中获益。

Bancor和Kyber两个项目都采用了中央对手方模式提供交易流动性,和传统模式的差异在于其中央对手方是区块链上的一个智能合约,因此不存在违约风险,无须监管机构的介入。两个项目的差异点在于Bancor提供的买卖报价是根据其储备资产动态计算的,而Kyber的报价则由储备库管理员持续更新。

下面分别是Bancor协议和Kyber协议的交易过程(见图5-9、图5-10)。

图5-9 Bancor协议

① 在Bancor交易所将代币A兑换成代币B的流程:
● Taker找到以代币A和代币B为储备代币的Bancor合约,向合约中转入储备代币A获得智能代币A_B_RESERVE,兑换价格由智能合约根据公式计算;
● Taker向智能代币合约转入智能代币A_B_RESERVE获取储备代币B。

图5-10 Kyber协议

② 在Kyber交易所将代币A兑换成代币B的流程:
● Maker向智能合约写入他们的交易报价和数量信息;
● Taker查询链上的报价信息,并根据报价发送自己的匹配订单;

- 交易所合约执行交易并通知交易双方。

(2) 订单撮合模式

- **链上订单簿**

Ripple、Stellar、Etherdelta、OasisDex、Bitshares等项目采用链上订单簿的模式构造去中心化交易所，所有未完成的挂盘订单都会记录在区块链上的订单集(Order Book)中，订单集中的订单成交与否取决于买卖方的挂盘及交易时设定的成交策略。在买卖盘的资产匹配时，跨资产类型的交易可以通过挂盘直接成交方式完成；在Ripple/Stellar中，若无直接匹配的资产，则网络会在订单集中寻找可以利用中间资产达成买卖交易的交易路径。在Etherdelta的技术方案中，充值、提现、挂单、结算全部由智能合约完成。其基本思路是：Maker用私钥签名下了一笔订单，提交到链上，Maker挂单时可以选择在多少个区块后若订单未成交则自动取消。随后，Taker从订单簿中选择想成交的订单，生成对应的交易，交易签名后提交至链上智能合约。智能合约验证完成订单中交易者的签名和订单有效时间等信息后，进行双方资金结算。Etherdelta没有自动撮合订单的机制，每笔交易需链上确认，其交易效率受到以太坊网络的影响，同时还可能因链上确认存在问题而导致成交失败。

链上订单簿模式的可用性存在一些问题，例如交易费用高昂，订单修改成本高，性能瓶颈显著，市场割裂导致深度不够等。

- **链外订单簿**

0x协议基于以太坊区块链的去中心化交易协议，其协议通过以太坊的智能合约创建。为提高交易效率，0x协议没有充值/提现过程，而是直接授权符合ERC-20标准的智能合约进行Token转账。0x的机制是"链下订单中继、链上最终结算"。它把交易订单移出区块链，只有在结算时才上链，提升了交易效率，降低了交易费用。但每笔订单均需链上确认，所以仍然存在效率问题及成交失败情况。0x采用中继的跨链技术，由中继链进行订单的托管和维护。中继链收取服务费用，它事先创建用于收取交易费用的地址和费用计划。基本思路是：中继链从交易者手中接收并检查订单，检查通过后将订单发送至订单集；订单集完成处理后则将订单提交给0x的智能合约，完成上链操作。

出于流动性共享的需求，0x以及AirSwap协议希望能够打通不同去中心化交易所之间的流动性壁垒，实现订单在不同交易所和中继者之间的自由流转。以传统场外交易业务做对比，0x协议中中继者的角色和经纪商相似，提供订单转发和撮合服务，但交易的最终清算由订单的Taker发起，无须经过中继者，由区块链直接结算，不存在违约风险。

0x和AirSwap协议目前都仅服务于以太坊ERC-20代币的直接交易，其解决方案对于低流动性资产有一定的局限性(见图5-11、图5-12)。

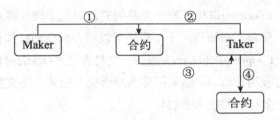

图5-11 0x协议

0x交易所的流程：
- Maker发送一个签名订单给中继者；
- Taker向中继者查询未成交订单；
- Taker选择一个订单进行匹配；
- Taker向交易所合约提交订单。

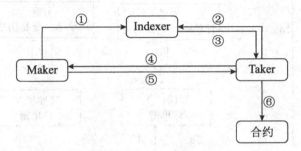

图5-12 AirSwap协议

AirSwap交易所的流程：
- Maker广播一个交易对表明成交意愿；
- Taker向Indexer查询交易对手；
- Taker获取到可作为交易对手的Maker信息；
- Maker和Taker直接协商一个合适的交易条件；
- Taker向智能合约提交订单执行交易。

(3) 环路撮合模式

传统的撮合系统是在两种数字货币之间，即在一个交易的买卖对手方之间完成撮合，环路撮合协议则将撮合扩展到多个数字货币，通过交易环路来完成多个数字货币之间交易的撮合。环路撮合有助于提高市场流动性，提高交易确认速度，降低交易成本。典型代表是Loopring。Loopring协议是支持以太坊ERC-20标准智能合约的开放的交易协议。在某种意义上，它是0x协议的发展，协议中同样有中继链的概念，并且借鉴了闪电网络的思路，将订单的生成、传播、撮合放到区块链之外，以避免链上交易拥堵，去除区块链对订单表更新维护的性能制约。

对于用户而言，Loopring简化了整个交易的充值提现步骤，降低了资产丢失的可能性。订单卖出时，资金不必锁定，下单后还可以部分或全部转移订单涉及的资金，即部分或完全撤单。Loopring提供Oracle服务，交易者通过Oracle可以访问货币市场信息，方便交易参与方使用。Loopring采用环路撮合交易模式，还支持将大的订单拆分成更小的订单，优化交易过程(见图5-13)。

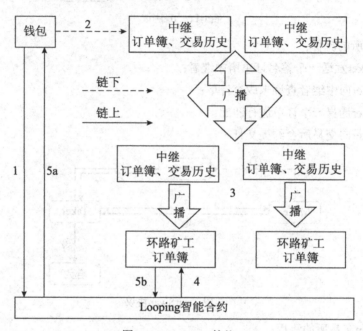

图5-13　Loopring协议

Loopring协议的工作流程：
- 授权Loopring智能合约主动发起扣款；
- 发送订单；
- 广播；
- 提交一个匹配订单；
- 扣款，发送奖励。

3) 去中心化的清结算服务

交易者点对点双边清算和中央对手方清算是两种常见的清算形式。因为存在交易对手的违约风险，因此需要从技术上保证资产交割结算，做到券款对付或者款款对付。

清结算需实现券款对付，即涉及两种相关联的资产的结算：资产的交付和资金的支付。《国际金融市场基础设施原则》(*Principles for Financial Market Infrastructures*，PFMIs)第12条要求："无论FMI以总额结算还是净额结算，以及何时终止，只有当其他相关资产的最终结算也完成时,对应资产的最终结算才能成立。"结算的最终性是指"资产或金融工具不可撤销和无条件的转让,或者FMI或其参与者已履行了合同条款规定的义务"。根据这一要求,券款对付机制必须确保资产交割和资金支付:要么双方成功地交换了资产,要么没有进行任何资产转让,确保一种资产的转让当且仅当另一种资产的转让发生时才发生。

在单链的情况下,清结算很容易保证。如果资产处于不同的链上,需要从技术上保证跨链的结算,为去中心化交易所的跨链资产交换提供相应的技术支撑。

目前,跨链方案可以分为三类。

(1) 公证人机制(Notary Schemes)

这是中心化或基于多重签名的见证人模式,主要特点是不关注所跨链的结构和共识特性,而是引入一个可信的第三方充当公证人,作为跨链操作的中介。代表性方案是Interledger。

(2) 侧链/中继(Sidechains/ Relays)

侧链是一种锚定原链的链结构,但并不是原链的分叉,而是从原链的数据流上提取特定的信息,组成一种新的链结构,而中继则是跨链信息交互和传递的渠道。不论是侧链还是中继,作用都是从原链采集数据,扮演Listener的角色。侧链和原链不能直接验证对方块的状态,因为这样会形成循环,但相互只包含轻节点是可行的,相应的验证逻辑可由链协议本身或应用合约实现。一般来说,主链不知道侧链的存在,而侧链必须知道主链的存在。代表性方案是BTCRelay、RootStock、Polkadot等。

(3) 哈希锁定(Hash-locking)技术

哈希锁定是在不同链之间设定相互操作的触发器,通常是个待披露明文的随机数的哈希值。哈希值相当于转账暗语,只有拿到这个暗语的人,才能获得款项。同时,它还构造了两个退款(Redeem)合约,这两个合约需要双重签名且有时间期限,对方签名,自己未签名,当自己签名时,资产退回原处。其中一个关键技术设计是,制造转账哈希暗语的人的退款合约,在时间期限上要长于另外一个人,由此可保护他的权益。代表性方案是比特币闪电网络。

上述三种方案中,(1)、(3)无须建造新的区块链,直接在原链上进行功能扩展以实现跨链能力,(2)的方案则实现了跨链的资产转移,使得资产汇聚到同一个账本中,以方便进行交易。侧链方案的典型代表是Cosmos。

Cosmos致力于构建一个区块链互联网来解决可扩展性和多样性的难题。Cosmos网络中有两种区块链:Hub和Zone,它们的共识层都使用Tendermint,一个支持拜占庭容错(BFT)的高效共识引擎。Cosmos网络中的第一个Hub是Cosmos Hub,它通过跨链通信(IBC)协议与不同Zone实现互操作,实现跨链代币转移。若将一个Zone作为分布式交易所(DEX)，那么，它可以利用Cosmos Hub所创造的流动性，构建一个币币交易撮合中心。DEX可以借助Tendermint的优秀特性实现交易的高吞吐量和极速确认，同时避免"双花"等作恶行为，保障资金安全，提供跨链清结算服务。

4) 去中心化交易的行情发布机制

在去中心化交易的体系下，一种数字资产可通过多种去中心化交易方式进行交易，因此可能会形成多种价格。优点在于，由于去中心化交易体系的开放性，价格信息有多种来源，不存在信息垄断，有助于促进信息的市场竞争，使整个市场价格更为透明和高效。

但风险在于，可能会有恶意的交易者发布虚假订单信息，伪造成交量，从而影响和操纵市场。此外，恶意用户还可针对不同交易协议的弱点进行攻击，影响局部市场，以达到影响全局市场的目的。因此，需要在去中心化交易的体系中建立合理的行情发布机制，既要实现价格信息的透明性，又要保障价格信号的真实性。

5) 去中心化交易所的监管合规[①]

在传统的中心化资产交易中，中心化交易所是监管抓手，承担投资者教育、风险提示、项目审查、客户识别、资格认定、资金托管、反洗钱等职责。而在去中心化资产交易中，更离不开有效的监管"承载体"，需要借助科技创新引入监管科技理念，技术上设置一个监管接入点，加强对去中心化资产交易的主动监管和渗透式监管功能，提供如KYC/AML审核、项目尽调、风险评级、信息披露、风险监测等专业服务。

具体实现形式可以视不同的技术方案而定，有些可能需要大规模重构，而有些只需做一些改正和调整，比如，分布式监管科技平台采用区块链技术开展去中心化交易所项目风险评级和尽调分析。再如基于公证人机制的去中心化资产交易，只需借助网关就可以做到细致的监管。

2. 去中心化交易与中心化交易的区别

1) 安全性

基于区块链技术的去中心化数字货币交易技术方案具有加强系统弹性和可靠性的潜力，可以较好应对验证节点故障和数据格式错误的问题。当发生节点故障时，只要共识算法所必需的节点能够运行，则系统的可用性不会受到影响。无论系统宕机时间长短，验证节点都能够恢复。但需要注意的是，在公证人模式中，如果公证人节点发生故障，则可能瓦解分布式验证的优势。此外，分布式账本系统能够在不影响网络整体性能的情况下检测出数据格式错误。因此，从系统稳健性角度看，相对于中心化资产交易存在的单点失效风险，去中心化资产交易可能更具有技术优势。

---

① 姚前，陈华. 数字货币经济分析[M]. 北京：中国金融出版社，2018：69-70.

从托管的安全风险角度看，传统的中心化资产交易中，单点集中存储了所有资产和资金，一旦发生黑客攻击，则损失巨大，同时，还可能存在交易所和托管机构监守自盗的风险。去中心化交易无须集中托管资产，发生整体性的资产丢失的可能性比较小。当然，在去中心化资产交易中，也有可能因为技术设计上的缺陷(比如智能合约漏洞)而被黑客攻击。还有不容忽视的一点是，在去中心化资产交易中，并不是所有参与节点都具备高安全性，可能会存在"短板"。单节点安全缺陷可能带来的损失取决于具体的去中心化协议的设计与实现。

2) 交易性能

去中心化交易是以区块链作为底层技术架构，在交易中不可避免地存在一些性能制约，比如节点数量、交易打包、挖矿出块、跨链交互等。相关研究表明，结算速度受到双方相互沟通和交易所需时间的影响，节点数量增加会导致反应时间增长，其中执行交易智能合约所需的时间占到反应时间的很大一部分；跨链DvP所需要的时间长于单链DvP，比如，基于HTLC的跨链DvP要比单链DvP长三倍；无论是单链DvP，还是跨链DvP，大部分的延迟(在某些情况下约97%)是由于交易需要在分类账上进行验证和提交。

目前，较快的去中心化交易所可以达到约2s的平均出块速度，100 000TPS的系统吞吐量。虽然一些交易性能较高的去中心化资产交易已经可以做到实时成交，但相对于拥有动辄1.5毫秒的成盘速度的传统证券交易系统，在性能上尚未有显著优势。

3) 结算风险

传统的中心化交易可以通过资产的限制交付来解决结算风险问题。而去中心化交易的结算风险则取决于具体的技术设计。对于单链DvP，即使流程中的步骤未完成，交易对手也不会面临主要风险，因为数字货币资产转移指令和现金转移指令同时作为单个交易在最后一步执行。但对于跨链DvP，如果相关进程时间安排的设计存在缺陷，那么当流程中的某些步骤未完成时，某些参与者可能会面临结算风险。

4) 隐私保护

传统的中心化交易中，用户入场需要经过身份认证，且交易过程会在中心机构上记录留痕，若监管缺失，则可能导致大量敏感信息泄露。相对地，去中心化交易所的一些实现方案可以更好地解耦用户敏感信息存储与用户资金交易，保护用户的隐私。对于单链DvP，双方需要验证并签署一项交易。无论底层的DLT平台如何，双方之间的这种通信并不被提交到账上，因此在验证和签名过程中不需要可见性。对于跨链DvP，秘密信息则可能需要在整个网络中传播，但通过一些技术设计可以实现相关交易的隐私性。比如，采用高效的零知识证明、承诺、证据不可区分等密码学原语与方案来实现交易身份及内容隐私保护；基于环签名、群签名等密码学方案的隐私保护机制、基于分级证书机制的隐私保护机制也是可选方案;也可通过采用高效的同态加密方案或安全多方计算方案来实现交易内容的隐私保护;还可采用混币机制实现简单的隐私保护。

5.3 稳定币[①]

5.3.1 稳定币的定义及其分类

1. 稳定币的定义

稳定币(Stable Coin)即一种具有稳定价值的加密数字货币。稳定币最早起源于2014年Tether公司发行的USDT。稳定币诞生的背景是加密货币的价格波动巨大,需要一种交换媒介来连接数字货币世界与法币世界。

诸如比特币等数字货币的价格(兑换法定货币)高度波动,这些货币在一些产品或服务的使用场景下不合适甚至不能用。例如,如果每个月需要定期支付房租,那么持有比特币这种价格剧烈波动的货币支付的话,那就不知道每个月该预留多少钱了。与此同时,如果坚持比特币就是数字黄金的投资理念,相信它会一直增值并具有良好的价值储存功能,那么就不愿意将比特币用于日常生活的支付。在以上两个例子中,稳定币就能具有价值储存和交易媒介的功能,更适合日常交易支付使用。

另外需要强调的是,稳定币除了是价格稳定的加密货币之外,还兼具比特币或以太币等数字货币的优秀特性,比如:可编程性(智能合约)、高效(低手续费或者零手续费,快速的结算时间)、可替代性以及开源(比如无须许可)等。

以智能旅游保险为例,安盛集团提供了一个新兴保险项目,这是一个将智能合约和稳定币技术有效结合起来的案例。这个案例解释了,为什么在实际应用场景下,是以稳定币而不是以太币作为计价单位或结算单位。

在英国,每年有大约60万乘客因为航班延误或取消而没有获得应有的保险赔偿,而在"智能航班保险"区块链应用上,延误或取消的航班都能查到公开的记录。如果航班延误或者取消,智能合约将自动支付给索赔人,能消除烦琐的申诉过程。保险费可以由第三方托管在链上,从而避免交易对手方风险。

在旅游和其他智能保险的案例中,与以太币等价格波动较大的数字货币相比,在

[①] 塔链智库. 2018年稳定币研究报告, 2018-11-09. https://wxappres.feeyan.com/block/2018/09/mGc6473PhR1uZOFoLQtJzwrDaiMnjyE.pdf.

智能合约上使用稳定币更好。一般而言，人们买保险来降低风险，因此想使用稳定币来巩固智能合约。

稳定币的发展还有其他的驱动力。虽然在加密货币市场，较大的资本利得能快速获得，但是投资者对于将资产变为波动性较低的稳定币的需求也不断增长。做市商和交易商在日常运营的时候也需要价值更加稳定的货币。

在数字货币生态系统中，波动性是阻碍其债务市场和信用市场发展的因素之一。因此，稳定币的出现是数字货币生态系统发展的必然结果，市值最大的稳定币USDT目前市值大约27亿美元，也间接说明了目前市场对稳定币的需求。最近Tether市值上升到加密货币排名前10的行列，甚至有时候交易量排名第二，仅次于比特币。截至2018年11月5日，全球加密货币市场总市值2110亿美元，稳定币市场总市值将近23亿美元，占1.1%左右。USDT规模最大，将近18亿美元，占据3/4的市场份额。其次是TUSD和USDC，共计占13%左右。其中，资产支持类型占到了77%(其中，54%为链上抵押，46%为借据抵押)。

2018年9月10日，美国纽约州金融服务管理局同时批准了两种基于以太币发行的稳定币，分别为Gemini公司发行的GUSD和Paxos公司发行的PSD，这是一个具有重要影响的举动，因为这是第一个合规合法、接受监督的稳定币(也就意味着受到法律保护)。GUSD和PSD信用背书大幅提升，而且其基于以太坊的ERC-20标准来发行，这意味着财务相关数据完全公开透明、不可篡改，完全去中心化。稳定币既具有法定货币的稳定性，又具有数字货币的去中心化特点，不仅是为了实现数字货币与法定货币之间的稳定兑换，更重要的是会对传统货币金融生态产生长远影响。不同于高度波动的比特币，根据发行后的市场表现来看，稳定币基本可以实现与法定货币之间的稳定兑换关系，也就是说其定价波动区间较小，以其为计价单位的加密资产价格波动随之得到控制，那么，未来围绕加密资产进行的储蓄、担保抵押、资产证券化等金融活动就具备了更高的可行性。

2. 稳定币的分类

从货币性质角度进行划分，稳定币可分为两类，即资产支持和算法支持，从形式上看，资产支持的方式是多样的，主要分为传统资产担保和加密资产担保两大类。传统资产既可以是实体资产(黄金、白银等)，也可以锚定美元、欧元等法定货币，也有两者混合的。当然，也可以选择加密资产担保和传统资产担保绑定的方式。

- 锚定法定货币：由法定货币或实物价值支持(如USDT、TUSD)。
- 锚定加密货币：与其他加密货币的价值挂钩(如Dai)。
- 无抵押的稳定币：算法控制，不与资产挂钩(如Carbon、Basis)。

每一种稳定币都在一定程度上有所不足，也没有充分的试验数据来说明哪一种最好或最坏。此外，某种稳定币不可能在所有的使用场景中都最优，换句话说，稳定币的好坏取决于很多因素，包括透明度、可审计性、稳定性机制、后备程序、可拓展性等。

从项目发行的角度来看，稳定币可分为三种模式。

1) 中心化的借据抵押模式

这是由实体抵押物(法定货币资产和金银贵金属资产)支撑的稳定币，用户持有的实质是稳定币发行方的借据。每一个稳定币都对应着发行公司在银行抵押的等值的传统金融资产，以确保稳定币兑法币的比例能保持稳定，用户所持有的稳定币可以按稳定比例兑回。该模式的典型项目是目前占绝对主导地位的Tether发行的USDT，以及全球首个受监管的稳定币项目GUSD。

(1) 特点

这种模式的特点在于易于概念化，需要信任实体单位，如银行或金融机构，资金通常是托管的，资产可审计，以保证相应的托管方有足够的对应资产，但是相对而言其过程烦琐且需要一定的费用。

- 透明度：需要信任第三方持有完整的抵押资产，由于依赖于中间机构，通常没有完全透明，因为机构可能无法披露可验证的审核报告。
- 可审计性：由于基础资产不在区块链上，需要会计师事务所进行审计。
- 稳定性机制：与足额的传统资产绑定，非常稳定。
- 后备程序：由于绑定的是传统资产，如果发生危机，政府可以提供后备支持。
- 可扩展性：可以发展为庞大的生态系统。

(2) 优势

传统资产抵押发行的稳定币的优势在于：①可以更方便地满足实际的市场需求和应用；②相对于算法发行的稳定币而言，可以更容易地获得法律上的保证，解决数字货币流通过程中的价格波动问题；③传统资产抵押品的来源可以灵活多样，且可以进行资产组合搭配，进而具有更好的市场融资能力。

(3) 劣势

传统资产抵押发行的稳定币的劣势在于：①发行方的中心化，发行方和第三方托管必须有足够的信任机制进行支撑；②发行方的非自动化，货币供应机制需要人工干预，通过清算、强制赎回等程序来控制稳定性；③发行方的局限性，需要与具有存款或储蓄资质的银行或第三方托管机构形成合作；④发行方的可拓展性局限于传统资产，且必须足额抵押。

2) 去中心化的链上抵押模式

该模式是在区块链的智能合约上使用数字货币资产作为基础资产进行抵押，从而发行锚定法币价格的数字货币，其中加密资产可能是单一或多个其他主流代币的资产。这种模式类似于杠杆用户，每发行1个稳定币，需要提供超额的数字资产作为抵押物，用户买入稳定币时增加抵押物，兑换时赎回抵押物。由于抵押物本身是去中心化的数字货币资产，其价格波动性大，往往对抵押物要求以超额比例进行抵押，故资本效率较低。这类模式的典型项目是Dai、BitUSD等。

(1) 特点

链上抵押模式具有以下几个特点。

- 透明度：基于区块链技术的系统开发，具有较高透明度，不依赖第三方。
- 可审计性：通过智能合约实现资产抵押，无须交易对手进行系统审核。
- 稳定性机制：抵押物价格波动较大，采用折价抵押或设置最高抵押率(补仓)、清算机制(强制平仓)来提高稳定性。
- 后备程序：由于绑定的是数字货币资产，如果发生危机，只能通过处置抵押物来进行全局结算。
- 可扩展性：只有当基础抵押物可以扩展并且所有系统参与者的规模保持一致时，系统才能大规模运营。

(2) 优势

链上抵押模式具有以下优势。

- 抵押资产的去中心化，系统可以自动公开审计。
- 抵押标的可以灵活扩展为加密资产、法币、大宗商品和其他资产，可以通过智能合约和其他抵押资产绑定，从而生成信任最小化的资产抵押。
- 减少了对银行的需求，不需要担心交易流动性。
- 通过系统中其他的代币(如Dai生态中的MKR)进行激励，从而产生投机和增值效应。

(3) 劣势

链上抵押模式具有以下劣势。

- 稳定性较差，稳定币锚定的加密货币资产存在较大的波动性，容易传导给稳定币。
- 生态中可能还需要其他的代币(如Dai系统中的代币MKR)来实现稳定机制，系统设计较为复杂。
- 整个机制所依赖的智能合约可能会受到攻击，存在较大的安全性风险。
- 稳定币锚定的加密货币资产可能存在市场势力，容易被操纵。
- 尚不明确去中心化的稳定币是否能提供和中心化系统一样的交易吞吐量和可扩展性。

3) 算法支持的无抵押模式

与前两种方式不同，算法支持的无抵押模式下稳定币的发行没有背后的抵押物，主要基于货币数量理论，采用算法银行的模式。其原理是用算法来模拟类似中央银行公开市场操作的机制[1]，通过算法自动调节市场上代币的供求关系使代币的价格稳定与法币锚定。当稳定币需求上升、币值超过锚定价格时，可以通过增加代币发行量等方式来调节；当稳定币的需求下降、币值跌破锚定价格时，算法银行需要拍卖一些股份等用于回购、赎回稳定币，当然前提是有用户愿意冒一定风险来买入股份，等币值回调后会分配更多的权益。这种模式的难度在于创建一个决定发行和收缩规则的算法是非常困难的，这些规则需要具有极大的弹性，而且需要用户始终保有信心。这种模式本身存在一个致命的风险，即假设稳定货币会一直增长。当稳定币跌破发行价，就需要吸引人来购买股票或者债券，这背后基于的是未来该稳定币需求看涨的预期。如果该稳定币需求萎缩或者遭遇信任危机，算法银行将会陷入死亡螺旋，因为其背后完全没有对应的资产抵押，一旦出现极端的挤兑系统即会崩溃。目前市场上的这类项目的代表包括Basis、Saga、USDC、Terra、Carbon等。

算法支持的无抵押模式的特点如下。

- 透明度：如果纯基于算法的操作，系统在链上完成，有一定透明度。
- 可审计性：如果基础资产在链上，则可以对其进行审计。
- 稳定性机制：如果对稳定币的需求是持久的，那么这个模型就是稳定的，但是在高波动情况下，长期稳定性不确定。
- 后备程序：如果发生黑天鹅事件，目前还没有经过验证的可靠选择。这种模式的稳定币更依赖于可预测、合理、公开的市场操作。
- 可扩展性：只有当所有系统参与者的行动保持一致且可预测时，系统才能大规模运行。

5.3.2 主流的资产支持型稳定币

1. USDT

USDT于2014年面世，是通过Omni Layer协议[2]在比特币区块链上发行的稳定币，现在已经成为发展最久的稳定币之一。每个USDT都由Tether公司储备的美元支持(即每发行1USDT，Tether公司银行账户都会有1美元的存款或资产保障)，并且可以通过

---

[1] 公开市场业务是指中央银行通过买进或卖出有价证券，吞吐基础货币，调节货币供应量的活动。根据经济形势的发展，当中央银行认为需要收缩银根时，便卖出证券，相应地收回一部分基础货币，减少金融机构可用资金的数量；相反，需要放松银根时，买入证券，扩大基础货币供应，增加金融机构资金量。

[2] USDT在2014年10月基于比特币网络的Omni layer发行，目前发行量25亿；2017年11月基于以太坊网络的ERC-20协议发行，目前发行量0.6亿，所以USDT分别有Omni和Ethereum两个地址，现在都能使用。

Tether平台赎回(见图5-14)。USDT具有加密资产的一般特性,同时能保持价格的稳定,而且没有交易手续费,可以在交易所和其他代币进行交易,用户可以通过自己的私钥在任何钱包进行存取。Tether公司则通过在发行新币时收取一定的手续费获得收入。

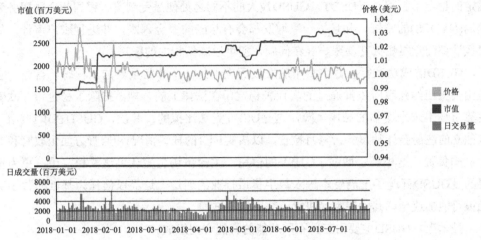

图5-14 USDT的二级市场数据

USDT的优点是流程直观清楚,基本保持了与美元1∶1比例的锚定,其缺点在于资金托管情况不透明,存在超发的可能性。对此,Tether在2018年6月发布了一份"透明度更新报告",表明其与美元挂钩的USDT完全由存放在两家独立银行的实物美元支持。该报告由一家法律公司Freeh,Sporkin & Sullivan LLP(FSS)发布。

USDT在稳定币市场占据主要地位,它被广泛运用,在很多头部交易所流通,对那些不能提供美元交易账户的主流交易所非常有吸引力,比如ShapeShift、Bittrex、Bitfinex、Binance和Poloniex等。USDT的市值已经从2017年的700万美元上涨到2018年底的27亿美元,USDT市值的急剧上升是因为市场上活跃的交易者将USDT作为一个风险管理和对冲的工具。加密货币的交易者能够将资金从价格波动较大的数字货币转移到无风险的USDT,避免直接兑换成法币而离场。

尽管有各种不足,USDT已经快速成长为市值排名前10、日交易量仅次于BTC的数字货币。Tether公司也获得了美国财政部金融犯罪执法局(FinCEN)的法律许可,成了一家货币服务企业。但是,Tether公司在抵押金储蓄、第三方验证、链下资产抵押等方面依然备受争议,引起大众的广泛质疑。

总之,交易者目前的交易依然离不开USDT,Tether公司也与头部交易所建立了良好的信任,这也是其目前能够在稳定币领域占据支配地位的重要原因。但是,USDT的缺点也给了其他稳定币进入市场的机会,通过链上资产抵押来最小化信任和交易方风险的稳定币与相对中心化的USDT形成了鲜明的对比。

2. GUSD

2018年9月，Gemini交易平台所发行的GUSD(Gemini dollar)是"世界上第一款受到政府监管的稳定币"。GUSD也是基于以太坊ERC-20协议发行的，与美元1∶1比例锚定的稳定币。相对于USDT，GUSD最大的不同之处便是受到美国纽约州金融服务管理局(NYDFS)的监管，并且每一笔增发都会有相应的资金入账，并进行账户审计，如果执法部门觉得相关交易账户存在问题，便可以冻结相关的账户。

GUSD的成功发行在数字货币的发展历史上是一个非常重要的里程碑，首先，它是由美国纽约州政府审批通过的，代表稳定币在法律上的合规，扫除了稳定币在欧美主流市场上未来面临的法律风险，这是USDT无法比拟的；其次，GUSD在审计(由一家独立的注册会计师事务所每月检查，以核实1∶1的挂钩情况)和监管方面由政府和专业机构负责，这相当于增强了GUSD的信用，主流市场也更认可这款稳定币，更为重要的是GUSD开辟了主流资本进入数字货币行业的通道。这类以信托为基础的数字美元很可能加速全球其他国家加快货币数字化的进程。

技术上，GUSD主要由三种不同功能的智能合约组成。

● 代理(Proxy)：控制创建和交易稳定币的权限，提供用户交互界面，管理稳定币的交易和发行，执行Lmpl层中包含的智能合约。

● Lmpl：包含ERC-20智能合约的逻辑和数据，拥有大多数基于ERC-20标准的智能合约功能，在"代理"合约授权下才能工作。

● 存储(Store)：GUSD交易分类账本，对应到持有者的月。

为保证GUSD数量不超过账户美元余额，GUSD采用了混合的在线和离线托管机制，在Lmpl层中设置了一个名为"Print limiter"的硬性限制机制，每当GUSD的供应数量需要改变时，就会触发检查程序。这样的限制需要同时获得离线密钥集(托管方)和在线密钥集的批准。总体上来说，GUSD的发行采用的是一种将发行、开发和托管三方进行分离的半集中式模式。

3. Dai

Dai是基于以太坊的链上抵押型稳定币，由Maker平台发行，通过运用智能合约，使用债务抵押头寸(Collateralized Debt Position，CDP)和自动化的目标反馈机制来保证Dai的估值稳定。为了应对标的抵押资产的价格波动，当抵押资产的价格急剧下降时，Dai系统通过智能合约对抵押资产进行拍卖以便及时对CDP进行清算。Dai系统还发行了系统代币MKR，MKR的所有者拥有系统治理权，可以决定放入CDP里的风险参数和抵押资产类型。当用户停止使用CDP时需以MKR的形式支付一笔治理费，这些被支付的MKR之后便在Dai系统里被销毁。MKR供应量的减少对MKR持币人是一种经济激励，且能促进Dai生态系统的发展。

在Maker平台上，任何人都可以将其他的以太坊资产(目前仅支持以太币资产)通过抵押兑换为Dai，而同时Dai的初始价格设定为可以与美元以1:1的比例进行兑换，也就是用户可以利用加密货币资产在Maker的系统抵押，通过类似于加密货币抵押型稳定币的方式，将加密货币资产兑换为可以与美元兑换的Dai。通过抵押获得的Dai，可以像其他的数字货币一样使用，当作日常的支付手段、价值的存储方式，同时还比其他加密资产多一项交易媒介的功能。

其操作流程具体如下。

① 创建CDP，存入抵押物。用户先通过以太坊的地址发送一个交易信息到Maker系统，用以创建抵押债仓(CDP)；然后将所要进行的交易明细、抵押的资产类型和数量通过智能合约的方式存储到之前生成的CDP之中。

② 利用CDP生成稳定币Dai。在Maker的系统中拥有一个CDP后，就可以生成稳定币Dai，这笔抵押也会被记录到以太坊上，直到借出的Dai被归还，Maker才会在链上的债务标记为已还清。

③ Dai归还时，不仅要用Dai完成支付，而且必须为这段时间系统维护Dai稳定而付出的费用买单，也就是必须额外支付一定的MKR。

④ 系统确认归还Dai后，用户可取回抵押的加密资产并关闭CDP智能合约。

Dai的估值通过自动化的目标比率反馈机制(TRFM)稳定，使得Dai的市场价格围绕目标价格波动。通过改变目标比率和目标价格来调节用户生成或持有Dai的意愿，进而平衡Dai的供给和需求(见图5-15)。

TRFM有两种功能：①能够计算CDP的担保债务比率；②统一结算时能够确定储存于CDP的抵押资产的价值。当Dai的市场价格偏离目标价格时，TRFM调节敏感性参数来确定目标比率变化的大小。通过这种方式，MKR的持有者对Dai市场施加影响。尽管TRFM和目标价格是由市场决定的，但是Maker的投票者能够设置敏感性参数，从而稳定币价。TRFM并不是一开始就运行的，而是在市场价格不稳定的情况下使用的。

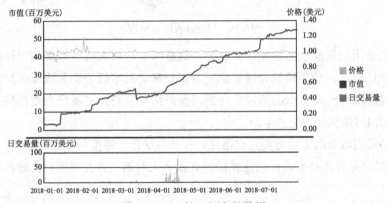

图5-15 Dai的二级市场数据

在市场价格非常不稳定的时候(比如出现抵押的加密资产价格大幅波动等事件),作为应急工具,Maker系统的MKR持有者可以投票决定进行"全局结算",确保Dai的持有者和CDP的拥有者对他们持有的代币具有索赔权。这种工具主要用于长期的市场非理性、黑客攻击、安全漏洞和系统崩溃等极端情况。

4. TUSD[①]

2018年3月,Trust Token公司基于以太坊ERC-20协议发行的稳定币TUSD(Ture USD)是目前流通中市值排名第二的稳定币,也是锚定美元资产的借据抵押型稳定币。与USDT的区别在于,TUSD并没有储备美元,而是将资金放在第三方账户,交给银行和信托机构等保管。这些金融机构相比Tether更加正规,而且本身就有大笔的资金储备,可靠度更高、风险更低;而且TUSD的发行量由用户存入多少法币决定,而USDT的发行量由Tether储备多少法币决定。TUSD的用户必须通过KYC/AML验证,购买TUSD时需将美元汇入指定的第三方托管机构并提供相应的以太坊地址,交易一旦生效,便记录在TUSD的智能合约上,等值的TUSD将会发送到用户的ETH地址上。如果用户想赎回法币,就将TUSD发送至智能合约上,这部分代币将被销毁,等值的美元汇入第三方账户。这种销毁机制有效确保了美元和第三方账户1∶1的匹配。每次代币的产生和销毁,Trust Token公司将收取0.1%的手续费(见图5-16)。

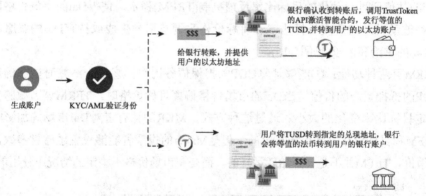

图5-16 TUSD的运行机制

TUSD使用的智能合约是完全开源的,这意味着任何人可以查看和审计代码。对于KYC/AML验证,使用传统金融的第三方账户来进行常规验证和法律保护。通过与合法的金融机构合作,TUSD通过银行提供保护措施以防止储备资金被操控。这种模式避免了USDT架构所引起的争端。

TUSD采用混合的方法将美元代币化,和其他法币抵押型代币不同的是:TUSD使用的托管账户对代币持有者提供法律保护。很多人对第三方托管账户比较熟悉,对他

---

① 周宇盛.USDT和TUSD比较.简书,2019-03-29. https://www.jianshu.com/p/ab118e6176df.

们的资产管理和调解纠纷的能力比较信任,任何通过KYC/AML的个人和机构能够用TUSD赎回美元。

TUSD已经委托了法律公司WilmerHale和White & Case来为抵押的加密资产形成自己的法律框架。该法律框架对与公司合作的信托机构、合规审计机构以及银行均适用。团队的法律顾问已经做了备案,证明TUSD不是证券。鉴于围绕USDT产生的投机,在资产抵押型的稳定币中,项目的设计结构和运营中的透明性变得越来越重要。与USDT不同,TUSD的所有权结构均向公众公开,且第三方托管账户由世界排名前50的Cohen & Co进行审计,每月定期向公众公布。

TUSD在诸多知名交易所流通,例如HitBTC、Binance、Upbit,以及Bittrex(仅次于USDT),在和其他稳定币的竞争中占据优势。TUSD和USDT所流通的交易所有部分重合,这也使得TUSD成了USDT的替代品,从而不断抢占其份额。

根据用户使用条款,如果用户要求购买的TUSD或赎回的美元价值少于1万美元,则Trust Token公司可能会拒绝。此外,Trust Token公司未来还会提高最低赎回金的要求以匹配信托网络。对于这么高的购买或赎回门槛,TUSD未来可能更多地为机构服务而不是散户。这种1万美元的门槛限制是把双刃剑:一方面禁止很多人参与,能够有资格买入或赎回的人数由信托账户决定;另一方面,也使得TUSD和其他链下抵押型稳定币相比具备更好的监管,产生了差异化的竞争优势。

与USDT类似,由于依赖传统的银行机构,TUSD存在一定的交易风险。但是,TUSD是首先出现的"比USDT更好的"的资产抵押型稳定币之一,且在一些头部交易所的交易量逐步上升。虽然TUSD比Dai更晚出现,但是已经成功跻身市值排名第二的稳定币了。

5. Havven

Havven虽然也是借据抵押型稳定币,但是却是少数靠手续费支持稳定性的稳定币之一。Havven有两种代币,即nomins(nUSD)和Havven(HAV),后者也就是抵押的nUSD,2018年7月在Kucoin交易所开始交易。

nUSD用户(稳定币的消费者)需要支付给那些将资产抵押的HAV持币者大约0.2%的手续费,这部分费用通过弥补HAV抵押资产的提供者从而保障汇率的稳定性。nUSD的发币者要求将大量的HAV托管在系统的智能合约上,这种设计是为了在HAV价格下降时充分保证nUSD能够以面值赎回,抵押的比率会不断变化。抵押的HAV资产中20%用于发行稳定币nUSD,其余80%的资产用作缓冲器以应对HAV价格的变化。当用户决定将HAV托管在智能合约上时,nUSD就会按照上面所述的比率发行并自动地以大约1美元的价格在市场流通,同时一定的手续费将支付给HAV的持币者。为了释放托管的HAV,Havven的智能合约将会以1美元的价格购入nUSD并进行销毁以降低其流通量(见图5-17)。

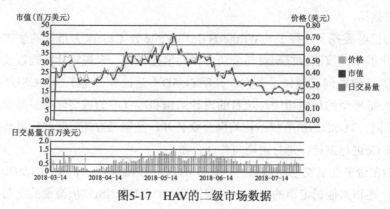

图5-17　HAV的二级市场数据

只要存在对nUSD的需求，就有内生的激励机制来维持nUSD的价格稳定。直接的激励可以使用户对稳定币价快速作出反应，因为越快，他们收到的奖励费用的比例就越高。这种激励非常直接，不用像其他项目那样设计潜在的循环激励架构且需让市场检验。但是，由于交易手续费的百分比比较低，因此和其他稳定币项目相比，对HAV持币者提供的回报并没有什么竞争优势。

和其他资产抵押型稳定币类似，nUSD稳定币更容易受到抵押资产价格波动的影响，也因此，Havven必须通过超额抵押来避免非正常波动带来的不良影响。但是当黑天鹅事件引起抵押资产不足的情况时，这种超额抵押并不能起到相应的保护作用。到目前为止，nUSD的日交易额不到20万美元，总流通量的市值仅略高于100万美元。由于目前它还不成熟，交易数据较少，还不好对它在市场的稳定性及其他相关表现下结论。

5.3.3　主流的算法支持型稳定币

1. Basis

Basis是一种"铸币税股票"类型的稳定币，最早于2014年由Clear Matics创始人Robert Sams开发设计。Basis的稳定机制由三个重要部分组成：稳定币(Basis代币)、债券和股票。1单位的Basis近似等于1美元。相应地，为扩张和收缩Basis的供给，Basis协议界定了三种代币，分别为Basis、Bond Tokens和Share Tokens。Basis为稳定币，实现与美元1:1兑换比率；Bond Tokens为债券币，类似于零息债券，其价格通常低于1 Basis，有效期为5年；Share Tokens为股份币，价值源于分红政策。Basis通过Bond Tokens和Share Tokens来调节市场上Basis的流通量，即当Basis的价格相比美元价格下跌需要收缩供给时，系统会拍卖出售Bond Tokens来销毁Basis，市场上流通的Basis代币总量会下降；当Basis价格相比美元价格上涨需要增加供给时，系统会增发Basis代币，先按发行时间偿还未偿还的债券币Bond Tokens，若债券币清算完毕，系统将剩余新增发代币按比例分配给Share Tokens股份币持有者。

尽管Basis的稳定机制看起来比较复杂，但它使用的也只是常见的投资激励手段和投资工具，类似于传统的债券和权益股份，以激励市场的参与者来维持汇率的稳定。例如，当Basis的价格下降时，稳定机制将会创造出新的与Basis等值的债券币，然后将其出售，这样就降低了Basis的供应量，进而推动Basis的价格回归到目标价位。当市场对Basis的需求急剧下降时，Basis对应的债券可能会折价出售，比如单价为0.8Basis。当市场对Basis的需求扩张时，稳定机制通过新Basis代币给Basis股票币持币者分红之后，就会给这些债券币持有者还本付息。当Basis的价格超过1美元的时候，市场对Basis的需求就会增加，稳定机制就会生成更多新的Basis，增加的供应量将会驱使其价格下降到目标价位。

其他值得注意的点：已经完全偿付的债券会被销毁；债券会在5年内失效，而且失效的时候不会以Basis代币的形式偿付；市场参与者可以通过购买债券在未来发新Basis的过程中获益，这就使得债券的购买变得非常有价值，只要保证在5年的有效期内即可。

Basis的算法银行模型是目前为止信任最小化和最去中心化的稳定币设计之一。但是也存在以下几个问题。

第一，复杂且未被证明的货币政策。市场中有很多人都怀疑Basis所描述的激励机制是否真的能够保持Basis价格的稳定，在早期有资产保障的时候这些情况不太可能发生，但是随着系统不断壮大就难说了。此外，当市场对Basis的需求持续(比如几年)下降或者较长时间对Basis失去信心时，Basis的稳定机制是否仍然能够起作用，这一点仍然存在较大疑虑。

第二，锚定失败带来的信用崩溃。维持市场信心对稳定币的成功至关重要，且对纯算法支持型的稳定币更为重要，因为这种机制并没有使用硬资产(比如美元、黄金或加密货币)来干预市场以保障稳定币的价格稳定，那么，一旦稳定币的锚定失效，整个系统的信用就会受到巨大损害，遭受锚定失效的巨大风险。

第三，链下的稳定机制带来的潜在风险。Basis团队已经表明在系统运行早期将采用链下的稳定机制(做市商)[1]，且并未说明这种稳定机制何时终止，这意味着早期存在一定的对手方风险。这种模型背后的逻辑是，当系统比较小时，依赖链下资产的系统

---

[1] Basis团队将使用一部分筹集来的资金创建链下储蓄金，当代币市值非常低时，这些储蓄金能确保Basis和美元锚定；而当代币市值不断增长需要更多的资金来确保锚定时，团队将会出售Basis的股份来增加储蓄。团队认为链下稳定机制是自始至终都要贯彻执行的，目标就是在创始团队主导整个项目的初始阶段过后，系统变得足够去中心化。项目团队认为，在早期可以仅使用链上资产来保证协议的执行，但长期依靠它们，资产的波动性最终会破坏Basis的稳定性。

所天然具有的对手方风险不大，但是随着系统不断壮大，风险也在加大。通过早期使用链下资产抵押并逐步完全过渡到链上的货币手段，基本目的就是在Basis早期和中长期一直保持较低甚至零对手方风险。

长期来看，Basis旨在创建一个完全去中心化的稳定币协议，但是在可预见的未来，Basis将采用链上与链下相混合的稳定机制。其逻辑是，在稳定币生态规模较小时，交易量还比较小，不足以引起做市商对协议所提供的维稳激励作出反应。但是，随着生态的不断壮大，激励也变得越来越大，这个协议变得自给自足。鉴于此，Basis团队想要管理这个网络一直到其足够强大，最终由协议进行自我管理。团队最初考虑在管理期间仅仅使用链上资产以达到完全去中心化，但是仅仅依靠链上资产，其波动性会对稳定币的稳定造成破坏，所以团队计划在生态发展早期使用链上链下混合制。

2. Saga

Saga(SGA)是基于以太坊ERC-20标准发行的稳定币，它不是锚定单一对象的稳定币，而是以ERC-20标准发行国际货币基金组织的特别提款权(SDR)作为锚定对象的稳定币。SGA的储备金放在能够产生利息的受监管的金融机构，能够将收益定时发给SGA的持有者。储备金的结构是不断变化的，最开始由SDR百分之百支持，随着经济规模的扩大和市场信任的建立，储备金将会逐步减少，减少的储备金能够体现在价格的上升中。Saga项目早期的投资者持有一种不同的代币，称为Saga Genesis(SGN)，其可以转化为SGA的凭证代币。每1单位的SGN可转化的SGA数量取决于市场对SGA的需求，但是不能超过15SGA/SGN。

Saga项目是融资规模排名前三的开发阶段的稳定币，到目前为止融资3000万美元，项目创始团队和顾问包括以色列前央行行长、摩根大通国际的主席以及诺贝尔经济学奖得主，项目的首席经济学家是以色列前央行行长。

Saga项目的优势在于：

① 价格增长机制，可变的储备支持使得代币在降低波动性的同时还能形成自己的内在价值；

② 完全遵守法规，Saga项目得到了瑞士金融市场管理局(FINMA)的授权，而且遵守KYC和AML的法规，代币的持有者必须在线确认身份；

③ 给SGA持有者支付利息，Saga的储蓄金存在能够产生利息的大银行，这对SGA的持有者有利，和其他不支付利息的数字货币相比是一个竞争优势。

不过，目前尚不清楚Saga项目如何管理储蓄率，Saga团队定义了三个连续的阶段(小/脆弱的经济、增长型经济和独立经济)，并且提出随着Saga经济体的信用逐渐增加，慢慢减小储蓄率(通过数学建模)。在经济体刚开始比较虚弱时，储蓄率维持在1∶1。储蓄率是外部流通的SGA代币数量的函数，SGA的价格同样也是外部流通的

SGA代币数量的函数，市场发出的订单需求会触发智能合约发行或者清算代币，这种供应量的调整最终会影响价格。此外，与USDT类似，由于依赖传统的银行机构，Saga项目容易遭受对手方风险。

3. USDC

2018年10月，Circle宣布发行新的稳定币，称为USD Coin(USDC)。Circle是一家业内领先的加密货币交易所和流动性提供商，主要的投资者包括高盛投资等国际金融业巨头。

USDC是运行在以太坊上的以美元为背书的稳定币，它的设计是基于CENTRE开发的法币型稳定币的开源框架和Circle在2017年末开发的开源计划。最开始USDC仅支持美元，之后计划增加欧元和英镑。

USDC项目具有以下显著特征。

① 已经创建了一个独立App给用户购买和使用USDC，以及针对用户的购买申请和赎回请求进行代币的生成和销毁；

② USDC的一级市场和二级市场的交易对将在Circle收购的Poloniex以及其他合作的交易所平台进行展开；

③ 与银行、公开审计机构和顶级的保险商合作；

④ 应用的范围包括交易所、智能合约、结算、汇款以及借贷(CENTRE在上述几个细分领域均有合作伙伴)；

⑤ CENTRE在审计结果和财务方面高度透明；

⑥ CENTRE的治理是分布式的。

在满足合法合规方面，USDC比其他稳定币有显著的优势，Circle符合美国的监管框架和外币汇兑法，而且与成熟的银行和审计机构合作。CENTRE不但审计自己的员工，而且自身也被权威的公司审计。Circle被美国财政部金融犯罪执法局(FinCEN)授予资金转移的牌照，而且在各个州积极申请相应的牌照。在美国，申请资金转移牌照是由州一级金融监管部门处理的，Circle已经获得所有需要申请牌照的州的批准。

USDC的开发是开源的，这意味着很多开发者可以在这个项目上面继续开发和审计代码。架构是由CENTRE开发的，和USDC与Circle保持了一定的独立性。鉴于法币抵押型稳定币天然具有中心化的特性，开源的USDC能够平衡项目的创新性和区块链技术背后的原则。作为基于以太坊ERC-20标准的代币，USDC能够轻松地在主流交易所交易，而不用成为CENTRE的一员。

Circle作为领先的加密货币交易所，且在2018年2月收购了Poloniex，是最有实力动摇Tether在交易中的主导地位以及引入新的竞争的稳定币。Circle认为所有的法币未来都会变成加密货币，USDC能够衔接主流的金融服务和加密货币与区块链技术。

USDC的其他产品,包括Circle的投资、OTC交易,保障其能加速与美元的交易,为投资者提供一个波动性低、法律合规的备选稳定币。Circle也对针对加密资产发展初期严厉的法律法规非常熟悉,且对监管方面的不确定性非常了解。CENTRE被认为在财务和审计方面高度透明。总而言之,USDC在与USDT以及其他法币抵押型稳定币的竞争中处于有利位置。

4. Terra

Terra最开始也是锚定IMF特别提款权(SDRs),其协议通过"Luna"来维持Terra(稳定币)价格的稳定性,Luna在创建时供应量是固定的。Luna的持有者通过存储Luna来获得稳定储备的分红,主要是获得Terra的交易手续费。当稳定储备与Terra流通市值的比率低于最低门槛1.2∶1时,算法将会相应地提高交易费率,通过提高交易费率获得的现金流可以用于提高Luna的价格,从而将稳定储蓄率恢复到目标水平。Luna本质上是一个反稀释股票,交易费用通过Terra网络和治理代币进行计量。

Terra在规划的路线图里被设计为聚焦于线上支付的货币,当前,Terra项目的Terra联盟有6个成员将推动"Terra Pay"用于支付,且正在努力与重要合作伙伴共同实现应用落地,从而推动对Terra的需求。Terra模型的基本前提是能通过电子商务平台实现大范围的应用且交易手续费具有竞争性。但是,如果零交易手续费稳定币更加通用,或者更大型商务平台(比如亚马逊、微信、Facebook)进入稳定币领域且愿意提供更低的稳定币交易手续费(或者零手续费),或者支付公司(比如Visa)降低交易手续费,那么Terra的生存更加困难。

Terra最初的供应量是不确定的,这就很难对未来作出预测。此外,Terra团队在ICO之后没有收到任何资金或者收益。更进一步,Terra团队并未充分地资本化,没有足够的动机或者持续的兴趣来实现项目长期的成功。

5. Carbon

Carbon是一种非抵押型的铸币税模型稳定币,包括两种代币:Carbon稳定币和Carbon信用代币(Carbon Credit)。当Carbon稳定币的需求下降时,比如交易价格低于锚定的美元,Carbon Credit通过逆荷兰式拍卖智能合约拍卖给那些愿意销毁稳定币的市场参与者。当处于扩张期,即稳定币价格超过锚定比率、需求不断上升时,Carbon Credit的持有者将会受到奖励。当Carbon的需求上升时,比如价格高于1美元的锚定对象,新发行的稳定币将会按比例分配给Carbon Credit的持有者,从而制造下行压力推动Carbon价格回归到锚定对象。

与Basis类似,和现有其他的IOU或加密资产抵押型模型相比,铸币税模型不用抵押,且更加地去中心化。Carbon不需要在中心化的银行持有法币或者将价格波动较大的加密货币作为抵押物。Carbon稍微修改了铸币税股份模型,允许用户冻结他们的部分资金来应对通胀周期和通缩周期。

当价格下降时(例如稳定币价格下降到0.85美元)，Basis债券的持有者在有效期内以面值赎回的话，最多有15%的收益，而当稳定币价格上涨超过锚定对象时，那么Basis的持有者而不是债券的持有者将阻止锚定机制被破坏。相比之下，Carbon系统对那些通过销毁自己代币而保障系统通缩的用户给予100%的好处。比如稳定币的价格是0.85美元，那么Carbon Credit的持有者将会收到没有上限的奖励(比如有可能收到按比例新发行的没有数量限制的稳定币)，因此，理论上Carbon在扩张期将获得更高的回报。此外，其还存在风险和不确定性，即Basis债券持有者由于没有赎回而在5年之后过期。这种不确定性会影响Basis债券的风险/回报情况，因此和Carbon Credit比起来，二级市场的流动性可能更差一些。

和基于区块链技术的稳定币相比，使用哈希图(Hash graph)技术的Carbon理论上拥有更快的吞吐量(例如和BTC 7笔/秒的交易速度相比，Carbon能实现50 000~100 000笔/秒的速度)。互操作性是Carbon管理策略的核心，能够帮助Carbon在生态系统中的价值传输。作为利用哈希图技术的首个稳定币，在哈希图技术生态的稳定币中处于有利位置。但是，Carbon同样会受到项目开发路线图的影响(最早在2019年第一季度和第二季度流通)，且会受到哈希图协议规则固有的限制。

与其他相似的稳定币相比，Basis融资1.3亿美元，Carbon仅融资200万美元。对融资起到重要作用(比如最开始的市场应用、利息和合作)的稳定币项目，缺少资金将使得Carbon很难挑战其他类似但融资情况更好的稳定币。在众多稳定币项目中，Carbon因为自己的创新性设计而独树一帜。但是，Carbon是否能成功实施自己的权力是一个挑战；此外，这个项目依赖新型的Hash graph去中心化记账技术，而这项新技术并未投入使用，其可靠性也未经验证。

第 6 章
数字货币的资产管理

6.1 数字货币资产及其定价机制

6.1.1 数字货币资产的定义

1. 虚拟资产

近二十年来，随着科学技术的发展，互联网数字世界与现实世界的分野正逐渐消失。从某种程度上说，数字世界正在与现实世界融合：一方面，现实世界中的货币、商品、资产在数字世界中获得了锚定价值，从而能够在数字世界中流通，而互联网世界的游戏商品、道具、艺术品、电影、数字凭证则逐渐成为人们可以接受的"虚拟财产"(Virtual Property)[①]。这一转变是一种长达二十年的、渐进式的渗透，虚拟与现实的交互促进生活方式的转变，而生活方式的转变同样带来了两者的交融。这种看似平

---

① 翻译中，常把"虚拟"对应为英语中的"virtual"。实际上，根据《牛津辞典》的解释，"virtual"有两层意思：其一，它不是真的；其二，它因表现或效果如同真的而可视为(或可充当)真的。前一层是从属的(衬托)，后一层才是主要的(结论)。虚拟财产(Virtual Property)实质上是借助于计算机这种媒介表现出来的数据组合，但具有独立于其他网络资源或现实财产的价值。

常的状态下潜藏着许多怪诞之处：一些从未被交易、人们未曾触碰到的虚拟物件竟然被认为存在价值；看似用处不大的积分券、点券竟然成了资产负债表上的项目；娱乐产业、游戏业的人们创造出大型的虚拟交易经济体，这些虚拟经济体产生的交易甚至独立于法定货币之外。

在这样的世界中，虚拟商品、虚拟货币，甚至是虚拟资产与现实世界的实体，存在着越来越密切的联系，从亚马逊的积分券、Facebook的Credits、LOL的精粹再到以太坊的Crypto Kitties，这种独立于实体世界的虚拟世界的虚拟资产是否真正具有价值？答案显然是肯定的：人们愿意为其所接受的商品支付愿意支付的价格，虚拟商品的存在便具有了其存在的价值。正如人们愿意为游戏刷本付出时间、金钱，也同样愿意为了节省时间而直接购买游戏道具，所谓的"氪金玩家"的存在，某种程度上就说明虚拟商品的价值，尽管这种价值通常是难以衡量的。

1) 虚拟资产的定义

根据虚拟资产的现实特点，可以给出其一般性定义，即"虚拟资产是一种仅以数字化形式表现的、不主要用于支付手段的任何有形或无形事物的通证"。但是，可编程通证的出现，使得通证在功能性及流动性方面得到大幅提升，并替代部分的货币基本职能，从而模糊了数字货币与虚拟资产的边界。[①]

要论证虚拟货币或虚拟资产是否存在真正价值是困难的，而探索虚拟资产的性质以及特点则是相对容易的。虚拟经济体系发展至今，可以理解为是一个虚拟向现实的渗透以及现实向虚拟的对接的双向过程：从虚拟货币、虚拟资产的角度而言，早期的积分、点券以及当前的加密货币结合银行支付系统，通过POS机以及第三方支付，切入并渗透进在线商城以及线下实体店铺；传统企业推出与法币直接或间接对接的积分点券或者加密货币，从而实现线下资源、产品、用户与线上虚拟货币、商品、服务的交互。这两种交互形态在加密数字货币到来之后逐渐自成体系，此时的虚拟货币、虚拟资产表现出与法定货币、实体商品相似、相仿的特性，并从某种程度上替代或补充了后者的价值。

2) 虚拟资产的特性

虚拟资产具有以下几点特性。

● 稀缺性：依据合约(智能合约)确定数量，具有总量上限或具有唯一性，并可作为价值储藏工具。

● 从属性：虚拟资产可以从属于或被从属于其他虚拟资产，可以具备单独的或是组合的表现形态。

---

① 维京资本.虚拟资产是一种生活方式.简书, 2018-10-08. https://www.jianshu.com/p/ff34c6668488.

- 边界性：虚拟资产具有使用的边界性，能够跨越国界并以互联网的平台、生态的特定应用场景、时间为使用边界。
- 传播性：虚拟资产易于制造与传播并自成生态闭环，现有的虚拟资产共同形成了一个规模大、增长快的新经济现象。
- 个性化：虚拟资产的目的在于服务用户，具备个性化、定制化的市场需求，用以满足用户的精神消费需求。

3) 虚拟资产的分类

虚拟资产有以下几种分类方式。

- 资产来源：原生资产(角色、道具)、新型数字资产(数据、算法、数据流)、非原生资产(数字产权)。
- 资产属性：类资产(BTC)、权益(ST)、债权(UT)、物权(角色)、数字产权(通证化资产)。
- 数据形态：同质资产(FT)[①]、异质资产(NFT)[②]、混合异质资产(道具包)、联合异质资产(组合道具)。
- 表现形式：游戏商品(卡牌、角色、道具)、艺术品(音乐、电影、收藏品)、数字凭证(数字版权、电影、电子书)。

2. 加密资产

1) 加密资产的定义

根据欧洲央行(European Central Bank)在2015年给出的定义，"虚拟货币是价值的一种数字表达，它不是由中央银行或某个公共权威机构发行的，也不一定与某一法定货币挂钩，但被自然人或法人接受用于支付手段，可以进行电子化转移、储藏或交易"。虚拟货币是计算机网络空间使用的一种对价值的数字表达(记账单位)，由私营机构或网络社区发行或管理，一定程度上承担了网络世界计价单位、交换媒介或价值储藏的职能。国际清算银行(BIS)将数字货币描述为"基于分布式记账技术、采用去中介化支付机制的虚拟货币，它颠覆了传统货币的概念，打破了原有的商业模式，是对全球金融市场和经济产生巨大影响的一项真正突破性创新"。

目前，国际上主流观点认为虚拟货币、数字货币和加密货币虽然都被称为"货币"，但是并不具有货币属性，而是一种风险极高的投资资产，可以统一称为加密资

---

① 区块链上的虚拟资产一般用通证(Token)表示，有一类Token称为同质化通证(Fungible Token，FT)，比如以太坊上的ERC-20标准定义的通证标准化接口，同质化的通证遵循相同的同质化协议，这意味着这些代币可以进行交易置换。

② 异质资产代表一类独一无二的事物，是在现实中广泛存在的事物。相对于同质资产，大多数的事物都是非同质的，比如不同的画作、不同电影、不同的歌曲、不同的书本、不同区域位置的球票等。

产(Crypto-based Asset)。国际上目前尚未对加密资产有统一定义,如果非要有个简单的定义,加密资产可以概括为"以区块链技术为基础、加密货币表征的、可代表一定价值或合同权利的私人金融资产。"

中国人民银行发布的《中国金融稳定报告(2018)》对"加密资产"定义为"加密资产是一种民间金融资产,其价值主要是基于密码学及分布式记账等技术","加密资产不由货币当局发行,不具有法偿性与强制性等货币属性,不具有与货币等同的法律地位"。

2) 加密资产的特性

得益于其底层技术,加密资产具有很多潜在优点:

① 提高交易速度,便利客户间资产交易,以及跨行或行内的清算交易;

② 降低交易成本,增加交易信息透明度,提高监管机构监测系统性风险以及监管合规的能力;

③ 有助于推动普惠金融;

④ 匿名属性保护个人隐私数据。

但是,加密资产也同样存在以下问题。

① 流动性不足,加密资产所有权集中在少数市场参与者手中,活跃买家和卖家数量有限,即便是交易最活跃的比特币,2.5%的比特币账户也集中了96%的比特币,流动性不足、所有权集中度高、市场割裂等因素使加密资产易受价格操纵和其他不当行为的影响。

② 波动性过高,加密资产的波动性明显高于其他金融资产,如市值排名前十的加密资产平均波动率为美国股市的25倍以上。不同于受监管的股票和衍生品交易所,多数加密资产交易所尚未建立诸如熔断机制等措施来缓释价格波动,一旦加密资产价格突然下跌,可能在极短时间内产生大量交易,导致交易所服务器瘫痪,并引发系统性风险。

③ 高杠杆,投资者透过数字货币交易所等平台提供的融资,不断通过高杠杆企图获取更大收益,这就不断放大加密资产的价格波动,增加风险的传染性。

3) 加密资产的分类

根据加密资产的用途及其代表的价值,可将其分为以下几类。

(1) 加密货币

加密的数字货币,是使用密码学原理来确保交易安全及控制交易单位创造的交易媒介,典型的加密货币有比特币、以太币等。

(2) 证券型代币

这种类型的加密资产可以直接与证券资产进行交易。通过证券代币,数字债券可以在去中心化的P2P网络上进行交易，不仅可以达到与中介一样的交易效果，而且不用支付佣金。

(3) 实用型代币

只可以在一个应用程序或生态系统中使用，用以支付商品或服务的费用。从严格意义上来讲，诸如以太坊等平台的代币实际上也是实用代币的一种，只是后者的应用范围显然要大得多。

(4) 法定数字货币

法定数字货币虽然得益于区块链技术进步，可以避开加密技术的去中心化，但是从广义上来说也可以属于加密资产。

鉴于目前全球业界和学界对虚拟资产、加密资产和数字货币资产在概念厘清方面仍存在一定的争议，故本书对数字货币资产仅限于在加密资产的范畴内进行讨论，本书中出现的"数字货币资产"仅指或等同上文定义的"加密资产"，但不涉及法定数字货币。

6.1.2 数字货币资产的定价机制

从传统经济学角度来讲，数字货币资产的价格应该取决于项目价值与代币的供求关系；从区块链的角度来讲，数字货币资产的价格取决于共识的范围和牢固程度。[①]

1. 成本定价法

基于商品供求关系的视角，数字货币资产的长期均衡价格等于获得数字货币或相关代币的成本，这就是成本定价法。比如比特币，在比特币"挖矿"未达到设定的上限时，可以将比特币视为一种商品，根据供求关系对其进行定价。比特币是典型的卖方市场，即代币的生产者(矿工或矿场)形成垄断竞争格局，而由于平台的开放性和匿名性，购买者(投资者)难以进行共谋，往往是价格的接受者。根据统计，中国有全球70%的比特币挖矿机，四川的挖矿机占全国70%。美国康奈尔大学计算机科学教授Emin Gün Sirer和密码学专家Robbert van Renesse等人2018年1月在《麻省理工科技评论》上发表论文《比特币和以太坊的去中心化》，论文指出，比特币世界奉为最高原则的"去中心化"存在疑问，目前世界上最流行的两种加密货币比特币和以太坊背后存在隐形权力结构，原因之一是比特币和以太坊的挖矿过于集中，比特币50%以上的算力被前四大矿场所控制。比特币的权力分散程度还不如后来参照它做出来的以太坊。与以太坊相比，比特币的节点在地理上更加集中，而以太坊的节点分散在世界各

---

① 姚前，陈华. 数字货币经济分析[M]. 北京：中国金融出版社，2018：84-94.

地,分布性更好。造成这个问题的原因是,56%的比特币节点都在各地的数据中心周围分布,而以太坊这项数据是28%,正好是其一半。[①]

根据微观经济学理论,在长期,垄断竞争市场厂商不仅可以调整生产规模,还可以加入或退出生产集团,因为长期市场均衡时垄断竞争厂商的利润为零,这预示着从长期看,矿场或矿池的算力竞争终将无利可图。

那么,参照成本定价法,可以计算出比特币和以太币的价格区间。[②]我们定义挖掘出每个比特币的能源消耗成本为其最低固有价值(固有价值的下部边界),而外部价值是由投机产生的价值。

首先,要考虑比特币"挖矿"的矿场和矿池的算力[③]。根据trinsicoin.com的数据,2018年3月,比特币网络全网算力为24.48EH/s,区块奖励为12.5BTC,每小时产生6个区块。

其次,要考虑全网挖矿的难度(见图6-1)。为了使得区块产生的速度维持在大约每10分钟一个,产生新区块的难度会定期调整。如果区块产生的速度加快了,那么就提高挖矿难度;如果区块产生速度变慢了,那么就降低难度。2018年3月,全网难度3.29T,参考地址BTC.com。

最后,进行挖币推算过程,假设全网都采用蚂蚁S9矿机。我们选择比较热门的蚂蚁S9矿机作为标配,其额定算力为13TH/s。

图6-1 比特币挖矿难度变化

---

① 周炎炎. 四大矿场控制50%算力,比特币去中心化究竟是不是谎言. 澎湃新闻, 2018-01-06. https://www.thepaper.cn/newsDetail_forward_1969991.
② 子龙札记. 目前比特币挖矿的成本. 简书, 2019-03-06. https://www.jianshu.com/p/364c6074ec53.
③ 比特币挖矿的能力,也就是矿机每秒能产生多少个哈希值,与系统进行匹配,算力越高,挖的比特币越多,单位是Hashes/second(H/s)。1EH/s=1000PH/s, 1PH/s=1000TH/s, 1TH/s=1000GH/s。

1) 挖币数量

一台矿机每天可挖得比特币的数量=一台矿机算力÷全网算力×每天比特币产出总量

根据比特币产生的时间表计算,当前处于第三阶段,到下次比特币产量减半前共可以产出2 625 000个比特币,所用时间为2020.986-2016.993=3.993年,即1457.45天,则每天可产出的比特币总量为2 625 000÷1457.45=1801.09个/天。

可以算出蚂蚁S9矿机每天挖得的比特币数量(会有略微浮动)为:

13÷24 430 000×1801.09=0.000 958 4个

由此可以推算出每T算力,每天可以挖的比特币为:

0.000 959 6÷13=0.000 073 72个

2) 挖币耗电

一个比特币的耗电=挖一个比特币所用的算力T×每T的耗电

1T每小时可以获得BTC数量为0.000 076 42÷24=0.000 003 184 16。

假设一小时内挖出一个比特币,则需要1÷0.000 003 184 16=314 054.57T。

蚂蚁S9矿机功耗算力13T,功耗为1300W,即T/100W,每T算力耗电0.1kWh。

耗电为314 054.57T×0.1度=31 405.46度。

假设电费为0.3元(水电价格),则挖一个比特币的耗电成本为9421.55元。

3) 矿机折旧

矿机的折旧由于一直是动态的,不好按照准确的数据来计算,但是可以按照每两周(难度调整周期)来估算。

两周的矿机剩余成本=矿机成本÷(1+难度百分比)

两周的矿机折旧=矿机成本-矿机剩余成本

因为难度是两周左右调整一次,所以矿机剩余成本也是以两周为节点。

下一个两周的矿机折旧=上两周矿机剩余成本-上两周矿机剩余成本÷(1+难度百分比)

以蚂蚁S9为例,假设2018年2月20日投入使用,那么此后两周内:

两周的矿机剩余成本=14 000÷(1+4.62%)=13 382元。

两周的矿机折旧=14 000-14 000÷(1+4.62%)=618元。

在下一个两周,

矿机剩余成本=13 382÷(1+9.42%)=12 230元。

矿机折旧=13 382-12 230=1152元。

4) 矿机成本

假设两周内(一个难度周期)正好挖一个比特币,由于功率固定,算力固定,所以耗电是固定的,那么就是计算最少用多少台矿机可以挖到。

以蚂蚁S9为例,当前为2018年3月5日,全网算力23.48EH,难度调整+9.42%。每台矿机每天的产币数量=13T÷(23.48×1 000 000T)×1867(每天比特币总量)=0.001 033 68个

每台矿机两周产币数量=0.001 033 68×14=0.014 471 57个。

两周挖的一个比特币需要的矿机数量=1÷0.014 471 57=69.10台。

这两周的矿机折旧成本=[14 000-14 000÷(1+9.42%)]×69.10=83 283.75元。

那么据此可以推算假如目前算力条件下,以14 000元的价格购买13TH/s的矿机,挖一个比特币需要的电力及矿机成本约为9421.55+83 283.75=92 705.3元。

成本显得很高,是因为在设置矿机折旧成本的时候是按照当前难度调整的百分比计算的,这两周的难度涨幅比较高。根据近4年算力上涨的幅度,综合推算平均每次难度调整的百分比为6.23%,那么据此推算可以得出:两周的矿机折旧成本=[14 000-14 000÷(1+6.23%)]×69.10=56 734.46元。

电费与矿机的合计成本为9421.55+56 734.46=66 156.01元。

假设3月5日上矿机,当时比特币价格不到6万元,而成本需要6万多元,投资会亏损。

2. 货币定价法

数字货币是否是"货币",目前仍存在较大争议。如果采用货币经济学理论对数字货币资产进行定价,大致可以分为4个方向。

1) 购买力平价

购买力平价理论(PPP)最早是在20世纪初由瑞典经济学家古斯塔夫·卡塞尔提出的。简单地说,购买力平价是国家间综合价格之比,即两种或多种货币在不同国家购买相同数量和质量的商品和服务时的价格比率,用来衡量对比各国之间价格水平的差异。一个测量购买力平价的简单而有趣的例子就是"巨无霸指数",这个指标由英国《经济学人》杂志首创,已经成了一种流行的评估标准。《经济学人》杂志假定麦当劳在全球销售的巨无霸的成本是固定的,然后将其在各国的分店中销售的价格进行比较。比如一份巨无霸汉堡包的价格在中国为25元人民币,在美国为5美元,由此推断,人民币对美元的汇率应该为5:1,比实际汇率低了很多。

同样的原理可以用来为数字货币资产定价。2018年1月,加拿大肯德基推出一种专门支持比特币的产品——"比特币炸鸡桶",定价为0.001 030 5BTC,消费者也可以用加元结算,售价是20加元。据此推算,1BTC≈19 508加元,折合15 651美元。但是,此计算忽略了比特币交易中所支付的手续费,如果按照2017年底比特币交易需支付的手续费在20~50美元,则比特币的价格可能就是负数了。

2) 费雪方程式

耶鲁大学经济学教授欧文·费雪在1911年《货币购买力》一书中提出的费雪方程

式(交易方程式)是先对物价水平同货币数量之间的关系作出的系统阐述。

假设以 M 为一定时期内流通货币的平均数量(是交易、流通中的货币数量，因此，费雪方程式亦称为现金交易说)。V 为货币流通速度，P 为各类商品价格的加权平均数，T 为各类商品的交易数量，则有：

$$MV = PT \text{ 或 } P = MV/T$$

这个方程式是一个恒等式，其中 P 的值取决于 M、V、T 这三个变量的相互作用。费雪分析认为，在这三个经济变量中，M 是一个由模型之外的因素所决定的外生变量；V 由于制度性因素在短期内不变，因而可视为常数；交易量 Y 对产出水平常常保持固定的比例，也是大体稳定的。因此，只有 P 和 M 的关系最重要。所以，P 的值取决于 M 数量的变化。虽然关注的是 M 对 P 的影响，但是反过来，从这一方程式中也能导出一定价格水平之下的名义货币需求量。也就是说，由于 $MV=PT$，则

$$M = PT/V = PT/V$$

这说明，仅从货币的交易媒介功能考察，全社会一定时期一定价格水平下的总交易量与所需要的名义货币量具有一定的比例关系。这个比例是 $1/V$，即货币流通速度的倒数。

我们将方程式两边乘以数字货币的美元价格 e(相当于是加密货币汇率)，则

$$M \times V \times e = P \times T \times e$$

其中，$P \times T \times e$ 代表以该数字货币为交易媒介的商品或劳务若换作美元结算时的数量金额，将其标记为 Y_{usd}，由此获得数字货币的价格：$e = \dfrac{Y_{usd}}{M \times V}$。

以比特币为例，目前比特币数量大约为1500万个，每月以比特币作为支付手段的交易额约为1亿美元，全年总额12亿美元，如参照目前普通货币的流通速度，$V=4$，每一个BTC的价格应该是12亿美元/(4×1500万)=20美元。

考虑到以下几个因素，上述价格存在一定的问题。

第一，比特币的流通速度远低于法定货币，即每个比特币每年的流通速度远低于1，V 越小，理论上比特币的价格就越高，整个结论符合比特币被大量"窖藏"，少数人控制比特币的流通量，进而控制市场价格的现象。

第二，由于比特币数量有限，随着比特币交易量的扩大，支付清算会更加频繁，且流动性需求远高于比特币网络能够承载的流量，那么必然会出现流动性紧缩或加密资产稀缺的"市场恐慌"，进而导致比特币价格的不断上涨。这个结论与费雪方程式的推导存在矛盾，具体内因仍有待进一步研究。

3) 货币局制度

货币局制度是指政府以立法形式明确规定，承诺本币与某一确定的外国货币之间

可以以固定比率进行无限制兑换,并确保这一兑换义务实现的汇率制度。货币局制度有两项基本原则:一是本国货币锚定住一种强势货币,与之建立货币联系,此货币成为锚货币;二是本国通货发行以外汇储备——特别是锚货币的外汇储备为发行保证,保证本国货币与外币随时可按固定汇率兑汇。本质上,本国货币就是锚定币在本国的代币。

参照法定货币的货币局制度,数字货币资产市场出现所谓的稳定币(Stable Coin)。由于比特币的本质是去中心化的分布式账本,没有实际的经济价值,所以有资产抵押的稳定币就应运而生。稳定币越来越受到数字货币资产市场的关注,原因在于其"价值"比普通数字货币更加固定、可控。稳定币的价值与其他资产挂钩,如美元或黄金,当然,还有的锚定其他数字货币。

目前市场上最受欢迎的稳定币是USDT,它是按市值计算的第九大加密货币,并且在比特币之后拥有所有数字货币的最高日交易量。USDT是由Tether公司推出的基于美元(USD)的代币,1USDT=1美元,用户可以随时使用USDT和美元进行1∶1的兑换。Tether公司声称严格遵守1∶1的准备金保证。也就是说,相当于USDT退化为固定汇率制,发行者承诺USDT对锚定货币的固定汇率,但是实际上并没有完全可信的机制(100%的保证金)。[①]

4) 非货币局制的稳定币机制

2017年12月,MakerDAO推出的稳定币Dai,其价值保障体系与USDT不同,它通过建立一套由智能合约和目标比率反馈机制构成的去中心化组织(DAO)来保障价值稳定。

首先,类似于中央银行与商业银行开展的逆回购操作[②],MakerDAO设计了一种名为"担保债务头寸"(CDP)的智能合约,由其基于用户的抵押资产,发行稳定币Dai,并同时生成一份债务(相当于用户用资产抵押向系统借贷一笔资金);其次,MakerDAO建立了一套稳定机制(也称为目标反馈机制),当市场出现不稳定的时候,该机制就会被触发,通过调整抵押率等参数,推动市场力量去保持Dai价格的稳定。[③]

---

① 2019年5月,受到纽约市总检察长指控的Tether和Bitfinex的总法律顾问Stuart Hoegner在一份宣誓书中称,截至4月30日,USDT稳定币仅有74%由法定货币支持。该公司持有约21亿美元的现金和短期证券,但已经发行了28亿USDT。

② 逆回购,指资金融出方将资金融给资金融入方,收取有价证券作为质押,并在未来收回本息,并解除有价证券质押的交易行为。央行逆回购,指央行向一级交易商购买有价证券,并约定在未来特定日期,将有价证券卖给一级交易商的交易行为,逆回购为央行向市场上投放流动性的操作,正回购则为央行从市场收回流动性的操作。简单解释就是主动借出资金,获取债券质押的交易就称为逆回购交易,此时央行扮演投资者,是接受债券质押、借出资金的融出方。投资者或金融机构也可以在证券交易所和银行间债券市场进行逆回购交易。

③ 蓝弧笔记. 如何理解稳定币Dai. 搜狐网, 2018-04-08. http://www.sohu.com/a/227576130_489821.

(1) 发行机制

实际上，Dai放弃了以美元作为代币的发行储备(资产)，选择以太币(ETH)作为代币发行的价值支撑。首先，Dai与美元1:1锚定，资产抵押率150%；其次，客户向MakerDAO抵押价值100美元的1ETH，可以获得66美元的贷款(假设1ETH=$100)；最后，66美元贷款以66Dai的形式发放。在抵押贷款时，系统生成一张CDP，记录借贷关系及金额，并且抵押的ETH会锁定在合约里，在还清Dai时，ETH将归还客户(见图6-2)。

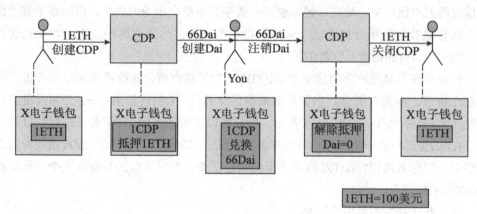

图6-2 Dai的发行机制

(2) 稳定机制

MakerDAO的稳定机制是通过调整CDP的借贷利息来控制市场Dai的发行量，同时通过清算机制进行风险控制。当Dai的交易价格不到1美元时，智能合约会激励客户赎回并返还系统Dai。

如果ETH升值，意味着Dai有更足够的抵押(更高的抵押率，担保更充足)，这对DAI的价值不会有太大影响。如果DAI的交易价格超过1美元，MakerDAO也会激励用户创造更多的Dai。如果ETH贬值，由于MakerDAO原来要求Dai是超额抵押的(抵押率150%)，若资产下跌到一定值(如抵押率降到200%)，并且原抵押人没有追加抵押物或偿还(部分)Dai，合约会自动启动清算，之前抵押的以太币被拍卖，直到借出的Dai还清(见图6-3)。

(3) 清算机制

系统始终要求Dai是超额抵押的，当发现有部分资产存在风险时，就会对风险过高的资产进行清算，会先清算抵押率低于150%的CDP，而为了防止清算，CDP持有人必须往CDP存入更多ETH或偿还Dai来提高抵押率。也就是说，当抵押资产贬值时，如果没有追加或偿还(部分)Dai，合约会自动启动清算机制。清算启动后，就再也无法通过偿还Dai来取回之前抵押的ETH了(CDP会关闭)。清算发生时,系统还会扣除一部分的罚金和手续费。拍卖ETH资产得到的Dai会被销毁,就像客户偿还Dai被销毁一样。拍卖偿还Dai后,剩余的资产客户可以拿回。

虽然Dai都是超额抵押的,但是如果以太币的价格急剧下跌,抵押品的价值达不到借出的Dai的价值时,这时需要启动全局结算作为系统最后一道关口。MakerDAO引入了MKR作为系统中的权益代币,MKR的持有者是系统的受益者,获取借款利息及罚金等;同时,其也是系统全局结算时的回购方,如果系统出现全局结算的情况,要由MKR持有者负责回购。

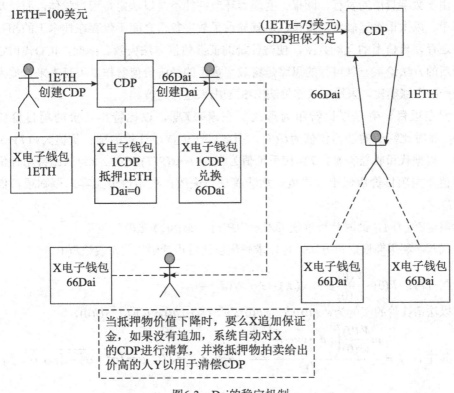

图6-3 Dai的稳定机制

3. 证券定价法

考虑到数字货币的定价过程中,首次发行代币(ICO)的定价是个关键环节,而在这个过程中,ICO项目中的代币价格可能被项目发行方任意粗暴地设定,对于投资者而言没有一点协商的余地。这导致投资者越来越大量地购入原始资产,当它们的价值被正确评估的时候,ICO项目便会停滞不前,或者当项目发行方并没有达到投资者的发展预期的时候,还会催生一些恶性行为(如诈骗等)。

如果将ICO视为类似IPO的证券发行行为，则可以利用现有的股票定价方法对其进行定价，比如市盈率估价法和现金流贴现法。市盈率估价法虽然简单易行，但是没有办法充分考虑ICO项目的未来增长空间，往往会低估代币价值，且由于很多ICO项目具有开创性或独创性，难以进行参考，故该方法的局限性较大。现金流贴现法的优点是考虑了ICO项目未来的发展前景，并且纳入了资本成本因素，但是根据网络经济学中的"麦特卡尔夫定律"(Metcalfe's Law)，网络项目的价值与用户数的平方成正比，而按照现金流贴现法，代币内在价值为零，而不会由于用户数量的增长以及盈利水平的提高带来代币内在价值的增长，这就存在矛盾。

由于数字货币的发行、回报、变现等环节往往不是以法定货币为载体，而是基于比特币、以太币等基础数字货币，这就导致了数字货币之间不仅存在技术上的相互依赖，还存在价值上的互利共生，使得传统的证券估值方法失效。因此，ICO代币定价需要新的方法论。一种可行的思路是将数字货币的经济价值看作以项目未来价值为标的资产的看涨期权，采用期权定价法(B-S模型)来进行定价。

假定项目价值是以比特币为形式，在未来T期，以比特币计价的项目价值为$S(T)$，届时比特币的法币价值为$U(T)$，那么以法定货币计价的项目价值为$V(T)=S(T)U(T)$；根据代币收益特征，T期代币价值为$P(T)=max(S(T)-Z,0)$；Z为以比特币计价的临界值，当项目价值低于临界值，意味着项目失败，代币价值为零，否则项目价值为$S(T)-Z$。

假定Z值为1，此时代币价值可表示为$P(T)=max(S(T)-Z,0)$，

代入，利用期权定价方法，可以求解出以比特币计价的代币现值$P(0)$。

则可得： $P(0)=\dfrac{V(0)}{U(0)}e^{q}v^{T}N(d_1)-e^{q}u^{T}N(d_2)-1$ 。

以法币计价的现值为：$P(0)U(0)=V(0)e^{q}v^{T}N(d_1)-U(0)e^{q}u^{T}N(d_2)-U(0)$，

其中， $d_1=\dfrac{in\dfrac{V(0)}{U(0)}\left(qu-qv+\dfrac{\sigma^2}{2}\right)T}{\sigma\sqrt{T}}$ ， $d_2=d_1-\sigma\sqrt{T}$ ， $\sigma=\sqrt{\sigma_u^2+\sigma_v^2-2\rho\sigma_u\sigma_v}$ ， q_v为代币项目价值的增长率，q_u为比特币价值的收益率， σ_u和σ_v分别为相应的波动率， ρ为代币项目价值和比特币价值的相关系数。

取2017年的数据，以太币项目的价值增长率$q_v=0.07$，比特币的价值增长率为$q_u=0.049$，相应的各自的波动率为$\sigma_u=0.007$和$\sigma_v=0.012$，$\rho=0.08$，假定以太币项目的价值是比特币的2倍，即$\dfrac{V(0)}{U(0)}=2$，期限$T=1$，计算可得以太币的比特币价格为0.075BTC，实际比价如图6-4所示。

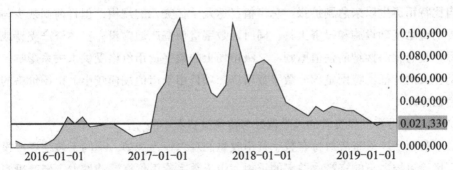

图6-4 2016年1月到2019年6月的以太币和比特币的比价关系

期权定价法的优势在于：第一，不以持续经营为假设，假定代币项目可能成功，也可能失败；第二，估值公式独立于无风险利率，避免了现实中不存在代币无风险利率的技术难题，也无须估计风险溢价；第三，考虑了代币项目价值与其计价代币项目发展的相关性，更符合经济现实。

2017年12月，美国商品期货交易委员会(CFTC)批准了芝加哥商品交易所(CME)、芝加哥期权交易所(CBOE)先后上市比特币期货。比特币期货的出现为比特币等数字货币资产使用无套利定价①方法提供了可能性。当然，现实中比特币期货和现货之间的无风险套利活动难以实现(现货流动性差、无法拆借和做空等)，因此该估价方法的应用存在较大问题。

6.2 数字货币资产管理产业

6.2.1 数字货币资产管理产业链②

1. 数字货币资产管理特征

(1) 数字货币资产管理缺乏配套的金融基础设施和投资工具

在传统金融体系中，投资者可以利用银行、信托、基金等多种成熟渠道对资产保值增值，并对股票、债券、大宗商品、贵金属等进行资产组合和资产配置。数字货币

---

① 无套利定价法(Non-arbitrage Pricing)的基本思路为：构建两种投资组合，让其终值相等，则其现值一定相等；否则的话，就可以进行套利，即卖出现值较高的投资组合，买入现值较低的投资组合，并持有到期末，套利者就可赚取无风险收益。这样，就可根据两种组合现值相等的关系求出远期价格。
② 姚华威，陈波涛，周正. 2018数字货币资产管理产业链报告. TokenMania数字资产管理集团，2018-12-04. https://www.useit.com.cn/forum.php?mod=viewthread&tid=22564&from=album.

市场自比特币诞生以来急剧扩张，总市值已达几千亿美元的规模，但目前尚缺少与其相匹配的金融基础设施和投资工具。同时，数字货币资产通常没有实体资产支持或政府担保，没有普遍接纳的估值原则，二级市场上的数字货币价格受供求关系影响，具有波动性大的特征，特别是部分数字货币资产项目由于市值规模较小，市场价格的波动更为剧烈。

(2) 数字货币资产投资者的风险偏好与传统投资者不同

数字货币资产投资者对持有数字货币收息的观念较为淡薄。不同于传统资产投资者对于风险可控之下的资产收益率的重视，由于数字货币价格波动性大，资产投资者群体通常期望收益率非常高，而忽视相对较低的持币利息收益。在传统金融体系中，资金可在银行生息的传统已根深蒂固，而数字货币市场上则不同，比特币发展之初在极客间支付转账，优先支持转账支付功能，数字货币的资产管理机构及配套机构的出现存在滞后性，部分数字货币投资者并没有持币收息的观念。同时，不同于传统资产持有者，在选择理财产品时可以优先考虑资金收益率，由于数字货币行业尚处于新兴发展时期，技术尚未完全成熟，安全性与流通性尤为重要。相比于资金利息收益，数字货币资产投资者在选择资产管理服务(兑换、存储、交易、支付等)时更重视其是否可靠、便捷。

(3) 数字货币资产管理的产业链结构与传统金融行业不同

从传统资产管理产业链的角度来看，揽储生息、靠近资金端的银行等机构处于强势地位，通常作为资管产业链的上游。也正因如此，当余额宝提高活期收益时对银行体系造成了一定冲击。而在数字货币资产管理体系中，由于数字货币资产投资者并不重视持币的利息收益，投资者在选择平台时更重视其是否可靠便捷；同时，数字货币资产管理体系中不存在央行这样的中心化机构，这使得数字货币资产管理产业链上下游资金传导的关系并不明晰，各个功能环节之间更多地表现为平行并存的关系。

(4) 数字货币资产管理行业的优势在产品端而不是资金端

数字货币资产管理机构的优势通常建立在产品端，与传统资产管理行业的优势在资金端的情况不同。

传统资产管理行业的优势在资金端。传统金融资管体系中具有资金端优势的银行等机构，往往先通过与传统业务部门(证券、信贷、信托、保险等)协同提供服务来维持客户转化率，进而通过财富管理业务引导客户资金。而且由于传统金融体系的投资渠道较为成熟，资管机构有股票、债券、外汇、金融衍生品等多种资产可以配置，传统资管机构可以针对主动管理、被动管理、现金类产品、另类投资等收益和风险偏好不同的产品，将资金投资分配于不同的资产中。

数字货币资产管理行业尚处在起步阶段，金融基础设施和投资工具尚不完善，投资的理财产品与所投资的数字货币资产本身趋于一体化，可供投资者选择的理财产品极为有限。而且在数字货币金融体系中,投资者对于储蓄生息的观念比较淡薄,自资金端向后传导资金的特征并不明显,数字货币资管机构难以通过揽储等方式获得资金端优势,而是通过交易所、钱包、托管、资产管理等产品服务直接沉淀资金。因此,数字货币资管机构的优势通常建立在产品端,通过拓展产品功能和保持业绩来增强吸引客户的能力。数字货币资产管理的重点是利用钱包、支付、交易所等数字货币运行流通的基础设施,参考互联网行业流量的商业逻辑,将投资理财、借贷、资产组合等资产管理活动与数字货币金融产品、配套管理服务建立在钱包、支付等基本功能支持的体系之上。

(5) 数字货币资产管理处于初级发育阶段

数字货币市场信息公开程度低,项目技术门槛高,资产价值波动剧烈,许多个人投资者不具备数字资产领域投资的专业能力和风险承受能力。因此,数字货币投资者对专业化、规模化、规范化的资产管理机构及配套机构有很强的需求,这也催生了数字货币资产管理产业链。由于数字货币市场发展时间较短,监管体系尚不完备,投资者依靠短期历史业绩难以判断机构的服务能力,整个数字货币资产管理行业仍处在发育阶段。

2. 数字资产管理产业链的主要环节

数字资产管理产业链根据数字资产的发行生成、支付交易和投资增值过程可以分为矿池和矿机,钱包和支付,场内和场外交易所,资产托管,投资理财以及借贷等环节(见图6-5)。

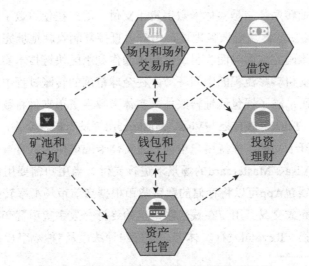

图6-5 数字货币资产管理产业链的构成环节

1) 矿池和矿机

"挖矿"为数字货币体系提供算力支持,是数字货币的发行环节,位于产业链上游。数字货币资产投资者主要通过挖矿和交易两种方式获得数字货币，而后参与支付、托管、资产管理等其他环节。随着比特币全网算力提升到一定程度，"挖矿"难度不断加大，单个设备或少量算力难以在网络上获取到比特币网络提供的区块奖励。在此背景下，矿池(Mining Pool)作为"挖矿"环节的资产管理模式开始出现。通过将少量算力合并联合运作，矿池可以短时间内获得巨大算力，而只要是参与挖矿活动的设备，无论是否有效生成新区块，投资者都可以依据其对矿池的贡献比例获得挖矿奖励。此外，其还有矿机托管和云算力挖矿的资产管理方式。前者是商家把矿机出售给用户后，继续提供托管服务，收取维护费(如比特大陆)；后者是平台将基于矿机算力的虚拟云算力，按一定价格和数量租售出去，投资者按持有算力的比例分享平台的挖矿收益(如Bitbank)。[①]

2) 钱包和支付

数字货币钱包是用于存储、管理、转账数字货币的工具，也是数字货币行业的导流入口之一。同时，部分数字货币钱包除存储与转账功能外，还嵌入了资讯、行情、DApp入口、交易等功能。Circle、KCash、CoinMeet等数字货币钱包打造一站式管理服务体系，支持多种数字货币资产类型，实现支付、兑换等多重功能，钱包可对接交易所API，为用户提供简单便捷的交易所服务。以KCash为代表的钱包设有自建平台，嵌入活币宝、币生币、锁仓宝等活期、定期理财产品，同时平台上的数字资产在内部可以快捷地实现转账、兑换、交易等功能。

市面上主流的数字货币钱包通常通过两种途径来完成支付、转账等价值转移环节：一是钱包地址转账，二是实体卡数字货币支付。用户在使用数字钱包进行数字货币转账时，App会生成区块链钱包地址，用户可直接复制收款地址完成转账，也可在线下场景使用二维码完成面对面收付款。转账操作利用区块链技术实现点对点转账，最大化削减参与支付转账流程的中间环节。在全球范围的转账过程中，多数钱包平台不会收取手续费用。除了钱包地址转账外，实体卡数字货币支付将数字货币和实体世界连通。BABB、TenX等钱包还与Visa、Mastercard等发卡机构合作，在钱包App里提供银行借记卡的开卡功能，支持用户申请开通实体卡或虚拟卡，可直接使用数字货币在全球任何支持Visa、Mastercard的场景下进行支付。当用户需要用银行卡进行线上或线下交易时，钱包App可以将存储的数字货币根据当前市场汇率转换成相应法币，并充值到银行卡完成交易。用户在钱包账户里始终持有数字货币资产，只需消费或交易时进行实时转换。Revolut发行实体卡，支持24种法币及5种数字货币(BTC、LTC、

[①] 具体模式：投资者和Bitbank各出资100万，共同参与矿机联合挖矿项目，投资项目扣除成本后的运营收益，100%优先分红给投资者，收回成本后投资者享受利润分成的45%，Bitbank还对投资者提供兜底担保。

ETH、BCH、XRP)间的兑换，同时为个人和企业用户提供免费的跨境转账和全球消费服务。Abra支持使用银行转账、信用卡/借记卡、比特币、比特币现金或莱特币为账户充值，并支持用户将账户资金随时兑换成28种加密货币或50种法币。

3) 场内和场外交易所

数字货币交易所是进行数字货币间、数字货币与法币间交易撮合的平台，也是数字货币资产交易流通和价格确定的主要场所，位于产业链的上游。根据用户是否对用于交易的数字货币资产拥有绝对的控制权，数字货币交易所可分为中心化交易所和去中心化交易所。市场上以中心化交易所为主，包括法币交易所、币币交易所、期货交易所等。

数字货币交易所在产业链内所处的位置靠前，这为其带来了多种盈利方式。数字货币交易所承担的功能主要包括撮合交易、投资银行和做市商。与之对应，数字货币交易所的主要收入来源包括交易手续费、上币发行费用、做市商等业务。同时，部分交易所还利用交易平台作为流量入口嵌入资产管理服务，理财服务包括活期、定期投资理财产品以及组合投资产品等，同时为C端客户提供杠杆交易、合约交易等功能，为B端客户提供定制化的场外借贷等功能(见表6-1)。

表6-1 数字货币交易所理财业务

交易所	业 务
OKEx	嵌入活期理财产品，支持随时转入或转出，实时到账，按天计息，无最低存币金额限制，支持BTC、USDT、LTC、ETH、ETC等币种；支持指数型产品ETT投资组合，ETT组合动态选取BTC、ETH、LTC、BCH、EOS以及OKB，用户购买时将直接买入一篮子货币
Coinbase	指数型产品 Coinbase bundles，按照市值加权的方法编制指数，支持用户按当前市值大小加权购买 Coinbase 支持的5种加密货币，包括 BTC、BCH、ETH、LTC、ETC
Bibox	嵌入存币宝定期理财产品，每个项目均有对应的锁定周期和利率，期限自30天至180天，支持币种包括 BTC、TTT、BBN等；存币宝不支持提前赎回，系统在锁定期结束后自动解锁并支付利息

此外，部分数字货币交易所发行平台币作为融资手段和交易所社区生态的通证。目前发行的平台币包括币安的BNB、火币的HT、OKEx的OKB、Dew的DEW等。平台代币的功能包括抵扣交易手续费、享受平台分红、上币投票以及作为平台交易的基础货币增大流通性等。

相对于数字货币交易所的场内交易，OTC数字货币交易平台不在场内进行竞价交易，而是通过自主双边询价、双边清算进行实时交易。OTC交易平台作为交易的担保方和撮合方促使交易达成，同时在场外进行大宗交易有利于减少对市场价格的影响。此外，部分OTC交易平台与托管服务嵌套，进行产业间的协同作用。由于托管机构的客户通常持有大额数字货币,因此平台在提供托管服务的同时,可以将其作为OTC平台场外大额交易和资产管理产品的潜在客户(见表6-2)。

表6-2 部分OTC交易平台理财业务

交易所	业务
火币	全球最大的OTC交易平台之一,支持BTC、ETH、EOS、USDT等多个币种交易,为全球超过130个国家的数百万用户提供服务,累积交易金额超过1.2万亿美元
Circle Trade	比特币场外交易的主要渠道之一,单笔最低交易额25万美元,每月处理数字货币交易规模超过20亿美元;组合投资产品Circle Invest利用Circle Trade渠道,根据每个币种的加权市值分散投资到BTC、BCH、ETH等多种加密货币中
B2C2	总部位于伦敦,为美元、英镑、欧元等提供比特币、以太币、莱特币、比特币现金交易对,单笔交易金额支持0.01BTC至数百万美元,自2015年至2018年累计交易金额数百亿美元
Octagon	总部位于中国香港,在全球范围提供当日结算,支持24小时交易,最低交易金额100美元,没有最大交易金额限制;Octagon的所有交易通过私人聊天小组进行,提供即时报价
XBTO	总部位于纽约,在伦敦、巴黎、百慕大等地设有分支机构,首批场外交易做市商之一,开发专有系统以减少滑点并促进交易执行

4) 资产托管

数字货币资产托管增强了数字资产的安全性,是实现数字资产管理的基础设施。传统金融体系的托管主要是通过银行等中心化组织,利用系统安全设计和政府信用背书确保托管资金安全,不被盗取或挪用;数字货币资产通常没有中心化组织提供足够的信用背书保证托管资产安全,一旦密钥被窃取,数字货币资产无法利用中心化系统撤销或冻结交易来避免损失,这使得数字货币资产的安全性问题尤为突出。

数字货币资产的托管路径主要有三种。

① 交易所钱包托管,部分交易者为了日常交易方便,将资金直接托管在交易所上。虽然交易所通常也会通过分布式服务器集群、冷钱包[①]等措施保证交易安全,但由于黑客攻击、工作人员内部窃取等原因,交易所失窃的事件仍时有发生,给投资者带来了巨大的损失。

② 自持钱包保管,数字货币资产的持有人可以通过自持并备份私钥的方式保管自己的数字货币资产,但同时他们承担了遭遇黑客攻击盗取账户的风险;另一种更为安

---

① 根据是否需要联网,数字货币钱包可以分为冷钱包和热钱包两类:冷钱包不需要联网(如KeepKey、Trezor、库神等),避免了被黑客盗取私钥的风险,但可能面临硬盘损坏等物理安全风险。热钱包是互联网能够访问私钥的钱包(如Circle、imToken等),通常是在线钱包的形式,使用方便,但有被攻击的风险。

全的方式是使用冷存储钱包或托管机构的多功能自主托管钱包。相比托管于交易所，自持冷钱包保管避免了中心化交易所监守自盗的风险，同时个体自持保管通常不会吸引恶意攻击者的注意。

③ 第三方机构托管，对于基金等机构客户而言，自持冷钱包难以防止雇员或雇员团伙合谋窃取资产的内部行为。第三方托管机构结合冷存储和多签名授权等方式确保资产安全，存储设备通常在严密保护的设施中保持离线状态，支持将请求、取消、批准提款的功能分别授权给不同角色，适合机构客户使用(见表6-3)。

表6-3 部分托管平台业务

交易所	业 务
Coinbase Custody	使用SEC注册的经纪自营商和FINRA成员电子交易清算(ETC)的系统，为对冲基金等机构客户提供冷钱包隔离存储、保险和审计报表清算等服务，托管最低标准100万美元，托管费0.5%/年
Gemini	所有隔离的数字资产在Gemini专有的冷存储系统中进行保管和离线保护，冷存储系统提供两层离线存储，利用多重签名技术来提供安全抵御攻击，消除单点故障；Gemini没有最低托管金额，托管费为0.4%/年
BitGo	实施多方批准、支出限制和白名单的控制策略，用户可自定义角色和控件，以与组织结构保持一致；定期接受美国监管部门严格审查，了解客户(KYC)和反洗钱审核，以及财务审计和月度披露信息等，确保BitGo业务、财务的透明性和公开性
InVault	利用多私钥多重签名、账户权限限制、冷存储等方式保障资产安全，支持自主托管(去中心化企业钱包)和第三方托管(协同托管与专户托管)，并为一二级市场基金、FOF基金、质押物、OTC交易等金融场景定制化提供资产托管服务

此外，部分托管机构在提供托管服务的同时，在平台上集成其他服务。除提供托管服务外，itBit为用户提供托管、数字货币交易所和OTC交易平台的服务；Altairian为用户提供托管、OTC交易平台和资产管理的服务，其中资产管理产品包括主动管理基金和被动指数基金。

5) 投资理财

数字货币投资理财产品为持币者提供理财服务，提高持币资金收益，降低个人投资者投资风险。由于数字货币资产具有信息透明度低，技术门槛高，价值波动剧烈的特点，许多个人投资者不具备数字货币资产领域投资的专业能力和风险承受能力，因此数字货币投资者对专业化机构的理财产品有很强的需求。

数字货币资管机构的理财产品主要包括三种模式。

① 活期储蓄产品按日付息，投资者可以随时提取余额，当日或次日到账。该类产品的资产端主要包括抵押借贷服务、为平台提供保证金以及量化套利。提供抵押借贷

服务的机构如Compound，利率通过协议内置的利率模型，根据当期市场整体供需情况自动计算；作为交易平台保证金提供商的机构(如Bsave)，充当 Bitfinex平台的保证金提供商，理财产品利率取决于同期保证金贷款利率；而Unibank除提供抵押借贷服务外，同时进行量化套利，包括期现套利、跨期套利，以及利用数字货币市场流动性分布不均、不同平台存在暂时定价偏差进行套利。

② 定期储蓄产品期限通常为 3个月至 3年，投资者在产品到期时可提取本金及收益。该类产品的资产端包括各平台作为中介匹配的第三方借贷项目等(如Bitbank)。

③ 主动管理型产品则期限不等，投资者盈亏自负，类似于传统金融机构的私募基金。主动管理型产品的投资策略主要有两种：一种投资策略类似于指数基金，对多种数字货币按特定比例进行组合，投资者在购买产品时相当于买入一篮子数字货币并获得对应的资产回报(如Coinbase Bundle、Galaxy指数基金)；另一种是利用趋势策略量化投资等方式进行主动投资(如Blackmoon)。

6) 借贷

数字资产借贷业务为数字资产投资者提供了新的解决资金周转问题的方式。闲置资产持有者可以借出部分资产进行理财增币，而愿意长期持币的价值投资者则可以在资产所有权不发生转移的情形下，通过抵押借贷获得可流动资产，用于投资交易或日常使用。数字资产借贷全程都在线上完成，无线下商议、验资、签约等烦琐手续，降低各个环节的操作成本，提高了运转效率。以币借币的数字资产借贷平台解决传统借贷门槛高、借贷周期长、手续烦琐等痛点，用户可通过借贷平台(如Compound、Unibank、Bitbank等)出借资产，借贷期满后获取稳定的年化收益。主要的借贷方式包括抵押借贷、P2P借贷、通证债券等(见表6-4)。

数字资产价格波动较大，为规避风险，抵押借贷平台会对抵押资产进行评估，并基于市场价格制订相应的质押率方案。针对货币价格下行与用户违约等风险，借贷平台通常会制定风控平仓线。例如，在Compound平台开立借款头寸时，必须向Compound提供至少为借款头寸150%的抵押物，如提供150美元的REP，则支持在Compound上借入价值100美元的任何资产；如因抵押物价值下降或借款头寸价值增加，抵押物价值低于借款头寸的150%，账户将被部分清算。

表6-4 部分借贷平台业务

交易所	业务
UniBank	提供币币抵押借贷服务，有闲置数字资产的用户可通过出借资产获得年化8%的固定收益；有借贷需求的用户可抵押平台支持的30余种小币种，借得相应金额的主流币种 BTC、ETH、USDT，并支付相应的利息
Bitbank	提供P2P借贷服务，筛选信用良好个人及企业合作，推出P2P理财项目，P2P理财项目由第三方作为监督方联合监督；项目生效由监督方代用户签订协议，借币方承担所有违约的法律责任

(续表)

交易所	业务
Bibox	发行通证债券Bibox bond，Bibox bond是基于Bibox平台通证发行的债券合约，通过去中心化的金融合约生态系统Vocean发行，发行价值挂钩稳定币GUSD，为投资者提供固定收益；Bibox通过筛选发行人和抵押管理流程保证债券兑付安全

6.2.2 主流的数字货币资管机构

1. Coinbase

Coinbase成立于2012年6月，总部位于美国旧金山，由Airbnb前工程师Brian Armstrong和高盛前交易员Fred Ehrsam创办。Coinbase严格遵守监管政策和法律，将自身定位为加密资产交易所中的安全避风港。Coinbase主要经营业务包括数字货币交易所、钱包和数字货币托管业务等。

1) 交易所业务

交易所业务方面，Coinbase允许用户交易和存储数字货币，支持比特币、以太币等的交易。Coinbase Pro提供个人投资者专业交易服务；Coinbase Prime则为机构投资者提供交易工具和服务，包括融资融券，场外大宗交易等功能将在未来推出。Coinbase美元账户中的资金由美国联邦储备保险公司(FDIC)保险覆盖，保障金额25万美元。根据其官网数据，Coinbase已经在33个国家开展业务，拥有超过2500万用户，交易金额超过1500亿美元。出于合规性考虑，Coinbase交易所现阶段支持的数字货币交易币种较少，同时没有发行平台币；只支持BTC、BCH、ETH、LTC、ETC5个主流币种以及新增的USDC、ZRX等稳定币，交易量主要来自法币交易。Coinbase支持新币发起上市申请，并暂不征收上币费用。平台的产品布局可能会在短期内影响其交易规模和利润，但Coinbase坚持合规优先，避开任何存在潜在合规风险的产品。

2) 钱包和支付业务

Coinbase钱包原名Toshi，是一个以太坊钱包，允许用户访问在以太坊区块链上开发的各种去中心化应用。2018年7月，Toshi更名为Coinbase钱包，推出支持BTC、BCH和LTC的功能。2018年4月，Coinbase宣布推出商业应用程序接口(Coinbase Commerce API)，帮助商家将数字货币付款整合入电子商务平台。Coinbase Commerce允许商户直接从用户钱包中接收多种加密货币，使用Coinbase API动态生成服务，商家无须构建和维护区块链基础平台。电商Shopify已整合Coinbase Commerce服务嵌入商家平台，允许商家接受数字货币付款，支持网上付款。2018年7月，Coinbase与数字礼品卡提供商WeGift合作推出了数字礼品卡服务，满足加密货币用户日常购物的需求。Coinbase用户从Coinbase钱包中使用数字货币购买电子礼品卡，可在Tesco、Uber、亚马逊等120多家零售商使用。目前，该礼品卡已面向英、法、澳等多个市场开放。

3) 托管业务

Coinbase Custody与美国证券交易委员会(SEC)注册的经纪自营商合作，为机构投资者的数字资产提供财务控制和存储解决方案。托管服务的最低标准为100万美元，托管费为0.5%/年，为对冲基金等机构客户提供冷钱包隔离存储、保险和审计报表清算等服务。2018年10月，纽约州金融服务管理局(NYDFS)授权Coinbase Custody作为独立的合格托管人运营，同时批准Coinbase Custody为6种主流加密货币提供托管服务。根据其官网数据，目前Coinbase为客户存储超过200亿美元的数字货币资产。

4) 其他

除交易所等核心业务外，Coinbase通过投资并购拥有了支付、储蓄、金融衍生品交易、另类资产交易和投资顾问等一系列业务经营许可。2018年9月，Coinbase推出类似指数基金产品的Coinbase bundles，支持用户按当前市值大小加权购买其平台支持的5种加密货币。2018年10月，Coinbase宣布支持用户转账交易稳定币USDC，USDC的基础技术由Coinbase和Circle共同开发。

2018年10月，Coinbase宣布获得了3亿美元的E轮融资，估值约80亿美元，投资机构包括老虎基金、威灵顿管理公司等。募集资金将主要用于扩展全球市场、支持新币上线、拓展支付功能和钱包功能以及吸引更多的机构投资者。

2. Revolut

Revolut创立于2015年7月，是一个多币种电子支付平台，为个人和企业用户提供免费的跨境转账和全球消费服务，支持多达150种货币(包括5种主流的数字货币)收付款和转账，同时也发行自己的实体卡，以协助境外游客线下消费。2018年4月，Revolut在C轮融资中获得了的2.5亿美元资金，估值17亿美元。

1) 钱包和支付业务

Revolut的个人服务主要面向个人用户提供国际转账、多国法币账户及货币兑换服务，用户可以根据自己的需求选择不同的服务套餐；可以通过Mastercard、Visa、Maestro的借记卡或信用卡，及ApplePay、GooglePay向Revolut的账户充值包括英镑、美元、港元等在内的13种法币。在充值或提取过程中，Revolut不会收取任何费用，但需要支付第三方银行手续费。企业服务则通过API接口，将Revolut业务账户无缝集成到企业的工作流程中。支持向客户或员工发送自动化跨境业务付款，并可以根据企业的业务需求监控交易，可以使不同企业通过Revolut直接相互连接，进行无缝的法币交割，节省跨国企业间的法币兑换成本。2017年，Revolut每月交易额从2亿美元增加至15亿美元，营业收入1280万英镑。截至2018年10月，Revolut累积总交易额已达270亿美元，个人用户数量已接近300万，日均增长8000人。

2) 数字货币兑换业务

2017年12月,Revolut推出了数字货币兑换功能。目前支持24种法币及5种数字货币(BTC、LTC、ETH、BCH、XRP)间的兑换,针对银卡(Premium)及黑卡(Metal)客户提供该项服务,成功邀请三位用户注册Revolut的普通用户也可激活数字货币的功能。用户可以通过Revolut进行法币和数字货币的兑换,通过Revolut购买的数字货币仅限内部流转,可以发送给其他拥有Revolut账户的用户,暂时无法转移至外部钱包。由于Revolut没有获得数字货币交易所的牌照以及购买数字货币需要承担的风险敞口,现阶段通过Revolut购买数字货币资产仍需付出一定的手续费。Revolut的解决方案是按照合作交易所的实时成交量加权平均价格,对交易双方加收1.5%的手续费。

3) 其他

Revolut的主要收入来源主要有以下几个方面:付费账户;超额兑换与提现的手续费收入;沉淀资金池带来的潜在收益;合作方的佣金提成(例如与银行卡机构、借贷机构、保险机构、交易所合作,提供资金接口)。Revolut通过与第三方合作形成强大的金融服务生态,为用户提供便捷的资金管理需求。通过接入Revolut的API接口,Lending Works成为Revolut用户的P2P贷款提供商。

Revolut所提供的整个服务仍然搭建在现有银行体系之上,充提过程需要支付第三方银行手续费;同时由于监管层面的因素,Revolut无法让用户真正掌控自己的数字货币资产,Revolut账户的数字货币暂时无法转移至外部钱包。

3. Circle

Circle成立于2013年,是一家提供数字货币储存及货币兑换服务的公司,总部位于美国波士顿。Circle最初作为数字货币钱包,支持法币和比特币的转账、接收、兑换等服务。目前,Circle旗下产品包括面向个人用户的支付和货币兑换服务Circle Pay,面向机构客户提供大额OTC交易服务的Circle Trade,以及面向个人投资者提供加密资产投资服务的Circle Invest,并于2018年2月收购了数字货币交易平台Poloniex。2018年5月,比特大陆以30亿美元的估值领投对Circle的1.1亿美元E轮融资,IDG资本等跟投。

1) 钱包和支付业务

Circle Pay对个人用户提供基于区块链技术的全球即时支付工具。Circle Pay的美元存款账户由FDIC保险,最高保额达25万美元。目前,Circle Pay在29个国家/地区支持美元、英镑和欧元的支付和兑换,但尚未开启在中国的业务。Circle Pay支持个人用户免费使用,不收取汇率加价或手续费用;同时Circle Pay提供支付社交功能,在移动端Circle Pay用户可以向好友分享图片、表情等。2015年,Circle成为全球第一家获得纽约州金融服务管理局(NYDFS)颁发数字货币许可证(Bit License)的公司。2016年4月,

Circle获得英国金融监管局颁发的首张电子货币发行牌照(E-Money Issuer License)。目前，Circle Pay仅支持VISA、万事达发行的银行卡，支持Circle账户的银行包括花旗银行、美国银行、大通银行、富国银行、USBank、USAA、嘉信银行、富达银行等。

2) OTC业务

Circle Trade为机构客户提供服务，是目前数字资产领域全球最大的OTC平台之一，提供数字货币流动性服务。Circle Trade是Circle的主要盈利产品，也是比特币场外交易市场的主要渠道之一。Circle Trade每月处理的数字货币交易规模超过20亿美元，单笔最低交易额25万美元。

3) 投资组合业务

Circle Invest通过与场外交易平台Circle Trade协作，支持包括BTC、BCH、ETH、LTC、ETC5个主流加密货币的交易，并为客户提供有竞争力的交易价格；Circle Invest对客户在其投资账户中进行的每次买卖进行平均1%的加价，不收取其他固定费用。Circle Invest的"Buy the Market"功能支持用户进行投资组合，用户确定投资金额后，Circle Invest将根据每个币种的加权市值利用Circle Trade渠道进行场外交易，自动将这笔投资分散到多种加密货币中。

4) 交易所业务

Poloniex成立于2014年，是全球知名的数字货币交易所，日交易金额超过1亿美元。2018年2月，Circle完成对Poloniex的收购。Circle保持Poloniex的现有服务，使Poloniex用户能够进行正常交易；同时Poloniex将与Circle Trade、Circle Pay等服务对接，兼容美元、欧元、英镑等法币，成为进行多种资产交易和服务提供的开放多边市场；Circle还将扩大交易币种，实现数字货币与法币的自由兑换。

2018年5月，Circle和Coinbase合作，推出与美元挂钩的稳定币USDC。Circle将USDC定位为Circle业务拓展的关键，作为支付应用、场外交易业务和其兑换服务的一部分。USDC遵从美国法律体系，强调交易合规性，并受各项规定的制约。目前USDC供给充足，价格相对稳定，兑USDC的美元溢价长期保持在1%以上，受其他数字货币价格波动影响小；但支持USDC的交易所较少，日均交易量和链上活跃程度较低。

通过对外收购和业务拓展，Circle打通了产业链的钱包和支付、交易所、投资等环节，有利于在集团内部实现用户和流量的分享，并进行产业的协同作用；同时集团内部的牌照共享也有利于应对监管合规要求。

4. Compound

Compound是一个基于以太坊的加密货币交易平台，个人和机构都可以利用Compound平台借贷加密资产，系统根据不断变化的加密货币市场行情自动调整利率。Compound首轮募资820万美元，由贝恩资本领投，Coinbase为跟投方。

1) T+0 理财业务

Compound提供T+0理财业务，用户只需输入供应的资产数量并提交，资产将直接从以太坊账户转入平台，立即按照现行利率计息，所得计入账户余额；平台支持用户24小时随时提取资产，只需约15秒的延迟即可到账；Supplier合约负责追踪用户存入的资产、计算利息、资金提现等功能。设定利率时，Compound追踪特定加密资产的实时供需情况，设定随市场条件变化而调整的波动利率；当借贷需求增加时，储蓄利息随之增加。

2) 借贷业务

与 P2P 借贷平台不同，Compound汇集用户存入的资产，使用资金池给资金需求方提供借贷，允许用户随时提现。在平台开立借款头寸时，必须向平台提供至少为借款头寸150%的资产，平台实时计算抵押物价值；如提供150美元的REP，则支持在平台上借入价值100美元的任何资产。当用户抵押物价值满足条件时，平台允许无限期借贷，无须考虑滚动融资。如因抵押物价值下降或借款头寸价值增加，导致抵押物价值低于借款头寸的150%时，平台会调用函数，以略低于市场价的价格出售借款人的部分抵押资产。

此外，Compound平台的利率并非由借出方决定，而是通过协议内置的利率模型，根据当期市场整体供需情况自动计算。市场最佳利率由算法自动发现，使得Compound的借贷效率高于P2P借贷平台，具体的利率算法可以由管理员修改。Interest Rate Storage是与利率模型相关的合约，该智能合约嵌入每个交易中，便于系统计算利率。目前，Compound只支持以太坊ERC-20标准的代币，同时平台系统的自动运行要依赖于一系列智能合约，对安全性提出较高的要求。

6.3 数字货币衍生品市场

6.3.1 数字货币衍生品市场发展情况[①]

数字货币衍生品，是一种数字资产合约，其价值取决于一种或多种数字货币基础资产或指数，合约的基本种类包括期货、掉期和期权，以及具有基础类合约一种或多

---

① 塔链智库. 2018全球数字资产衍生品研究报告, 2018-07-12. https://wxappres.feeyan.com/block/2018/07/z19lJOcQDMPKwRbXS8AINBdUT4pjoqun.pdf.

种特征的混合合约。数字货币衍生品可以是标准化的金融产品,也可以是非标准化的金融产品。标准化合约是指其标的物(基础资产)的交易价格、交易时间、资产特征、交易方式等都是事先标准化的,因此这类合约大多在交易所上市交易,比如期货;非标准化合约是指合约的标的物(基础资产)、交易价格、交易时间、资产特征、交易方式等都是交易双方自行约定的,具有较大的灵活性,比如远期。数字货币资产衍生品是与数字货币资产相关的金融衍生品,其特征仍是保证金交易,具有一定的资金杠杆,当然也更具风险性。现有的数字货币市场以现货为主,数字货币衍生品市场现在还基本上处于起步初期,未来存在巨大的空间,伴随着2017、2018年以比特币为代币的数字资产价格不断下跌(同时伴随着暴涨和暴跌),漫漫熊市为数字货币衍生品市场的发展提供了新的机会。

2018年5月21日,美国商品期货交易委员会(CFTC)市场监督部门(DMO)和结算与风险部门(DCR)为已经注册的交易所和清算所推出了一份数字货币衍生产品交易指南。2017年12月,美国商品期货交易委员会(CFTC)批准了芝加哥商品交易所(CME)、芝加哥期权交易所(CBOE)先后上市比特币期货。此举对整个数字货币资产管理行业来说是一个里程碑,因为期货合约允许投资者对冲头寸,降低与加密货币相关的金融风险。或者说,进一步通过比特币和竞争币期货交易,市场投机者可以从加密资产价格的突然变化中获利。

目前,芝加哥商品交易所(CME)提供比特币期货合约(代号BTC),而芝加哥期权交易所(CBOE)的比特币期货合约(代号XBT)则于2018年3月停止增加新合约。与此同时,2018年12月,纳斯达克表示考虑在2019年推出比特币期货。随着加密货币有望获得更多的主流机构采用,传统的参与者可能很快就会交易数字货币衍生品。2018年6月20日,美国芝加哥期权交易所(CBOE)提交申请发行基于比特币的ETF,这个ETF将上市并交易Vaneck Solidx比特币信托公司的BTC股份。

在美国之外,数字货币衍生品市场也在蠢蠢欲动,例如位于瑞典斯德哥尔摩的纳斯达克北欧交易所(Nasdaq Nordic)。2015年10月,XBT Provider公司提供的两种交易所交易票据(ETN)就获得瑞典金融管理局(FSA)的批准。两种ETH分别是2015年10月推出的"比特币追踪者1号"(Bitcoin Tracker 1,代码COINXBT)和2016年推出的"比特币欧元追踪者"(Bitcoin Tracker EUR)。

市场不断涌现出新的数字货币衍生品交易平台。2017年7月,位于纽约的LedgerX获得美国商品期货交易委员会(CFTC)授权成为数字货币衍生品清算机构(DCO),进行比特币等数字货币衍生品的交易与清算。这是CFTC第一次授权私人企业作为交易清算平台,提供以加密货币为基础资产的多种衍生品服务,其中也包括备受关注的期权产品。LedgerX在获得美国商品期货交易委员会(CFTC)批准后不久,于2017年10月开始交易受监管的掉期和期权合约。另一家机构数字货币平台Bakkt曾多次推迟推出比特币期货交易，但最终决定在2019年7月对该产品进行测试。

总部位于马耳他的OKEx专注于比特币及主流币衍生品交易，提供期货和永久掉期交易，这是一种没有到期日、杠杆率为100倍的合约，并通过一个优化的、可伸缩的引擎交易这些合约。OKEx支持一系列流行的加密资产，如比特币、以太坊和EOS，同时还新推出了稳定币USDK。PLOUTOZ是专注于竞争币和各大平台币衍生品交易的新秀，是首家推出用竞争币作保证金的竞争币合约产品。总部位于中国香港的Hopex(汇贝)，是新兴的数字货币衍生品交易平台龙头，通过不断创新性推出比特币、以太坊等数字货币衍生品永续合约，Hopex迎合了数字货币衍生品交易投资者的需求。专业的交易平台能够清晰界定"角色"站位，不圈钱，只提供专业的产品和服务。以Bex500交易平台为例，该平台既不发币，也不支持用法币去买数字货币，创始团队均来自知名投行和专业私募基金。该团队自2016年即开始尝试将传统金融的专业衍生品和风控体系带到数字货币衍生品市场。

6.3.2 数字货币衍生品

1. 主流交易所数字货币衍生品

各大数字货币交易所都在积极参与数字货币衍生品交易，数字货币衍生品市场主要分为两大类：一类是比特币及主流币衍生品交易，另一类是竞争币衍生品交易。市场首先出现的就是针对比特币的衍生品。比特币衍生品主要有三种类型：比特币合约交易、交易所交易基金(ETF)、交易所交易票据(ETN)。

1) 比特币合约交易

类似于期货，其承诺在未来某个时间交割一定数量标的，投资者无须支付全额费用，通过交易平台选择买卖方向和杠杆比例，就可以买到一份相当于保证金数额几十倍的合约。

以芝加哥商品交易所的比特币标准化季度合约为例，该合约为盯住比特币价格指数的标准化合约，包括：

- 标的 BNC全球价格指数(美元)[①]；
- 最小价格波动值 0.01美元；
- 最小合约价值0.01BTC；

---

① Brave New Coin(BNC)是一家总部位于新西兰皇后镇的数据和研究公司，该公司与总部位于墨尔本的Smartbit公司共同开发了首个基于"可自证"的金融市场指数，并且第一个产品是BNC比特币流动指数(BNC Bitcoin Liquid Index，BNC-BLX)，通过一个被称为"市场链(Market-Chaining)"的过程来进行，可以将市场指数、报价和交易数据被安全地放置在区块链上，提供不可篡改的证明。

- 合约期和交割合约期为一个季度，固定交割时间在3月、6月、9月、12月的1日10:00—10:05；
- 保证金比例20%(5倍杠杆)；
- 实时结算，盈利随时提现，无系统分摊；
- 手续费20%，保证金手续费0.03%；
- 交割价格为BNC最近12个加权均价的平均值。

CME比特币期货每一个合约包含5个比特币，当投资者持有比特币合约直到合约到期也没有交易，那么这个合约中的5个比特币并不会被交割。伦敦时间每天下午4点之前，CME会结合各大比特币平台的数据，计算出一个比特币参考利率(BRR)，如果上述合约在到期时，其日内BRR高于该投资者买入当天的BRR，那么投资者将能够收到差价，反之亦然。也就是说，投资者最终交割的不是比特币，而是现金差价。

CME和CBOT两大交易所的比特币期货产品有一定的差别，具体如下。

- XBT的单位为1个比特币，BTC为5个比特币。
- XBT的最小价格变动为10美元/比特币，BTC的最小价格变动为5美元/比特币。
- XBT交易时间为北京时间周一7:00到周六6:00，BCT交易时间为北京时间周一7:00到周六凌晨4:15。
- 仓位限制均为5000份。
- 均有价格熔断机制，其中：XBT价格上下浮动若超过前一天收盘价的10%，则交易暂停2分钟，若超过20%，则交易暂停5分钟；BTC价格上下浮动超过前一天收盘价的7%或者13%，触发熔断机制，具体暂停时间尚未透露，若超过20%，则交易停止。
- XBT要求44%初始保证金，即2倍左右杠杆；BTC要求35%初始保证金，即3倍左右杠杆，两家交易所均表示可根据实际情况调整保证金额度。
- 合约种类，XBT目前仅有3个最近月的月合约，4个最近4周的周合约和3个最近季度的季度合约正在筹划中；BTC只有4个月份合约，分别为本季度最近两个月的合约和下一季度最近两个月的合约。

2) 交易所交易基金(ETF)①

比特币ETF与传统ETF有一些区别。传统ETF通常模拟一个分散的投资组合或资产

---

① 交易所交易基金(Exchange Traded Funds，ETF)也被称为交易型开放式指数基金，是一种在交易所上市交易的、基金份额可变的一种开放式基金。ETF类似开放型基金，上市交易且基金份额可变。ETF在交易方式上结合了封闭式基金和开放式基金的交易特点，既可以在交易所买卖交易，也可以申购、赎回。买进(申购)基金份额有两种方式，一是现金，二是用一篮子股票。但在卖出或赎回时，投资者得到的是一篮子股票而非现金。ETF最大的作用在于投资者可以借助这个金融产品具备的指数期货、商品期货的特性套利操作，有助于提高股市的成交量。

指数，普通投资者可能难以低成本地构建和维护这样的组合；而比特币ETF仅跟踪比特币这一单一的数字货币资产，事实上投资者自己也可以买入比特币，甚至可以买入1个比特币的1亿分之一，也没有资金成本的压力，因此，比特币ETF更多地只是提供了在交易所交易的标准份额。基于数字货币的ETF具有以下优势：吸引机构投资者入场，带来更大的资金流，提高数字货币的流动性；将数字货币纳入金融监管体系，推动数字货币资产的普及；在一定程度上可以控制数字货币资产价格波动带来的风险。

3) 交易所交易票据(ETN)[①]

ETN是发行人信贷支持的债务证券，由发行人跟踪比特币资产价格的表现，使投资者能够接触到比特币投资，但投资者本身不拥有比特币。投资者可以在数字货币衍生品交易平台买卖ETN，也可以做空ETN。与ETF相比，ETN的好处在于没有跟踪误差(Tracking Error)，能够准确反映比特币跟踪指数的涨跌。另一个好处是税收方面的优势，ETN只有在期满才一次性偿付，所以一般不需支付分红所得。

2. 创新型的数字货币衍生品

目前市场上新兴数字货币衍生品交易平台推出的数字货币衍生产品还有很多，比较新颖的衍生产品有以下几种。

(1) 永续合约

该产品没有交割日期，介于传统的现货和期货合约之间，交易者可以买入做多，也可以卖出做空，能很好地规避合约到期后掉期的风险。永续合约根据币种市值以及波动差异设置固定杠杆，倍数递减，风险可控性高。

(2) 翻倍合约

BEX500交易平台推出的采用约200倍以上的不固定杠杆的期货合约，用户只需付出有限的资金即可购买合约，平台根据合约标的资产实时市场价格对获利和亏损进行控制。例如，用户付出20美元，可购买1个比特币，平台在获利20美元或亏损20美元时砍仓。因此，快速交易和及时止盈止损是翻倍合约的特色。通过自己对数字货币涨跌的专业判断，享受几秒之间的财富变化，使翻倍合约被业内称为"最好玩的交易合约"。

---

① 交易所交易票据(Exchange Traded Note，ETN)是一种无担保的债券，由发行机构承诺在债券期满按一定金额向持有人偿付，偿付金额与特定的资产类别或指数表现挂钩，不保本。其最早由巴克莱银行(Barclays Bank PLC)于2006年发行。这种债券之所以不同于其他形式的债券，主要因其报酬，ETN的报酬是基于特定市场指数的报酬，减去必要费用，并不支付固定利息，且不保障本金。因此，ETN可以理解为债券与ETF部分特征的结合，是一种结构化产品，但这两者本质上是不同的，ETF基金对应的是资产，持有人在清盘时将可以按照资产净值得到偿付。而ETN债券对应的只是一份发行商无担保的承诺，其偿付安全性完全取决于发行商的信用。ETN在交易所交易，利息通常只有在卖出时才会支付。ETN与债券一样有到期日，通常为30年。

(3) 比特窝轮①

比特窝轮和传统金融体系中的"窝轮""牛熊证"以及"期权"一样,付出一小笔期权金,就可以约定在未来行权日以指定价格买入或者卖出BTC。但是,比特窝轮是极其容易亏损的,特别是卖出窝轮,风险无限。因此,BEX500交易平台的比特窝轮产品只对专业投资者开放。

(4) 交易所交易工具(Exchange Traded Instrument,ETI)

类似于ETF,DTI是由资产提供的证券,但是ETI不一定必须由基础资产提供担保。ETI不常见,且主要用于存储另类投资,例如期货或期权。2016年7月,直布罗陀证券交易所(Gibraltra Stock Exchange)上市了一种比特币ETI(代码BTCETI)。

---

① 窝轮(Warrants)是指备兑认股证和股票认股证,是衍生认股证的其中一种,也是期权的一种。备兑认股证分为认购证和认沽证。认购证(Call Warrants):赋予持有人一个权利但非责任,以行使价在特定期限内购买一定数量的相关资产。如果备兑证的投资者看好相关资产的后市走向,则会购入其相关资产的认购证。认沽证(Put Warrants):赋予持有人一个权利但非责任,以行使价在特定期限内出售一定数量的相关资产。如果备兑证的投资者看空相关资产的后市走向,则会购入其相关资产的认沽证。

第 7 章
数字货币的法律监管

7.1 数字货币的风险与监管

7.1.1 数字货币的风险问题

比特币、火币等数字货币的出现,给传统的货币金融体系带来了巨大的挑战,虽然总体上数字货币的市场规模仍较小,涉及的市场参与者范围也较有限,但是随着区块链技术的发展和市场的逐步渗透,社会影响也在逐步增加,对各国监管部门来说,都是一个新的挑战。

数字货币的风险与监管主要集中在两个问题上:数字货币的交易与发行(ICO),前者涉及的主要是交易所和交易标的合法合规问题,可以通过发放牌照和审核标的物等方式进行监管,后者则是数字货币的主要金融创新方向,随着ICO模式的不断变形和演进,对监管部门的监管要求也就越来越大。

1. 数字货币交易的风险

数字货币是信用货币进化的阶段性产物,由于法定货币信用源于中央银行体系和国家法律体系的强制力,而数字货币没有这一背书,这就意味着数字货币并没有内在价值。由此，数字货币的生产成本较低，虽然可以限制数量，但是其供给具有极大弹性，致使币值不稳定，侵犯数字货币持有人的权益。

以比特币为代表的数字货币之所以引起各国政府关注甚至强力干预，源于其潜在的巨大影响。

首先，数字货币改变了传统金融基础设施。传统货币体系运行的维持需要耗费大量经济成本，而数字货币的交易成本极低，特别是小金额、大范围与长距离交易。数字货币的交易将会侵蚀传统货币和与支付相关的生态圈，通过改变电子商务货币环境而对实体经济产生影响。

其次，对货币供给和需求的潜在影响。就数字货币的市值而言，目前其不足以完全替代任何一个主权国家货币流通。但是，如果比特币需求和规模不断扩大，其自身独有的运营会对国家货币流通产生影响，甚至可能撼动法定货币的地位。从货币需求视角看，数字货币的竞争会导致法定货币作为交易媒介的作用受到一定的限制。至少，数字货币使用范围扩大，必然会促使货币流通的测量不再准确，从而模糊货币政策的立场，加大货币政策制定难度。

最后，数字货币的交易模式，容易逃避监管，匿名性与去中心化已经使其在很多非法网站上成为犯罪资金的主要载体。就金融监管而言，几乎所有国家都非常依赖银行系统查验交易资金进出情况，然而数字货币交易系统却可以巧妙避开这种监管。

数字货币交易中存在以下几个问题。

① 数字货币特性带来新型金融犯罪。基于区块链去中心化、可追溯性与验证性、可编程、匿名性与安全可信性等技术特性，数字货币具有易用性、即时性、可靠性与不可逆性，这些特性为洗钱、恐怖活动、毒品交易等犯罪提供了便利。

② 数字货币交易平台存在运营问题。由于数字货币交易平台本身的管理漏洞及资金实力，如果发行机构运营困难或挪用备付金进行投资失败而出现流动性危机，交易平台一旦无法满足数字货币持有人的兑换法定货币的要求，将引发挤兑危机，数字货币资产的持有人将遭受损失。

③ 数字货币交易平台存在技术问题。黑客可以利用平台漏洞对数字货币交易平台进行攻击，造成数字货币持有者的财产损失。这些风险一方面源于提供存储数字货币的供应商有技术缺陷，另一方面源于数字货币交易平台仍采取中心化交易模式。数字货币交易、使用和结算记录由相关发行机构和交易平台保存，机构和平台有天然的信息优势，数字货币持有人在取证和举证方面处于信息劣势地位，相关立法处于空白状态，交易行为往往不受法律保护。

总体而言，数字货币交易过程的风险主要体现在以下几个方面。

① 信用风险，数字货币交易平台即使按现行金融法律法规颁发了牌照，也存在缺

乏刚性兑付能力的问题。

② 市场与操作风险，数字货币价格波动较大，投资者面临较大的市场风险；同时，数字货币交易平台还存在着虚假宣传、操纵价格等情况，从技术上来说数字货币交易平台或数字货币钱包在安全性方面一般达不到金融机构的安全级别，因此有受到黑客攻击导致交易系统瘫痪、客户资金被盗等风险。

③ 法律与监管合规风险，数字货币交易存在较多法律盲区，在监管合规方面也存在较大的不确定性。此外，不同国家对数字货币的监管严厉程度不同，且缺乏明确的市场交易规则和惯例。

2. ICO融资的优势、存在的问题和风险

1) ICO融资的优势

IPO一般只能在一个国家或地区的特定交易所内进行，并且只能募集该国的货币。而ICO可以在全球范围内进行公开募集，募资的是虚拟数字货币——代币，依托区块链技术，而且融资的过程花费时间非常短，付出的成本也很低。

ICO融资优势包括以下4点。

(1) 成本优势

ICO的流程主要分为以下4步：筹备(组建团队、撰写白皮书)、推广(自建社区或借助第三方众筹网站进行推广)、募资众筹①(发行代币)、上市交易。总体上，一般费用在几十万到几百万人民币，时间在半年到一年。相比之下，IPO流程则更加严谨和规范，首先需要三年的财务报表(准备期)，其次确定辅导券商，由券商牵头，根据IPO规则按步推进，中间还必须有会计师事务所、律师事务所、资产评估公司等进行配合。整个IPO流程包括：规范改制阶段(时长2年，成本在50万~100万元)，辅导阶段(时长半年，券商辅导在50万~100万元，会计师事务所出审计报告需200万元左右，律师事务所出法律意见书需100万元左右，资产评估公司收费30万元左右)，保荐阶段(时长半年，成本在300万元左右)，发行承销阶段(时长半年，成本在3000万元左右)。

综上，与IPO相比，从时间、费用、环节和流程来看，ICO确实节省了非常多的时间和经济成本，但是规范性和风险控制远不如IPO。

(2) 参与优势

与IPO相比，ICO项目投资者参与ICO项目的程度更深，而且由于ICO项目投资者与IPO项目投资者(指pre-IPO的机构投资者)相比更加草根和非专业，实际上很多ICO项目投资者也是项目的参与者和建设者。ICO的基础是区块链技术，在ICO发行代币

---

① ICO虽具备一定的众筹特征，但是与众筹不同。ICO发行了代币，投资者获得的代币高度标准化，容易在二级市场(如代币交易平台)交易，流动性较好；而众筹投资者获得的股份很难在二级市场流通。

后,一方面随着项目活跃程度增加(代币大规模的发行和流通),可以吸引全球区块链技术人才参与到技术的开发中,项目投资者就是区块链的节点,代币本身在ICO项目(社区)中有使用价值;另一方面项目投资者也是项目产品的早期用户,通过项目投资者的参与(不仅是财务投资,而是项目的实质参与)可以持续地、广泛地、实质性地推广项目产品与服务,可以鼓励更多投资者参与ICO项目(同时也使得ICO项目发行的代币增值),实现项目最终成功与落地。

(3) 门槛优势

采用IPO方式融资的一般都是经过几年良性运营的公司,有着良好的组织架构和经营业绩,交易所或监管当局对IPO项目都有一些刚性要求(行业、业绩、组织结构等),而ICO的融资主体一般是处于初创阶段的创业者,可以是一个人、一个项目或者一个团队,只需要在网上公布自己的白皮书即可开始ICO。当然,并不是所有的初创企业或项目都适合采用ICO方式进行融资,一般来说,有6类涉及区块链技术的项目可以采用ICO模式进行融资,如研究区块链相关技术的项目、将区块链技术尤其是虚拟货币应用于金融领域的项目、将区块链技术应用于互联网相关项目等,但是总体而言,ICO项目的门槛要远低于IPO。

(4) 分散优势

IPO项目的投资者一般是具有丰富投资经验的机构投资者,在项目筛选和投资决策上更加专业,也更加谨慎,主要是通过一级市场和二级市场的差价获得较为稳定的收益;而ICO项目的投资者属于激进型的投资者,倾向于将投资分散在大量不同的ICO项目中,只要有一两个项目投资成功即可获得超额收益。也正是由于ICO项目投资者的这种投资策略,使得大量ICO项目在募资过程中能够吸引到足够的投资者,支撑其ICO项目的发行与后续代币的交易。

2) ICO融资的问题

从金融产品的角度,也就是从独立性(相对于实体经济)、流动性和周期性三方面,ICO与传统的IPO相比较,存在以下问题。

第一,ICO项目融资的标的不是法定货币而是虚拟数字货币,脱离于实体经济与现有货币金融体系,也不具有法律地位,因此,政府无法评估数字货币流向和实际价值,也就无法进行监管和税收。

第二,ICO项目融资的对象具有跨国性,而且其所融的虚拟数字货币的流动也具有跨国性,这种缺乏监管的跨国投融资,直接导致非法交易或非法资金大量渗透到ICO项目中,利用其进行类似暗网交易、洗钱和跨境资金转移等非法活动。

第三,ICO项目的门槛低、缺乏监管,导致市场无序性,大量的欺诈性ICO项目在平台上发行。在未受到监管的市场环境下,底层区块链技术所需资源都集中在代币发行和交易环节，行业呈现出不均衡发展态势，ICO成本极低，大量劣质项目和由此产生的劣质代币、山寨币在市场上泛滥，并利用市场炒作心理，进行套现和圈钱，产生"劣币驱逐良币"的负面效应，严重影响了市场的健康发展，这也是导致ICO项目风险的重要原因。

3) ICO融资的风险

(1) 发行人的道德风险和法律风险

如上述分析，ICO融资的低门槛导致的"劣币驱逐良币"效应，就是发行人的道德风险，即出于欺诈目的的融资，而非真实项目的融资。这类型的ICO项目往往利用ICO项目投资者的激进投资风格，以高额回报为诱惑，夸大项目预期收益，进行欺诈式的募资。目前，全球对ICO的监管尚未明朗化，有的国家和地区已经禁止ICO，在未禁止的国家由于尚无专门的法律规范ICO行为，因此，ICO项目发行人可能面临违法的潜在法律风险。

(2) ICO项目的技术安全风险

一个优质的ICO项目，募集了大量资金，但由于其所依托的交易平台或者自建社区的服务器安全性原因，导致黑客攻击，直接盗取所募集的虚拟数字货币，造成发行人和投资者的损失；当然也有可能是由于ICO项目的智能合约存在技术层面的安全漏洞(因为区块链技术采用的是开放式的开源代码，极易被黑客攻击)。

(3) 投资者的流动性风险

由于ICO项目发起人和ICO投资者处于信息极其不对称的地位，并且数字货币的交易平台也不是受监管的金融机构，信息不透明，因此发起人操纵市场价格从中牟利是极为方便的。由于代币交易过程具有匿名性，调查成本高，发生欺诈行为后无法进行调查和诉诸法律手段解决。

ICO项目的流动性风险不是ICO项目所发行的代币的流动性不足带来的，而更多的是代币的流动性过剩所带来的。因为与IPO相比，ICO没有严格规范的流程和规则，而ICO项目从筹备阶段到发布白皮书过程中，存在一个私募环节，从发布白皮书进行公募，到代币发行后进行交易，流动性的释放是不受任何约束和监管的，任由项目团队和实际控制人操纵，再加上交易平台上代币的涨跌和交易量不受限制，散户极易被庄家洗牌出局，成为受害者，最终使得很多ICO项目走向"庞氏骗局"或向传销模式的方向发展。

7.1.2 数字货币的监管问题

数字货币具有的去中心化发行和流通、全球化、可匿名等特性，无疑是对传统货币体系和金融监管的一大挑战。如何适配现行的中心化商业环境和金融监管规则，如何平衡安全、稳定、高效、低成本与隐私保护，如何顾全实体经济中各参与方的利益等，都是各国政府与监管部门持续思考的问题。

目前，世界各主要经济对数字货币、ICO、交易所的相关政策不尽相同。根据蜂巢财经[①]对全球36个主要经济体的数字货币监管政策的收集整理，可以分成以下4种情况。

① 明令禁止，是指监管当局出台相关政策，禁止本国或本地区居民参与任何数字货币相关行为。

② 严格监管，是指监管当局推出一系列相关政策，在一定的法律框架下对数字货币交易以及ICO活动进行严格监管，特别是要求对ICO活动登记注册或备案，严格遵守相关法律要求。

③ 积极监管，是指监管当局给予数字货币交易及ICO活动较为包容和宽松的监管环境，鼓励相关的金融创新。

④ 缺乏监管，是指监管当局没有相应的针对数字货币或ICO活动的法律措施，整个数字货币交易及ICO活动处于无监管状态。

除了这36个主要经济体外，其他国家或地区大多属于监管空白。而这36个主要经济体中，有一半是"缺乏监管"的，即完全没有监管框架，有1/4强采取"积极监管"政策，而禁止与严格监管的国家加到一起还占不到1/4。

从区域来看，亚洲国家/地区(除了新加坡、沙特和中国香港地区以外)的监管最为严格，但是除了中国大陆地区、日本和韩国采取禁止数字货币及ICO政策外，绝大多数国家尚处在监管空白阶段；欧洲国家(德国除外)采取的是较为积极的监管政策，特别是瑞士和一些北欧国家，包容、鼓励数字货币交易及ICO活动；而美国和德国则偏向于"严格监管"，即在现有证券法律框架下进行严格监管。

1. 亚洲地区

2017年9月4日，中国人民银行等七部委正式将ICO活动定性为"未经批准的非法融资行为"，并明确要求"任何组织和个人停止从事ICO"。此外，对于诸如交易、"挖矿"等加密货币相关活动在中国大陆地区也被"一刀切"。中国香港地区则是禁止交易平台在未经官方允许的情况下把数字货币当作证券进行销售。

紧随中国脚步，2017年9月，韩国成为全球第二个明确禁止ICO的国家，韩国金融服务委员会(FSC)表示，ICO融资模式违反韩国《资本市场法》，将对参与ICO的人员

---

① 蜂巢财经. 盘点六大洲ICO监管政策：窥探全球ICO监管动向，2018-05-01. https://www.coingogo.com/news/8161.

实施严厉处罚。但是，韩国允许数字货币交易所在获得牌照的情况下进行交易，监管严格度与银行系统一致。

2017年4月，日本开始实施《关于虚拟代币交换业者的内阁府令》，该文件要求本国ICO相关企业增加自身的信息披露。随着日本ICO活动日益增长，日本金融厅(FSA)于2017年10月发布ICO风险声明，提及ICO存在诈骗的风险。FSA正在考虑修改相关的法律，禁止本国企业进行ICO。日本对数字货币交易所采取较为宽容的态度，在获得牌照的前提下可以正常交易运作。

与日本相似，菲律宾证券交易委员会也出台了相关法规对ICO进行规范，包括企业和代理机构必须向SEC报备，获准后才能进行ICO；无牌照的组织和个人若在本国邀请、招募人员参与或投资ICO，将可能承担刑事责任，等等。2018年1月，菲律宾SEC对4家企业发出停业禁令，其中就包括ICO运营商Krops。

2018年3月中下旬，泰国政府通过两项针对加密货币及ICO的法律。其中规定，泰国证券交易委员会负责监管，ICO企业有义务向反洗钱办公室提供买卖双方的姓名及交易信息。此外，泰国税务局将对加密货币与ICO收取7%的增值税以及15%的资本利得税。

2018年3月，印度储备银行(RBI)发布禁令，禁止金融机构与加密货币打交道，不仅切断了该国居民通过银行账户购买数字货币的通道，还让包括Zebpay、Unocoin等交易所开始考虑"外逃"。

相比之下，新加坡、沙特阿拉伯则对数字货币交易和ICO活动持积极监管的态度，两国不仅大力鼓励区块链项目落地，还为创新型技术企业开启了所谓的"监管沙盒"(Regulatory Sandbox)，对ICO项目进行密切监控的同时，允许获批的区块链及数字货币初创公司享受相对宽容、开放的发展环境。新加坡金融管理局(MAS)更是早在2007年11月就发布了专项监管准则，指出仅在ICO造成特定风险的情况下，MAS才会对相关活动实施监管。

以色列采取的也是较为宽松的监管态度，以色列证券管理局(ISA)将推出临时监管沙盒计划，而以色列国家税务局提交了一份ICO征税法规草案，要求向发起或参与ICO的以色列居民征税。

亚洲主要经济体对数字货币的监管情况如表7-1所示。

表7-1 亚洲主要经济体对ICO及数字货币交易的监管情况

国家/地区	ICO监管	数字货币交易	国家数字货币计划
中国大陆	禁止	禁止	有
日本	严格监管	严格监管	
韩国	禁止	严格监管	
新加坡	积极监管	积极监管	

(续表)

国家/地区	ICO监管	数字货币交易	国家数字货币计划
印度	严格监管	严格监管	
泰国	严格监管	严格监管	
菲律宾	严格监管	严格监管	
以色列	严格监管	禁止	
印度尼西亚	积极监管	积极监管	
土耳其	积极监管	积极监管	有
沙特阿拉伯	积极监管	积极监管	

2. 欧洲地区

整体上看，欧洲国家都允许ICO的存在。在13个主要经济体中，俄罗斯采取较为严格的监管措施；英、法、德在内的其他国家采取观望态度，目前都在现有法律框架内进行监管，同时尝试通过一些创新模式来适应数字货币交易及ICO活动的监管需要；瑞士、白俄罗斯和一些北欧国家则采取积极监管态度，吸引大量ICO活动前往这些国家和地区(见表7-2)。

俄罗斯政府正在制定ICO监管框架。2018年4月，俄罗斯财政部提交了一份监管草案，要求国内ICO募资额度不得超过10亿卢布(约1.1亿美元)，参与ICO的普通投资者投资额度不能超过5万卢布，而专业投资者投资不受限。

英国政府将ICO纳入监管沙盒，但监管机构尚未推出正式的监管框架，或许尚未下定监管决心。英国金融监管局(FCA)2018年4月声称，与ICO发行的代币的相关交易活动可能需要获得FCA的授权许可，同时FCA在2017年就曾对ICO的高风险、高投机性进行过风险提示。

德国联邦金融监管局(BaFin)于2017年11月也曾向投资者提出警告：ICO存在"投资彻底失败的可能性"，但是BaFin至今仍未制定ICO监管的通用规则，而是通过"严格的个案检查"以确定该项目是否符合现有德国法律监管规定。德国对于数字货币交易所采取牌照制，需要申请相关牌照才能开展业务。

不同于英国、德国的摇摆不定，法国主动将ICO合法化。2018年3月，法国金融市场监管局(AMF)提出，对ICO的新监管框架或将采用授权制度，若该制度正式通过，ICO发行方就需要向AMF申请经营许可证，并就融资用途向投资者提供特定的担保；此外，AMF还表示"不会禁止没有经营许可证的ICO"，对ICO的监管态度趋于积极。

相对于传统的欧洲金融强国，西班牙、葡萄牙等国采取的是相对积极和宽松的监管政策，西班牙甚至出台ICO投资的优惠政策，比如低于规定门槛的相关公司或将享受免税。

需要特别提及的国家是瑞士,瑞士的ICO监管政策正在成为欧洲的标杆,而瑞士也正在成为ICO的热土。瑞士金融市场管理局(FINMA)于2018年2月16日发布一套ICO操作指南,阐述了现有金融市场立法应用于ICO监管的相关标准。

表7-2 欧洲主要经济体对ICO及数字货币的监管情况

国家/地区	ICO监管	数字货币交易	国家数字货币计划
英国	积极监管	积极监管	
法国	积极监管	积极监管	
德国	积极监管	积极监管	
俄罗斯	严格监管	积极监管	有
意大利	积极监管	严格监管	
乌克兰	积极监管	严格监管	
瑞士	积极监管	积极监管	
丹麦	积极监管	积极监管	有
荷兰	积极监管	积极监管	有
瑞典	积极监管	积极监管	有
西班牙	积极监管	积极监管	
葡萄牙	积极监管	积极监管	

3. 北美地区

美国证券交易委员会(SEC)已经明确了将ICO行为纳入现有证券法律框架下进行监管的大原则,对ICO采取严格管理的态度。相对而言,加拿大证券监管局(CSA)调整现成的证券法,将其用于ICO监管。CSA对ICO行为的监管态度倾向灵活、友好,未来通过启用监管沙盒,允许本国初创企业、ICO项目等避开特定的监管。

7.1.3 数字货币的监管模式

目前,全球对于虚拟货币的监管,各国主要出于对货币主权的担忧和对虚拟货币在全球洗钱活动的巨大影响这两点。反洗钱金融行动特别工作组(FATF)认为,虚拟货币是指具备货币的三项职能——交易媒介、计量单位和价值贮藏——的全部或一部分,但不以法定货币计价。根据这个定义,可以对虚拟货币进行分类。

第一种分类方法将虚拟货币分为中心化和去中心化两类。两者区别在于是否存在一个控制整个系统的单一管理机构,去中心化虚拟货币也被称作数字加密货币,意指其基于特定的加密算法而成立,而不依赖任何中心化管理机构。因此,网络游戏的内置货币属于中心化虚拟货币,而比特币则是去中心化虚拟货币的代表。

第二种分类方法是将虚拟货币分为可兑换的和不可兑换的两类,此处的可兑换指能与现实世界的法定货币进行双向兑换,并且需要达到事实上可兑换的程度,而不是指有兑换的可能性。比特币等去中心化虚拟货币由于其能够广泛交易的特性,因而都是可兑换的,中心化虚拟货币有些是不可兑换的,但也有一部分因为特殊原因,例如在虚拟货币交易平台进行公开交易,从而成为可兑换的。ICO所发行的代币属于中心化的虚拟货币,在进入交易平台进行交易后,成为可兑换的虚拟货币。

目前,各国对虚拟货币进行监管的主要目的就是反洗钱、反恐怖融资,监管的对象仅限于可兑换的虚拟货币。然而,这些监管规则并没有涉及ICO代币作为融资工具的属性,而代币的融资工具属性是贯穿ICO整个过程的,不仅限于进入交易平台后,而是从发行就开始存在。因此,可兑换的虚拟货币这一概念范畴仅适用于监管交易平台,对于ICO所发行的代币,需要从其融资工具属性的角度,审慎考察其本质,引入新的定义和监管规则,这是目前各国的立法都有所欠缺的。

美国证券交易委员会(SEC)发布调查报告,强调区块链上发行和销售证券的发行人除非存在有效的豁免适用,否则必须进行注册。此外,提供这些证券交易的证券交易所必须注册,除非他们获得有效的豁免。

这种模式也就是所谓的证券监管模式。在SEC发布报告之后,各国纷纷采取了类似的监管措施,指出ICO可能涉嫌发行证券。例如,新加坡金融管理局(MAS)于2017年8月发布公告指出,如果所发行的代币构成了新加坡《证券与期货法》所规制的产品,则MAS将采取行动对其进行监管。英国金融监管局(FCA)于2017年9月发布公告指出,ICO应当接受FCA的监管。日本金融厅(FSA)也于2017年10月发布关于ICO的风险预警书中指出,ICO所发行的代币若是具备"投资"属性,则要受到《金融商品交易法》的规制。

但是,简单地将ICO纳入现有法律框架下进行监管势必遏制金融创新,同时也未必能够解决ICO发展中碰到的法律风险。因此,除了直接沿用证券监管规则的国家外,也有许多国家尝试对ICO采取创新的监管方式,通过专门立法来探索非传统的监管路径。比如俄罗斯《关于数字金融资产的联邦法律》草案中就没有对ICO进行定性,而是直接确定了相应的监管规则,试图建立以详尽的信息披露、投资者适当性管理为主和以发行程序适当性为辅的监管逻辑。

日本的《资金结算法》修正案也是针对虚拟货币和ICO进行专门立法的实例,该法案对虚拟货币采取了适度监管、鼓励创新的态度,明确了虚拟货币及其交易平台的合法地位,通过将虚拟货币交易者列入《犯罪收益转移防止法》,使其承担了该法中规定由特定事业者承担的反洗钱、反恐怖融资义务。

值得一提的是,瑞士金融市场管理局(FINMA)发布的ICO活动的相关指南,阐述了如何将现有金融市场立法应用于ICO相关标准,为ICO监管创新提出了一种思路。

该指南将ICO代币分为三类：支付代币、功能代币及资产代币，并且针对不同类型的代币发行行为提出一套较为灵活的监管机制。

● 对于支付型代币，也就是对于代币旨在用作支付手段并且已经可以转让的ICO活动，FINMA要求其遵守《反洗钱法》，但是不会将此类代币视为证券。

● 对于功能型代币，即只有当功能代币的唯一目的是授予应用程序或服务的数字访问权限时，并且只有功能代币在发行时具备此种用途时，FINMA明确此类代币不属于证券，但是如果功能代币仅具备或部分具备经济上的投资功能，则视此类代币为证券(即以与资产代币相同的方式进行监管)。

● 对于资产型代币，FINMA将其视为证券，这就意味着此类代币的交易适用于证券法的要求，同时适用《瑞士债法典》中的民法要求(如招股说明书的要求)。FINMA的ICO监管原则着重于代币的功能性和可转让性，在评估ICO时，将重点关注ICO组织者发行代币(即基于区块链的单位)的经济功能和用途。其关键因素在于代币的基本用途及其是否可交易或可转让。

FINMA认为，与ICO活动最为相关的两方面为洗钱与证券监管，但是属于《银行法》(管理吸收存款)或《集体投资计划法》(管理投资基金产品)管理范畴的项目并不典型。未来，FINMA可能会决定以通告的形式公布其对ICO行为监管的相关法律解释。

7.1.4 数字货币监管的模式创新

面对ICO市场规模的不断扩大，全球金融监管机构也在不断尝试监管模式创新，与美国将ICO纳入现有证券法律框架下的监管思路不同，英国政府于2015年3月率先提出的监管沙盒(Regulatory Sandbox)模式也许是ICO监管的另一条可行的出路。按照英国金融监管局(FCA)的定义，监管沙盒是一个安全空间，金融科技企业可以在安全空间内测试其创新的金融产品、服务、商业模式和营销方式，而不用在相关活动碰到问题时立即受到监管规则的约束。监管当局在保护消费者或投资者权益、严防风险外溢的前提下，通过主动合理地放宽监管规定，减少金融科技创新的规则障碍，鼓励更多的创新方案积极主动地由想法变成现实，在此过程中，能够实现金融科技创新与有效管控风险的双赢局面。

1. 监管沙盒的运作模式[①]

英国金融监管局(FCA)采取创新企业申请制，根据申请者的具体情况来给予完

---

① 王晓易.沙盒监管成全球金融科技监管趋势[J].证券市场周刊，2017(8)：30-35.

整性授权或限制性授权(当申请者全部条件达到后，FCA会取消限制性规定)，除此之外，还采取了"虚拟沙盒"与"沙盒保护伞"的灵活方式来让部分申请者进入沙盒监管。

1) 沙盒保护伞

"沙盒保护伞"针对非营利性公司设立，这些非营利性公司可以指派某些金融创新企业作为其试验期内的"指定代表"，即"代理人"。这些作为代理人的金融创新公司与其他获得授权的创新企业相似，他们需要通过批准的方式获得"沙盒保护伞"公司的授权，同时受到FCA的监管。并不是所有的公司都适用于"沙盒保护伞"，比如保险公司和投资管理公司等密切涉及消费者/投资者、投资者利益的公司就需要通过严格授权申请的方式来加入沙盒。

2) 虚拟沙盒

"虚拟沙盒"则是创新企业在不进入真正市场的情况下与其他各方(比如学术界)来探讨和测试其解决方案的虚拟空间，所有创新者都可以使用虚拟沙盒，不需要FCA的授权。针对获得授权的企业，FCA会发布无强制措施声明(NALS)、特别指导(IG)和规则豁免(Waivers)等来帮助这些公司抵御未来可能会遇到的法律政策风险。

2. 监管沙盒对消费者或投资者的保护方式

1) 设定范围

监管沙盒中的公司只能对事先知情并同意参与的消费者/投资者测试其创新方案。这些被选中的消费者、投资者都将是比较理性且有一定风险承担能力的用户，但因为筛选掉了不够成熟理性的用户，会导致测试结果的不准确性，毕竟真正的市场上形形色色的人都有，如果测试用户不全面，必然导致测试结果不准确，这也就失去了"监管沙盒"设立的初衷。

2) 补偿机制

消费者/投资者应被告知测试的潜在风险以及可获得的补偿，参与沙盒的企业可以根据自己的时间情况和测试结果提出关于消费者信息披露、消费者保护、消费者赔偿的建议，FCA将进行考察并采纳或调整。双方在潜在风险及可获补偿方面达成一致性意见，这种方式比较有利于调动沙盒公司和参与的消费者、投资者的积极性，使监管者在做监管计划时更易于听到真实的市场声音，比监管部门单方直接制订监管方案更加合理。

3) 权利设定

参加沙盒测试的消费者/投资者与其他领域的消费者/投资者享有同等的权利。比如，消费者或者投资者可以先与参与公司协商，协商未果可以向FOS投诉，也还可以找FSCS寻求救济。FOS是英国解决金融消费纠纷的非诉讼解决机制，类似于仲裁；

FSCS是英国金融服务监管局(FSA)在2001年建立的金融服务补偿计划,类似于中国的消费者协会。在这种方式下,沙盒公司需要同时接受FOS和FSCS的监管,更有利于保护消费者、投资者的利益,但是对参与沙盒的公司来说,其财务成本太高,需要同时承担双重财务费用。

4) 企业责任

参与沙盒测试的企业必须承担向消费者/投资者赔偿所有损失的责任(包括投资损失),并且应当证明其有足够的资产确保赔偿。虽然说在这种保护方式下对消费者、投资者最有利,甚至可以说参与测试的用户无任何投资交易风险,但是这对初创的小公司来说经济负担很重,因而使得沙盒成为一种不具有吸引力的选择,而且参与测试的消费者、投资者在知道无风险的情况下作出的投资决定不能真正反映市场真实情况,会使测试结果出现偏差,同样失去设立监管沙盒的初衷。

3. 监管实践

1) 英国

英国金融监管局(FCA)于2015年11月正式发布了《监管沙盒》指引文件,首次完整提出监管沙盒的核心意义与具体实施要求。2017年8月,其已经完成三批测试招募,累计接收了146家企业申请,正式进入测试环境的企业仅有49家,其中多数为初创企业,也包括一些银行和其他机构,业务类型则主要包括基于区块链技术的跨境和国内支付解决方案、帮助消费者进行财务管理的移动应用程序、证券管理平台和借贷产品。

2) 新加坡

新加坡金融管理局(MAS)于2016年11月发布了《金融科技监管沙盒指引》文件,对监管沙盒的适用对象、准入条件、操作流程做了说明。2017年初,其开放沙盒监管测试招募,但目前MAS官网上仅公布了两家通过筛选的企业,其中保险企业Policy Pal已于2017年3月进入测试。

3) 澳大利亚

澳大利亚证券投资委员会(ASIC)2017年2月发布了《金融科技产品及服务测试》监管指引文件,开始对部分未获得澳大利亚金融服务许可证(AFS)或澳大利亚信用许可证的金融科技企业,开放产品和服务测试环境。与英国、新加坡不同,澳大利亚的监管沙盒不需要公司申请许可。ASIC直接在监管指引文件中发布监管豁免条款,只要符合特定条件并告知ASIC,即可开启测试服务。但其监管豁免仅适用于少数领域,并且对公司的客户数量、风险敞口提出了具体的要求。

4) 美国

美国国会议员 Patrick McHenry于2016年9月提出了沙盒监管相关法案,该新法案成为2016年金融服务创新法案(HR 6118.)的一部分。该法案将构建的监管框架与英国沙盒有很多相似之处，包括金融科技企业需要向监管机构进行申请，重点阐释其创新将为公众带来哪些好的影响，获得批准的公司可获得测试环境内的经营许可。不同的是，美国的监管框架涉及多个机构，包括联邦储备委员会、财政部和证券交易委员会，每个机构都需要设立一个金融服务创新办公室，负责金融科技企业相关沙盒监管规则的修改，处理金融科技企业的提案，审批沙盒测试服务。

现阶段，英国和新加坡已经将ICO纳入监管沙盒，监管沙盒授权金融创新公司加入一个特殊的政策环境中，获得授权的金融创新公司可以在规定的监管条件下，测试他们的业务能够给金融带来什么改变，能得到什么实际的价值，监管部门也能从各方面评测该公司的项目。简单来说，金融创新公司可以获得较为宽松的监管条件，以此试运行金融创新公司的业务的实际效果。针对ICO行业，通过试运行的方式，让监管机构探索推动金融创新和行业合规监管的最佳平衡点。

国内学界认为，沙盒监管可以引导金融科技与金融创新的合规发展，增进监管机构与监管对象的良性互动，实现保护金融消费者权益的政策目标，在国内引入沙盒监管不仅是必要的，而且沙盒监管与构建现代金融治理体系需求匹配，与我国互联网金融监管的逻辑趋同，与金融改革试点实施路径一致，在国内引入沙盒监管也是可行的。①

在全球范围内，对于数字货币，不同政府和监管机构所采取的手段截然不同，这对数字货币的发展也会产生不同的影响。数字资产不能轻易地归为证券、商品或者货币。事实上，数字资产最大的好处之一是他们可以同时具有投资合约、效用和支付货币的特征。但是，这也为金融监管机构带来了全新且复杂的难题，为寻求数字资产创新项目的企业创造了难以置信的机会，所以这将是数字货币未来面临的最重要的政策和监管问题之一。

未来，企业、劳动力市场参与者和消费者都会融入数字货币的市场环境，很多传统边界将会被打破，带来更高的安全性、效率、透明度、确定性和可执行性，经济和商业关系将越来越多地通过在公共区块链上运行的智能合约来调节。未来，公共区块链上会构建一套去中心化的、具有自我主权的安全身份识别和隐私协议，这些协议能够让人们在全球范围内更安全地使用数字货币及相关服务，确保符合KYC/AML监管规则，从根本上改善隐私保护并减少数据泄露，同时能比传统金融系统更有效地打击金融犯罪。因此，只有进一步地进行法律的立法创新，在新的法律体系中进一步考虑和覆盖数字资产，明确监管规则，才能推动数字货币的健康和良性发展。

---

① 刘帆.沙盒监管的中国化构思[J].西南金融，2019(3)：53-57.

7.2 案例分析

7.2.1 The DAO案

1. The DAO

The DAO是最大的去中心化自治组织(Decentralized Autonomous Organization，DAO)[①]，被誉为"DAO之母"，它以智能合约的形式运行在以太坊区块链上。任何人都可以向The DAO的智能合约(众筹合约)发送以太币，获得DAO代币；The DAO再利用项目掌控的以太币资金，通过投资以太坊上的应用为DAO代币持有者创造价值。

简单而言，The DAO项目运作有以下特点。
- 通过智能合约来主导资金(募集到的以太币)的分发利用。
- 参与众筹的投资人按照出资金额(以太币)，获得相应的代币，具有未来投资项目审查及投票表决的权利。
- 投资项目议案由全体The DAO代币持有人投票，每个代币一票。
- 投资项目收益按照一定规则回馈全体The DAO代币持有人。

2. 事件经过

2015年11月，在伦敦举办的以太坊开发者大会上，Christoph Jentzsch[②]发表了将The DAO作为"以盈利为目的的去中心化自治组织"的提案，参与者向The DAO发送以太币(ETH)用于购买The DAO代币。参与者享有投票权和获得报酬的权利，可以将此比作"购买公司股份并获得股息红利"。The DAO是去中心化的，因此投资者可以通过投票来持有The DAO代币。所有筹集到的资金都将被存储在与The DAO相关联的以太坊"地址"中，代币持有者根据合约提案进行投票，包括对The DAO投资项目的

---

① 要理解去中心化的自治组织需要明确三个概念。首先，去中心化是一种开放式、扁平化、平等性的系统现象或结构，必须在拥有众多节点的系统中或在拥有众多个体的群中才能出现或存在。节点与节点之间的影响，会通过网络而形成非线性因果关系。其次，去中心化应用(Decentralized Application，DApp)是一种在网络上公开运行的软件应用程序，这项技术是由多人维护的，而不是由一个组织维护的，黑客不能改变应用程序的数据，除非他们能够访问几乎所有的网络计算机，并在那里调整它。最后，去中心化自治组织是指按照编码为智能合约的计算机程序的规则运行的组织，由计算机网络支持的无中心组织没有单一的领导者，通过一系列公开公正的规则，可以在无人干预和管理的情况下自主运行，是一种自主的或者是自治的组织结构。DAO通过网络节点进行去中心化操作的应用，DApp公开概述其在区块链上的功能和金融运作机制，进而通过众筹来募集资金和管理组织。

② Christoph Jentzsch是Slock.it公司的CTO，该公司定义自己为"区块链和物联网公司"，由Christoph Jentzsch、Simon Jentzsch、Stephan Tual在德国联合创始，The DAO的编码框架是由其开发的。

提案和分散投资项目的预期收益。The DAO在以太坊区块链上的以智能合约为形式的项目提案中将会是"自发的",投票将由DAO的代码进行管理。

2016年4月29日,Slock.it公司将The DAO的代码作为一种预定程序的指令部署在以太坊区块链上。这些代码将会控制The DAO的运作,同时宣布了"The DAO"的诞生。为了推动The DAO的发展,Slock.it的联合创始人成立了一个网站(以下简称"The DAO网站")。The DAO网站包括对The DAO的预期使用目的、运作机制(提供The DAO的组织架构和它的源代码的细节信息等),并且将网站作为The DAO宣传资料的第一手来源。Slock.it的联合创始人也通过在The DAO网站、Slock.it网站以及其他与区块链技术相关的网络论坛上公布The DAO的更新内容的方式来推动The DAO的发展,Slock.it的联合创始人通过这些推广宣传,向公众传达如何参与The DAO的信息,包括:如何创造和获得DAO代币,向项目提交建议书的框架,以及如何在提案上投票。Slock.it在The DAO网站上建立了一个网络论坛,并且管理着"The DAO Slack"的通道(信息平台),The DAO的源代码被"世界上最优秀的安全审计公司之一"审核,在为期5天的安全审查中没有发现任何问题。

The DAO创造了The DAO代币,个人或者机构从他们的以太坊地址中发送以太币到与The DAO相关联的以太坊地址中,在众筹期间,兑换比例采用"Early bird"原则①。每一个持有The DAO代币的人拥有The DAO内对应的投票权,但是The DAO代币并不代表对应的资产,也不是股份。所有希望在The DAO内融资的项目,都需要根据融资额获得一定的支持票。

具体需要的支持票根据下列公式来决定:

$$Q_{min} = \frac{T_{total}}{d} + \frac{E_1 \times T_{total}}{3 \times (E_2 + R_{total})}$$

其中,Q_{min}是指筹资项目的最少支持票,d默认为5,T_{total}为总票数,E_1是指投资项目的融资额,E_2+R_{total}则是目前The DAO内所有的资金以及产生的收益。如果在一定期限内投票通过,将产生一个项目的子DAO,并由投票选举的一个单独的服务提供商来管理,执行制定的智能合约直到项目结束,所获得的本金和收益将回到The DAO中。当然,为了防止在The DAO中提出太多的垃圾项目,规定提议项目需要消耗一定量的以太币,但是,当项目提议结束以后可以进行返还。②

---

① 即越早参与,所付出的成本越少,在The DAO的众筹过程中,截止日期前两周的以太币兑The DAO代币的比例是最大的,而在截止日期前两周到前四天之间,其兑换比例逐渐降低,截止日期前四天的兑换比例维持在一个较低的水平。

② 王英明. 关于The DAO众筹模式引发的思考. 南湖互联网金融学院, 2018-11-14. https://www.chainnode.com/doc/2996.

此外，为了防止多数掠夺少数现象的发生(理论上53.33%的The DAO代币持有人同意就可以支出The DAO的全部资金)，设定少数可以通过投票生成另一个DAO来保全自己的资金。同时通过选择唯一的服务提供商来保护"投票沉默者"的利益。The DAO是没有中心信用组织的，所有的投资行为都是由参与者自行决定的，其核心的思想是相信多数人的选择是正确的。

从2016年的4月30日到2016年的5月28日，The DAO基于以太坊的区块链发行并出售了约11.5亿个DAO代币，筹集了约1200万个以太币(ETH)，代币发行结束后，The DAO募集的全部ETH在当时价值约1.5亿美元。6月17日，黑客利用The DAO代码里的一个递归漏洞，不停地从The DAO资金池里分离资产；随后，黑客利用了The DAO的第二个漏洞，避免分离后的资产被销毁。如果是正常情况，The DAO的资产被分离之后，就会被销毁。但是，黑客在调用结束前，把盗来的The DAO资产转移到了其他账户，避免了被销毁。黑客利用这两个漏洞，进行了200多次攻击，总共盗走了360万以太币，超过了The DAO筹资期间融资的以太币数目的1/3。

3. SEC调查

美国证券交易委员会(SEC)随后对The DAO案发起了调查。2017年7月26日，SEC发布调查报告，表示DAO项目中的代币已经构成证券化。SEC认为，由于代币(Token)的多样性，并不是所有代币都完全符合证券属性，同时表示多数代币属于证券。

SEC在The DAO的调查一例中，通过其交易合同是否符合最高法院认定的Howey Test的检验方法[①]，判定The DAO发行的代币应为证券。理由如下。

① 就ICO行为而言，无论其技术基础如何，都符合证券法的规定，不应因为代币与一般证券的区别就否定代币属于证券。

② The DAO符合投资合同的构成。投资的资金不一定是现金，应该包括虚拟货

---

① Howey Test是SEC判断一种加密货币是否应该被归为证券的测试，它主要从投资货币、共同企业和预期利润三个方面进行判断。具体表现，就是对一个区块链项目进行打分，得分越高，说明该区块链项目发行的加密货币性质越接近证券。而一旦被认定是证券，就意味着该代币需要接受与证券一样的严格监管，发行门槛要高很多，而且一旦发行者不符合资质，还会面临严重的法律风险。所以，包括以太坊在内的绝大多数区块链项目，都在极力规避风险，避免在Howey Test获得过高的分数，避免发行的加密货币被认定为证券。Howey Test评分主要从三个维度进行：a) 投资货币，主要内容为加密货币的发行方式；b) 共同企业，包含加密货币发行的时间点项目网络是否处于可运行状态，以及加密货币持有人从项目网络中获利的条件；c) 预期利润，包含加密货币功能、持有人的投票权、持有人通过加密货币在区块链外能否获利，以及加密货币的销售方式。只有同时满足三个元素的所有规则，每一项得分很高，才会被认定为证券。需要注意的是，Howey Test并未直接被法院采用，仅用于提供参考。某些区块链项目声称通过了Howey Test，通常是指得分不高，不会被认定为证券，并且该区块链项目符合美国法律的要求。最后，项目方即使通过Howey Test，也仅是律师事务所的企业行为，并非可以得到美国法院的豁免。

币。所以，在The DAO案中，投资者用以太币进行的投资行为可以被认为是投资合同的投资形式之一。

③ 投资者对其项目能获得的未来利润存在合理预期。The DAO的利润除了股息，还来源于其他定期支付和其增加的投资价值。在The DAO案中，Slock.it及联合创始人在项目宣传时已明确告知其是以赢利为目的的实体，投资者可从中获得收益，所以投资者明显对其存在获利的预期。

虽然最后基于调查所知的行为和活动，SEC决定不就该事件采取强制措施，但是SEC认为，发布这份根据美国证券交易法(1934)第 21节(a)小节条款[①]所做的调查报告是为了公众利益的、具有适当性的，同时警告使用去中心化组织或其他分布式账本以及使用区块链渠道作为融资渠道的机构或组织，应采取适当的方式确保遵守美国联邦证券法。在美国，所有证券的发行和出售必须在证券委员会进行登记注册或者根据注册要求享有豁免资格。这份报告重申了美国联邦证券法的基本原则，并且叙述了对于新形式——通过使用分布式账本或者区块链技术来促进融资和/或投资以及与之相关联的证券的发行和出售的虚拟化组织或融资实体，这项技术的自动化功能、"智能合约"或计算机代码，并没有使经营行为脱离美国联邦证券法的监管范围。这份报告也用于强调涉及新兴技术和新的投资者渠道的产品和平台须遵守联邦证券法的注册制规定。

The DAO案虽然被认为是ICO接受监管的起点，但是The DAO项目在全球ICO融资行为中并不具有代表性。The DAO的本质与以太坊等ICO项目具有根本区别。The DAO其实是一个以智能合约形式存在的公募投资基金的变种。所以，这种形式的"去中心化自治组织"，在大部分国家内都会属于证券领域而受重点监管，更别提以监管严苛著称的美国了。相反，目前流行的ICO融资项目大都是发行虚拟商品类代币(功用代币)。因此，不能因The DAO代币被视为证券，就认为所有ICO的代币都是证券，以至于受SEC监管。

7.2.2 Monkey Capital案

1. 案件概述

2017年7月，Monkey Capital Inc.及其创始人Daniel Harrison被告对其所谓的发展关于ICO项目以及一个私人的加密货币交易和分散的对冲基金项目(Monkey Capital

---

① 证券交易法(1934)第 21节为调查与诉讼，其中(a)小节为内幕交易的民事处罚，规定了美国证券交易委员会调查违反行为的权力和处理权。

Market)进行了网络宣传(该项目在原告及其集体诉讼成员对被告进行投资之时仍处于不成熟的状态)，并上传白皮书吸引投资。被告宣称该ICO项目以及Monkey Capital Market启动之前，投资者可持有被告新开发的加密货币Coeval(COE)，在7月15日启动ICO正式发行后，可兑换为新加密数字货币Monkey Coin(MNY)，而且未来代币MNY的需求及价格将会一路飙升。

被告宣称该ICO项目将发展成为虚拟货币与法币的稳定交易平台，以此诱导原告(由投资人组成的集体诉讼成员)投资。受该ICO项目吸引，原告参与该ICO项目并进行了投资，并以较大金额的比特币或以太币购买其项目代币。然而到上市之日前一日，原告突然被告知为吸引更多的投资资金，将上市日期推迟到2017年8月8日，并宣称ICO的有效期将持续到2017年8月8日，以便于投资者拥有更多的时间调整其投资方案、刺激额外的投资。而实际上，该项目发起人将其代币COE的供应量减少至65 000枚。2017年8月8日，该ICO项目并未启动，而且其筹款网站突然消失，Monkey Capital Market也被告知仍在开发之中，即其从未也将不会再有启动的可能。鉴于此，原告及其集体诉讼人(其他受害者)请求补偿、撤销其在Monkey Capital Market的投资，恢复及偿还其被骗投资的资产及资金。

2. 原告诉求

原告律师认为[①]，就该ICO项目所签订的合同、项目主体和交易性质，该案件属于联邦证券法范畴之中，理由如下：

① 被告由于其主体、交易性质及特点，以及双方签订的合同应符合美国证券法规制，换言之，即该ICO项目应属于权益凭证类ICO行为，其未登记证券买卖的行为违反了美国证券法(1933)中的第12节的相关规定。

② 被告作为该ICO项目的实际控制人，操纵了该ICO项目的发行过程，并直接导致了Monkey Capital Market的流产，违反了美国证券法(1933)中的第15节(a)部分条款的规定。

③ 被告对原告采用虚假陈述，诱导原告对该ICO项目进行投资，构成欺诈行为。

总体而言，原告律师希望将该案件置于美国证券法的框架之下进行解决。原告所诉被告的相应行为是否成立并获得相应赔偿，核心在于被告ICO项目发行代币行为是否被认定为证券发行行为，是否纳入现有证券法框架下进行规制。

---

① 美国佛罗里达州南区法官Donald Middlebrooks裁定区块链公司Monkey Capital Inc.和创始人Daniel Harrison败诉判决书，2017-12-19. https://cdn.crowdfundinsider.com/wp-content/uploads/2017/12/Monkey-Capital-ICO-2017-12-19-DE-1-CLASS-ACTION-COMPLAINT.pdf.

3. 相关法律问题分析

ICO项目发行代币的法律性质决定并影响ICO项目所应适用的法律，这是该案的核心环节。因此，需要根据之前SEC对The DAO的调查及其对ICO行为是否要置于美国证券法(1933)和美国证券交易法(1934)的法律约束框架下而提出的一系列判断标准(Howey Test检验)来分析。

Monkey Capital案中[①]，据美国证券法(1934)有关"投资合同"的相关定义，在一般企业的投资范围内，他人创业及管理所耗费的劳动力构成投资人对项目存在未来合理的利润预期。投资合同是证券的重要内涵之一，判定Monkey Capital案是否适用于证券，就需要判断其项目发行的代币是否适用于"投资合同"的概念。在本案中，Monkey Capital的ICO项目发起人通过吸引投资者对其进行投资，其发行代币的价值来源于ICO项目的内含价值及受欢迎程度，若该项目成功，在加密货币市场上其项目代币将会增值，给投资者带来利润回报。所以，投资者对该ICO项目利润来源持有合理预期，该项目代币的法律性质实质上符合"投资合同"。

同理，本案中原告及其他投资者通过比特币和以太币换取其项目代币的投资方式和The DAO案相同，根据SEC的表态和美国市场许多判例可知，该项目的投资形式可构成投资合同，其发行的代币符合证券的内涵要求。即该案中的代币MNY及COE与证券在性质上具有相似之处，是投资者所享有将来因代币增值获得利润回报等权利的一种新型凭证，可通过购买和转卖代币将其作为投资资本看待。

综上所述，即便Monkey Capital在白皮书中再三强调其代币本质上并不属于证券，但实质上在本案中Monkey Capital所发行的COE与MNY代币的性质可被认定为证券。

此外，在本案中，ICO项目发起人还存在虚假宣传的可能。因为其白皮书中确实向投资者承诺会将项目发展成为一个独特的加密货币的信息网络和与法定货币交易的平台，有较好的发展前景，项目一旦运行成功，其项目代币必然价格上涨，会给投资者带来巨大收益。

4. 判决结果

2018年8月，美国佛罗里达州南区法官Donald Middlebrooks裁定Monkey Capital Inc.和创始人Daniel Harrison败诉。

判决结果如下：

① 原告提出的进入最终违约判决(DE36)的动议被部分拒绝；

② 撤销原告对Monkey Capital的所有投资，要求被告将其加密货币返还给投资者，并且要求Monkey Capital对投资者筹集的所有资金进行说明；

③ 裁定被告Monkey Capital和实际控制人Harrison违反了多项证券法，包括突然放

---

① 郑楚戈.证券法框架下的美国ICO诉讼——以Monkey Capital案为例[J]. 西部学刊，2018(8)：55-58.

弃了未注册的ICO；

④ 法官拒绝在没有听证会的情况下作出有关现金损害赔偿的裁决，要求召开听证会以确定计算原告投资价值的适当方式。

7.2.3 CarrierEQ Inc.和Paragon Coin Inc.案

2018年11月16日，美国证券交易委员会(SEC)宣布对2017年两家区块链公司未经注册的ICO行为作出民事处罚，两家公司分别为CarrierEQ Inc.(Airfox)和Paragon Coin Inc.(Paragon)。这也是SEC第一个对违反注册规定的ICO实施民事处罚的案件。

总部位于波士顿的创业公司Airfox通过ICO发行的代币名为AIR，筹集了价值约1500万美元的数字资产，以帮助其开发所谓的"生态系统"。Paragon通过ICO发行的代币名为Paragon，募集了约1200万美元的数字资产，以用于将区块链技术赋能大麻产业，并努力实现大麻合法化。

鉴于Airfox和Paragon都没有根据联邦证券法注册他们的ICO，他们也没有资格获得注册要求的豁免。SEC对此作出的处罚包括：

① 两家公司必须将其代币登记为证券，并定期报告；

② 两家公司分别需要缴纳25万美元罚款；

③ 通过ICO方式募集的款项要退还给投资人(按照投资时的代币价值退还)，并支付相应的利息；

④ 如果投资人已经将代币出售，只要提供交易的相关凭证，两家公司必须给予相应的赔偿。

SEC在Airfox案件处理中论述了对其进行处罚的依据。

第一，依据公司发行证券应包含一份"投资合同"，而根据证券法对"投资合同"的定义(以从他人的创业或经营成果中分享利益为目的向某个普通实体中投入资金)，Airfox的ICO行为(发行与出售代币AIR)构成证券发行，理由在于其实质上构成了美国证券法(1933)第2节(a)小节第(1)条款规定的"投资合同"的出售，也就是说投资者购买AIR后可以兑换其他数字资产，这种价值贡献构成一种"投资合同"，因为投资人对他们投资Airfox有合理的获利期待，即Airfox公司通过经营，增加AIR的市场价值，并使其能在二级市场流通。

第二，Airfox的营销推广行为存在虚假宣传，其利用投资者的盈利预期，夸大代币升值空间，而且在发行筹备期存在鼓励投机性购买的行为(即早买不仅可以享受折扣，还可从二级市场赚取更多差价)。

第三，Airfox面向公众发行了证券，却没有进行登记，亦没有获得免于登记的资质。依据法律规定，除非申请公开发行登记报告生效，否则该证券发行在任何情况下，对任何人而言都是非法的。[①]因此，依据SEC的决定，购买Airfox代币的个人投资人和投资机构，有权依据美国证券法(1933)第12节(a)小节之规定要求清偿或理赔。可能的赔偿包括：在退还代币的情况下，清偿数额为最初购买AIR的金额及其利息，如果投资者已经出售了代币且遭受损失，那么，可以获得的偿付数额为损失金额及其利息。所有的赔偿均将以美元计算和支付，而美元的汇率将以购买代币时为准，由Airfox公司依据法律对购买本公司ICO发行的代币的投资者组织清偿。

SEC对这类案件的处理向外界传递了一些信号：

① 所有符合证券特征的代币，即"证券型代币"，必须严格遵循证券交易的相关法律规定；

② SEC在持续关注与数字资产相关且有可能违反证券法律规定的行为；

③ 如果其代币是"证券型代币"，那么亏损的投资人可以尝试向SEC进行举报，如果处理结果类似，投资人的损失将有可能被挽回。

7.3 置于现有法律框架下的数字货币监管体系

7.3.1 美国证券法框架下的监管体系[②]

1. SEC的监管体系

事实上，包括SEC在内的很多国家金融监管机构都意识到，未来会有越来越多的虚拟组织和相关的个人和实体使用区块链技术，通过ICO方式来进行募资，而出于保护公众利益的考虑，SEC强调了在现有证券法律框架下，可以根据市场投资活动的发展与变化，通过适当的调整和变通，将ICO行为作为一种新的证券融资方式来进行监管。

SEC在现有法律框架下构建的ICO监管体系包括以下几个部分。

1) ICO的登记注册

美国证券法(1933)第5节的注册规定表明，向公众发行或出售证券必须附有向委员会注册时提供的"全面和公正的披露"，并提交一份法定招股说明书，其中载有必要的信

---

① 根据美国证券法(1933)和美国证券交易法(1934)，需要公开发行股票或希望其股票在证券交易所上市的公司必须向美国证券交易委员会提交报告，包括该公司的财务状况资料、发行股票用途及其他有关内容。

② 张天行. 美国证券法框架下数字代币发行的监管实践与启示[J]. 证券法律评论，2019：352-358.

息，以便有意向的买家能作出明智的投资决定。注册需要披露详细的"关于发行人的财务状况、管理人的身份和背景的信息，以及发行的证券的价格和数量……""有价证券申请上市注册登记声明旨在确保公众获得关于公开交易证券价值的重要事实，并且是该法案保护公共投资者综合计划的核心"。

美国证券法(1933)第5节规定，除非有关证券的注册声明有效，任何人直接或间接从事州际商业交易中的证券的发行或出售都是非法的。美国证券法(1933)第5节(c)条款规定了一条相似的禁令，即除非已经提交了注册声明，否则禁止出售或购买要约。因此，美国证券法(1933)第5节禁止在州际贸易中发行或出售未经注册的证券。

2) ICO代币是否属于证券

根据美国证券法(1933)第2节(a)小节(1)条款和第3节(a)小节(10)条款，证券包括"投资合同"，该合同是对一般企业的投资，合理预期利润来源于他人的创业或管理工作。SEC认为这个定义体现了一种"灵活而非静态的原则"，在分析某样事物是否是证券时，"形式应该被忽略""重点应在于基于交易的经济现实，而不是所附加的名称"。

第一，在确定ICO行为的投资合同是否存在时，"货币"的投资不需要采取法定货币现金形式。以The DAO为例，投资者使用以太币进行投资，并受到DAO代币作为交换，这种投资符合Howey检验的第一要素，即"投资"可以采取"货物和服务"或其他"交换价值"的形式。

第二，购买DAO代币的投资者投资的是一个普通的企业Slock.it。这一点需要特别指出，因为The DAO项目的运行从ICO行为开始到后期的运营都依赖于一个管理团队，需要透过The DAO项目的管理者以及Slock.it公司及其创始人团队，将项目(或"投资合同")推荐给DAO代币持有人，DAO代币持有人可以就The DAO是否要投资这份合约草案进行投票表决，进行投资行为。因此，The DAO项目的管理者，以及Slock.it公司及其创始人团队构成的管理运营行为符合Howey检验的第二要素，即"投资者以外的努力是否是不可否认的影响企业的失败或成功的重要因素"。

第三，投资者用以太币兑换DAO代币时，是存在合理的收益预期的，Slock.it及其联合创始人发布的各种宣传材料向投资者通报了The DAO是一个盈利性机构，而The DAO募集的以太币是由投资者投票进行投资的，目的也是获取收益，这样就符合Howey检验的第三要素，即"利润包括股息、其他定期付款或投资增值"。

3) ICO发行人的确定

ICO发行时，只要发行的代币符合证券型代币的定义，那么"发行人"对证券的发行和销售必须进行注册，除非适用有效豁免。根据美国证券法(1933)第5节的定义，"发行人"被广泛界定为包括"每个发行或打算发行任何证券的人"，"人"包括"任何非法人组织"。

在ICO发行中,上述定义意味着即使发行的过程是由计算机程序启动和管理的,但是"当一个人(或实体)或赞助有限合伙组织的机构,对已经成形的合伙企业的成功或失败负主要负责,他将被视为发行人"。

以The DAO案为例,The DAO视同为一家非法人组织,在发行期间,通过The DAO网站出售DAO代币,因为DAO代币是证券,所以The DAO被要求注册登记,发行人可以确定为The DAO,而The DAO项目的管理者,以及Slock.it公司及其创始人团队视同为发行人,一起承担相应的法律责任。

4) 交易场所问题

美国证券交易法(1934)第5节规定,任何经纪人、交易商或交易所直接或间接地进行证券交易,或在州际贸易中报道任何此类交易均属违法,除非交易所根据美国证券交易法(1934)第6节注册为国家证券交易所,或豁免此类注册。

美国证券交易法(1934)第3a节(1)条款将"交易所"定义为"任何组织、协会或一群人,无论是法人还是非法人,构成、维护或提供一个汇集购买者的市场或设施,将证券的买卖双方集合起来或以其他方式履行通常由证券交易所执行的职能"。

美国证券交易法(1934)第3b节第16小节(a)条款提供了一个功能测试,以评估交易系统是否符合美国证券交易法(1934)第3a节(1)条款的定义,符合该条标准的系统,必须注册为国家证券交易所,或根据适当的豁免经营。代币平台为用户提供了一个电子系统,该电子系统根据多方的订单,根据不可任意支配的方式购买和出售代币(证券),可以在豁免之列。

2. SEC监管的影响分析

通过对ICO发行代币的法律性质问题的分析,以及美国证券交易委员会(SEC)对The DAO、Monkey Captial及Airfox等几家企业ICO行为的处理,我们可以发现将ICO行为置于现有法律框架下进行监管产生以下几个方面的影响。

第一,美国的非合格投资者可能不能再投资针对证券类代币[1](商品类代币除外,从发起方式、股东关系、二级市场变现来看,就是分为证券类和非证券类两种类型ICO)的ICO项目,在美国发行和出售证券的ICO发行人必须在美国证券交易委员会(SEC)注册或获得豁免权。这也意味着根据SEC的监管要求,ICO项目将有可能只能向合格投资者发行。

第二,ICO发行人可能会搬离美国。如果代币被认为是一种证券,ICO发行人必须在美国证券交易委员会注册或须符合豁免权。如果ICO发行人不想遵守SEC的监管

---

[1] 何隽铭. ICO商业模式的法律性质分析及监管模式优化[J]. 上海金融, 2018(2): 88-92.

要求，可以把发行活动转移到美国境外，且不接受美国投资者。

第三，代币成为一种证券资产后，ICO代币发放的时间和成本都将显著增加。针对证券类代币，ICO平台服务提供商(如承销商)可提供配套服务来确保ICO发行遵守了SEC的监管要求，时间和成本会增加很多，融资金额也因此会降低很多。

7.3.2 德国的法律监管体系

根据李海、胡麓珂(2019)的研究，尽管美国和德国分别属于判例法和大陆法系，但是德国金融监管当局对数字货币的态度和监管措施也是在现行法律框架内进行监管。德国现行法律对数字货币以及ICO等没有统一的界定，具体应在什么法律框架范围内受到监管主要取决于数字货币的内容和承载的商业模式。只要代币的内容满足了一部法律的适用条件，则会受到相应的法律的规制。

数字货币及ICO行为可能涉及的德国现行法有：《金融事业法》《支付服务监管法》《保险法》《资本投资法典》《资产投资法》《有价证券说明书法》《有价证券交易法》等，德国联邦金融监管局按照个案审查的原则，负责确认ICO在哪些法律范围内受到监管。违反上述法律规定的，发行人将面临民事责任、行政责任甚至刑事责任的风险。

因此，为在德国合法地发行代币，发行人要先聘请法律专家就代币发行项目进行论证，确定具体代币发行项目可能受到的监管，以便获得相应的许可，从而合法发行代币；对于不确定是否需要许可的事项或存有其他疑义的，发行人可以直接向德国联邦金融监管局提出。

下面将按照不同的法律分析代币发行在德国可能受到的监管。

1)《金融事业法》

《金融事业法》是德国金融监管当局规范银行业务和金融服务的法律。该法第32条第1款规定，在德国开展银行业务或者提供金融服务须事先获得监管机关的许可。如果ICO构成了《金融事业法》规定的从事银行业务或者提供金融服务，则要事先取得相应的许可。

ICO发行的代币是否为《金融事业法》意义上的金融工具，事关与代币有关的业务是否构成银行业务与金融服务。因此，对代币是否是金融工具的看法，德国联邦金融监管局认为基于私法创设的补充货币，如比特币、以太币以及其他数字支付工具等，是记账单位。[①]

---

① 代币虽然不是法定的支付工具，但显然发挥了记账的功能，因为在承认代币的私人之间，代币可以统一地反映经济活动与财务状况。

2)《资本投资法典》

《资本投资法典》主要规范各类资产管理公司以及投资基金。如果发行代币构成了该法规定的设立投资基金，或代币代表了一定的基金份额，则按照第20条的规定，需要事先获得许可。金融市场之外经营的企业一般是从事生产货物、销售货物、贸易、提供非金融服务的企业；如果这些企业在从事自己的主业之外附带地以投资为目的进行投资，这样的活动也不影响他们金融市场之外的企业的属性。

3)《保险法》

如今已有区块链公司试图进入保险领域，利用区块链技术提供保费更为低廉的保险，如保费更低的健康险，以及传统保险公司不愿意提供的保险产品或者即使提供保费也极高的保险，如针对高风险运动(如潜水)的意外保险、自然灾害险等。这些公司也有通过ICO进行融资的，按照《保险法》第8条第1款的规定，经营保险业务需要获得许可。

基于区块链技术的保险业务可能在形式上与传统的保险业务差别巨大，但是德国联邦金融监管局援引德国联邦最高法院的判决从实质上而非从名称和形式上认定保险业务[1]，一旦被认定为从事保险业务，则进行这类ICO要事先获取保险业的从业许可。

4)《支付服务监管法》

ICO发行的代币行为是否构成经营电子货币业务，按照《支付服务监管法》第11条的规定，经营电子货币业务需要事先获得监管机关的许可。《支付服务监管法》第1条第3款规定，"电子货币是用电子形式储存的货币价值，可以用于支付，且为电子货币发行人之外的自然人或法人承认"。电子货币在本质上是电子货币持有人对电子货币发行人的债权凭证，因此，代币以及其他数字加密货币不是电子货币，也不是法定的支付工具，ICO不构成经营电子货币业务。

但是，在代币发行中，如果发行代币的企业先将销售代币获得的资金通过银行代扣款或者转账的方式计入自己的账户，而后又将该资金转移给第三方(如项目发起人)，或者发行人是借助第三方销售代币，第三方先将资金保存在自己账户，在扣除相关费用后将余款支付给发行人，这样发行人或者第三人就涉嫌违法从事《支付服务监管法》规定的转账业务。

5)《资产投资法》

ICO发行的代币如果构成《资产投资法》意义上的投资资产，则ICO发行人有义务制作并公开销售说明和资产信息手册。在具体的ICO项目中，要通过ICO白皮书和

---

[1] 从事保险业务是指有偿地对某种不确定的事件的发生承担一定的给付义务，且在效果上实现了承担的风险被分摊到了面临同样风险的众人身上，并且这种风险承担是基于大数定律计算而来的。

相关的发行文件内容判断。如果代币构成了《资产投资法》意义上的投资资产，也就构成了《有价证券交易法》意义上的金融工具，将受到众多的严格规制。

6)《有价证券说明书法》与《有价证券交易法》

如果发行的代币构成了有价证券，则发行代币要按照《有价证券说明书法》的规定制作和公布说明书。《有价证券交易法》第2条第1款将支付工具排除在有价证券之外。ICO发行的代币如果满足上述条件，则构成有价证券，要受到有价证券的其他监管法规的规范，如《有价证券交易法》、欧盟《禁止滥用市场条例》等，而且发行人要承担更多的义务，尤其是信息披露义务、禁止操纵市场义务等。

第 8 章

法定数字货币

8.1 法定数字货币的基本框架

8.1.1 法定数字货币的基本概念

1. 法定数字货币的定义

法定数字货币(Digital Fiat Currency, DFC)或者央行数字货币(Central Bank Digital Currency, CBDC)的概念,目前在全球还没有统一明确的定义,IMF给出的定义相对精练准确一些:"央行数字货币是一种新型的货币形式,由中央银行以数字方式发行的、有法定支付能力的货币。"可以明确的是,法定数字货币(DFC)不会有物理形式的实体,但它会像现金一样充分地接触到国家的每个居民和组织,包括潜在的海外个人和企业。同时法定数字货币可以让点对点支付中(比如个人之间、个人和企业之间、企业和企业之间)任意金额的支付都变得更加容易(现金需要面对面才可以实现支付)。

从某种意义上讲,法定数字货币也是一种加密数字货币,其本质是对现金的替代或电子化的现金,这里的现金包含纸质钞票和金属硬币,也就是对应于传统货币金融体系中的M0。[①]

通常法定数字货币可以分为"账户版"(Account Based)和"代币版"(Token Based)两个版本。账户版转账时需要对应金融机构的账户体系，而代币版只要有数字钱包即可。从支付结算的角度来看，法定数字货币是M0的替代法定数字货币，是代币版，而不是账户版。

1) 账户版法定数字货币

简单来说，账户版法定数字货币和现在的商业银行账户体系非常接近，但在其设计体系中，二者的主要区别就是法定数字货币要求账户开在央行而不是商业银行。具体流程为：支付者需要登录央行的账户→申请付款给收款方在央行的账户→央行的总账本记录结算和交易信息→完成交易。

这就是所谓的单层架构。因为账户版法定数字货币会增加商业银行的融资成本，同时央行信用优于商业银行，也会导致金融脱媒、风险过度集中等问题。

2) 代币版法定数字货币

代币版法定数字货币其实就是在转账流程中比现金交易多了一些步骤，但是也带来了不用交易双方特地见面的便利性。和物理现金相比，代币版法定数字货币对交易双方的鉴别真伪会复杂和困难一些，因此，交易中往往需要引入外部的认证机制来验证真伪，也导致了交易可能无法像现金一样实现100%的匿名性。匿名的程度取决于数字钱包注册信息的披露情况。

代币版法定数字货币的验证和结算分为中心化和去中心化两种方案，这取决于采用何种技术。去中心化结算通常会用分布式记账技术(Distributed Ledger Technology DLT)。因为效率、可扩展性和交易完结度等要求，分布式记账技术会在央行参与管理的联盟链上对法定数字货币进行验证和结算管理。

但是分布式记账技术不是唯一的方案，很多中心化的结算技术被证明在效率上非常有优势。中心化系统可以高效地验证代币上对应的序列号，同时为了避免双花问题，代币每转换一次，数字钱包就重新分配一个序列号。

2. 法定数字货币的内涵与外延

2018年，国际清算银行(BIS)提出了一个所谓的货币之花[②]，对法定数字货币进行了4个关键属性的定义：发行人(中央银行或非中央银行)、货币形态(数字或实物)、可获取性(广泛接受或受限制)、实现技术(基于账户或基于代币)(见图8-1)。

[①] 刘明瑞. 央行数字货币研究报告. 巴比特, 2018-08-24. https://www.8btc.com/article/469274.
[②] 狄刚. 数字货币. 中国金融[J]. 2018(17)：52-54.

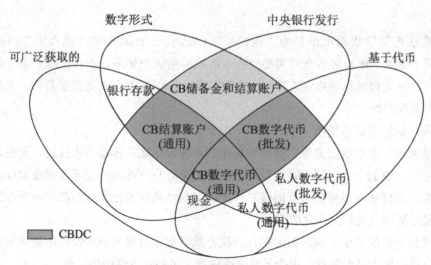

注：CB代表中央银行，CBDC代表中央银行数字货币。

图8-1 国际清算银行的货币之花

如图8-1所示，在BIS的"货币之花"中，法定数字货币堪称"花蕊"(对应深灰阴影区域)，它是一种数字化的货币形态，其发行人是中央银行。其实现形式可以是基于账户的中央银行数字货币；也可不基于账户，是记于名下的一串由特定密码学与算法构成的数字，可称为基于价值或基于代币的中央银行数字货币。[①]根据应用场景不同，又可分为批发端和零售端中央银行数字货币。前者应用于银行间支付清算、金融交易结算等；后者流通于社会公众。所以，中央银行数字货币可以分为三块区域：CB结算账户(通用)、CB数字代币(通用)与CB数字代币(批发模式)。目前，中国人民银行将正在研发的央行数字货币界定为M0，因此可对应"货币之花"中的CB结算账户(通用)和CB数字代币(通用)两块区域。

商业银行在中央银行的储备金一般使用基于账户的方式，因此对应"货币之花"中的CB储备金和结算账户。私人数字货币对应"货币之花"的私人数字代币区域，但基本都是通用型，批发模式的私人数字货币很少见。虚拟货币传统上是由私人机构基于虚拟账户发行的，现常指基于区块链发行的私人数字货币(代币)。

---

① 在"货币之花"中，银行存款、CB储备金和结算账户也被归为数字货币。狭义的数字货币主要指纯数字化、不需要物理载体的货币；广义的数字货币还包含一切以电子形式存在的货币。这一概念的泛化，认为金融体系中的大多数货币都是数字化的，是在中央银行基础货币发行及商业银行贷款过程中产生的。而实际上，以中央银行、商业银行异构数据库保存的基于账户——对应的余额数字，更多地被视为"货币数字"，而并非现在常说的"数字货币"。

根据上述"货币之花"的定义，BIS认为CBDC的基本属性如下[①]。

第一，可用性。目前，传统数字化的央行货币(存款准备金余额)仅限于在中央银行的运行时间内使用。而央行数字货币可以在7×24或仅在特定的时间(如大额支付系统的运行时间)中使用；央行数字货币可以是永久性的，也可以在限定的时间内使用(在设定时间内创建、发行和赎回)。

第二，匿名性。基于代币的央行数字货币，原则上可以采用类似私人数字货币的模式提供不同程度的匿名性，当然匿名的程度取决于其与反洗钱、反恐怖主义融资和个人隐私保护之间的平衡关系。

第三，转移机制。现金的转移支付是点对点，而存款准备金则通过央行作为中介进行转移，央行数字货币可以采取点对点或通过中介进行转移，也可以通过央行、商业银行或第三方代理进行转移支付。

第四，计息。与其他形式的数字化央行负债一样，央行数字货币的计息是可行的，可以作为一种价值存储的手段吸引使用者。

第五，限额。对央行数字货币的使用或持有可以量化限额或设置上限。

"支付即结算"是法定数字货币的显著特征，电子货币在隐私保护和匿名性方面存在短板，法定数字货币可以实现可控匿名的点对点交易，具备了现金高效、便捷、货款即时两清的优势，信息流、资金流合一，无须后台异步清算、结算与对账，通过加密签名转换即可实现前台点对点价值转移和隐私保护。因此，法定数字货币综合了现金点对点的匿名、效率、成本优势和电子货币的时空优势，其数字化特征又可针对场景定制很多创新商业模式，可算是对现有电子货币体系的有效补充与升级。

目前，多数创新金融服务均基于电子货币实现，而电子货币都与银行账户紧耦合，金融服务的可获得性严重受限于账户普及率，数字化现金可以移动钱包为载体实现银行账户松耦合，利用移动网络服务半径远大于银行网点服务半径的优势，法定数字货币可有效推动消除金融鸿沟、实现金融普惠的进程。

相对于私人数字货币而言，法定数字货币具有特定的优势。在内在价值上，法定数字货币以国家信用背书；私人数字货币则无信用背书。在使用范围上，法定数字货币天然具有法偿地位，在具备流通环境条件下，任何人、任何机构不得拒收；而私人数字货币不具法偿性与普偿性。在价值尺度上，国家信用保证了法定数字货币计价的稳定；而私人数字货币价值不稳，公信力不强。在发行动机上，私人数字货币往往追求社会接受度最大化或利润最大化，形成一定垄断后可能会给社会带来负面性和潜在风险或损失；法定数字货币代表国家信用及社会整体利益，能维持本经济体范围内整

[①] 姚前，陈华. 数字货币经济分析[M]. 中国金融出版社，2018(10)：183-184.

体利益最大化。

法定货币除三大基础功能外，承载了更多的货币政策传导、测量、调节等功能，而私营货币专注于私人支付媒介作用，不考虑用于调节经济的国家功能。在业务架构上，法定数字货币具有中心化特征；而私人数字货币则采用以加密算法为核心的区块链技术，使用较大代价来处理双花、交易确认等问题，无中心化机制保障，没有承担"兜底"责任的机构。

简单而言，法定数字货币与现金类似，是基于国家信用的电子货币，其实质是承载国家信用的数字货币。

8.1.2 法定数字货币的价值分析

1. 不同种类的货币界定

法定数字货币和现金的区别已经很明确了，但是很多人对其和银行活期存款、电子现金(比如支付宝、微信中的余额)、稳定币的区别仍没有具体概念。尤其对于消费者来说，很难感知这些法定货币形式之间的不同。

根据IFM的货币树(见图8-2)，可以界定不同种类的货币。

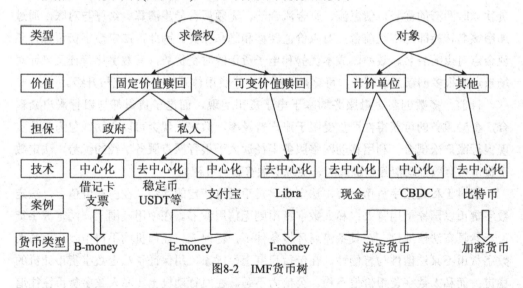

图8-2 IMF货币树

第一个层面是"支付形式"类型的不同，分"主体对应"(Object)和"声明对应"(Claim)两大类。"主体对应"就是用钱来买咖啡，交易瞬间完成，不需要信息流的交互。"声明对应"则指转移一个"价值声明"(Value of Claim)，比如刷信用卡买咖啡，把银行里面的价值声明转移给了商家，交易需要信息流的交换。"声明对应"

类的支付也可以实现瞬间完成,虽然它依托于一个复杂发达的支付体系,但是给使用者提供了很多便捷。

第二个层面是价值的不同,在"声明对应"的支付方式中,货币赎回的声明对应的价值可分为固定的(Fixed Value Redemptions)和浮动的(Variable Value Redemptions)即固定赎回和声明赎回。固定赎回按事先约定好的面值来计价。假设在银行中存入10欧元,那么可以确定地取出(赎回)10欧元现钞,或者放在支付宝里100元人民币,也可以确认赎回100元人民币。固定价值赎回是一种类似债权形式的赎回声明。如果对应的价值是浮动的,声明赎回的货币可以被兑换成不同价值的其他货币,这是一个用资产市场价值对应声明的行为,这种方式更像一个股权式的工具。在主体对应的支付方式里面,不存在赎回的概念,价值对应的是在主体手中或者本地账户中的货币的面值。

第三个层面是支持的不同,即固定价值赎回由什么机构提供支持。有政府信用背书支持,也有依靠企业稳健的运营和法律约定的抵押资产(如保证金)进行赎回背书。

第四个层面是结算所选用的技术类型,即是中心化的还是去中心化的。

这4个维度可以帮助区分出三类不同的货币/支付方式。

1) B-Money

● 法定货币,其中主要的类别就是现金和法定数字货币;

● 银行信用,是最常用的"声明对应"类货币,商业银行的存款、支票、汇票等属于这个范畴。

2) E-money

● 电子现金,一个在支付领域比较突出的新型货币形式,作为债权的工具,价值赎回需要由企业信用背书,同时加上稳健的运营和法律约定的抵押资产(如保证金)进行赎回背书。中心化技术路线的电子现金包括支付宝、微信支付等。去中心化技术路线中大部分合规的稳定币(Stable Coin)从定义上来说也是使用区块链底层的电子现金,包括TrueUSD、USDC、Gemini等。

● 私人加密货币(数字货币),通过非金融机构发行,在自有账户体系中计价,货币由区块链项目发行或者通过"挖矿"产出,比特币、以太币等属于这个范畴。

3) I-money

与E-money十分类似,唯一的区别在于声明赎回对应的价值不是固定的,类似股权工具,对应的是黄金、一篮子货币、股票投资组合等浮动资产,比如Digital Swiss Gold(DSG)和Novem黄金背书的I-money。另一个例子就是Facebook的天秤币——Libra。Libra对应的是由银行存款和短期政府债券组成的一个资产组合,可以随时按照对应资产的价值来换算成法币。但是它没有任何价格保证,声明赎回对应的价值不是固定的,所以归为I-money的范畴。

2. 不同类型货币的价值分析

从经济学视角来看,货币有三大主要功能:计价的单位、支付的工具、价值的存储。根据货币功能和使用者需求这两大维度,IMF构建了货币价值评估模型(见表8-1)。

表8-1 IMF的货币价值评估模型

	支付功能	储值功能
利益最大化	•可扩展性:金额可灵活分割 •可接受度:人与人、人与企业、企业与企业间不同软硬件平台 •额外服务:贷款、投资等服务	•回报:利息支付
交易成本最小化	•交易:容易使用,交易手续费低 •匿名性:是否匿名交易	
风险最小化	•抗结算风险:从同意交易到收到资金之间的时延	•被盗和丢失的风险:回滚交易、网络安全、抗欺诈、恢复损失等 •抗违约风险:货币发行方的违约可能性

1) 现金

现金并不是一个普遍意义上很受欢迎的支付方式,主要问题在于交易成本高(需要支付双方物理上见面,提现等也有诸多限制),容易被盗(尤其是大额现金),没有回报(缺少利息)。但是现金的优点也很突出,比如及时结算,没有信息化系统风险,同时是完全匿名的(见图8-3)。

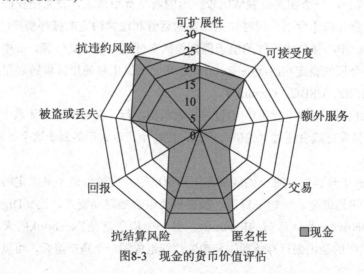

图8-3 现金的货币价值评估

2) 数字货币

数字货币是最没有吸引力的支付方式。受到结算速度的拖累，其在抗结算风险方面得了低分。同时，其在被盗和丢失、交易成本、额外服务、可接受程度方面都有明显缺陷。唯一的优势是匿名性(见图8-4)。

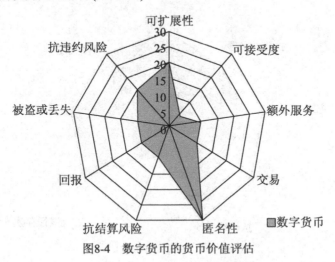

图8-4　数字货币的货币价值评估

3) 电子现金

电子现金的优势明显，具有广泛的接受程度，极低的交易成本(通常客户体验良好，有互联网公司设计的支付场景)，额外服务场景丰富。由于监管和法规的限制，电子现金的可扩展性有机会覆盖到大额支付中去，但与银行存款的网银支付相比，其可接受度在B2B场景中有一定的局限。与银行存款一样，其匿名性程度不高(见图8-5)。

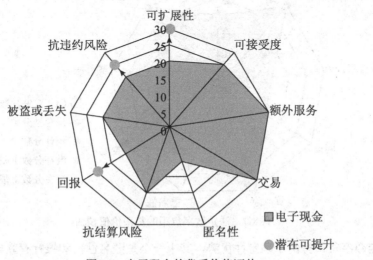

图8-5　电子现金的货币价值评估

4) 商业银行存款

商业银行存款可叠加多种额外的服务,发达的网银支持也带来很高的接受度。另外,其支付的可扩展性强,交易维度的支付手续费低,没有结算风险。其丢失和被盗风险以及缺省风险相对可控,唯一的短板在于它不是匿名的(见图8-6)。

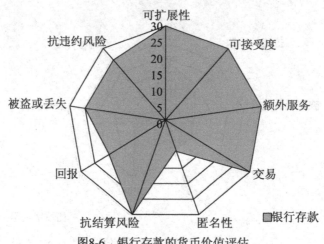

图8-6 银行存款的货币价值评估

5) 法定数字货币

这是一个全新的货币形式,由于目前市场上还没有一种大规模使用的法定数字货币,只能做一下预测(见图8-7)。

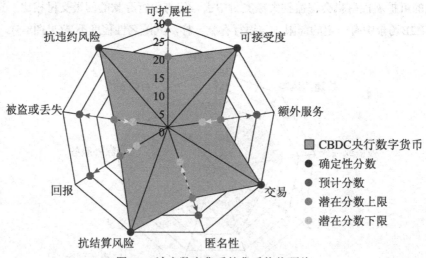

图8-7 法定数字货币的货币价值预估

法定数字货币有两个确定性优势,其中一个是匿名性,和银行存款以及电子现金相比,法定数字货币的匿名性得分更高,虽然它不会做到像现金一样完全匿名。另一个优势是抗违约风险，法定数字货币是央行发行的法定货币，因此，相对于电子现金和银行存款，其抗违约风险得分为满分。此外，法定数字货币和银行存款、电子现金之间也有一些共同优点，比如抗结算风险和交易成本都较低，接受程度较高。

法定数字货币也有劣势或者说不确定性：在回报维度，法定数字货币可以提供完整的利息方案，但与存款比起来有更多的不确定性；在被盗或丢失维度，法定数字货币如果匿名性较高，就无法追回和冻结诈骗交易，如果匿名性较低，防盗和丢失的可能就会高一些；在可扩展性维度，潜在的法定数字货币可以支持大额支付，也可能像电子现金一样，处在中小额度的监管范围之内。

6) 法定数字货币与稳定币之间的比较

根据Facebook提供的公开信息对Libra进行预测，并与法定数字货币(预测参数)进行量化的比较。Libra在大额转账上会受到限制，因此"可扩展性"上的得分中等；Libra在B2B场景的接受度会受到限制，因此"可接受度"指标的得分低于E-money；Libra没有提到任何匿名性和用户信息的保护，考虑到Facebook的"前科"，因此，"匿名性"得分低于法定数字货币但高于E-money；Libra的"抗结算风险"和"抗违约风险"分数低于央行货币及B-money，同时也低于接受金融监管的支付宝等E-money；在"额外服务"和"交易"方面，Libra获得满分。当然随着监管的明确和Libra自身的发展，像E-money一样Libra也会逐渐提升在各个维度的评分(见图8-8)。

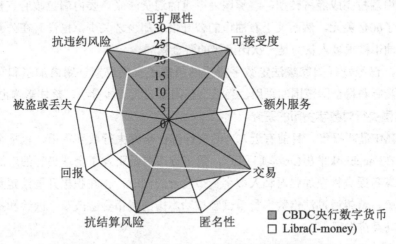

图8-8 法定数字货币与Libra的货币价值预估比较

在IMF的评分体系下，作为一种支付方式，Libra在多个维度都要低于法定数字货币。与E-money和B-money相比，其也有明显的弱点。但是，除了监管的考虑以外，Libra将战略起点放在新兴市场的银行而不接纳人群(Unbanked)的另一个原因就是，和第三世界国家的货币形式相比Libra会有更多的优势。

8.2 法定数字货币的发展状况

8.2.1 法定数字货币的国际实践

1. 实践情况

首个发行央行数字货币的国家是南美洲的厄瓜多尔。2015年2月，厄瓜多尔推出一种新的加密支付系统和基于这个系统的厄瓜多尔币。只有符合条件的厄瓜多尔居民才有权使用，市民可以使用厄瓜多尔币在超市、商场、银行等场所完成支付。厄瓜多尔币受到央行的直接监管，并维持汇率的稳定，被认为是厄瓜多尔国"去美元化"进程的举措之一。在推出之时，项目负责人预估在2015年最多可能有50万人加入该系统。但是，厄瓜多尔币并没有推行开来。在运行后的一年时间，厄瓜多尔币的流通量只接近整个经济体的货币量的0.3‰。得不到民众使用的厄瓜多尔币在2018年4月宣告停止运行。同样为南美洲国家，委内瑞拉于2018年2月宣布发售"石油币"，石油币的价值与油价挂钩，发行参考价60美元，发行量为1亿。委内瑞拉政府希望石油币能够帮助委内瑞拉完成经济转型，缓解国内严重的通货膨胀。委内瑞拉政府宣称通过石油币募集了60亿美元，然而关于石油币的公开信息却少之又少，也没有在公开市场上交易，石油币被很多人认为是一次国家级的资金骗局。

此外，已经发行国家级法定数字货币的国家还有突尼斯、塞内加尔和马绍尔群岛，但都没有获得全国范围的采用，当然这些国家的经济体量小，整体影响也弱。

2. 各国央行对数字货币的研究

根据IMF最新报告，目前有近70%的央行都在研究央行数字货币，包括全球主要经济体。在Facebook推出Libra项目后[1]，数字货币更是引发了全球央行的广泛讨论。因此，全球各国央行在加强对私人数字货币监管的同时，也在积极开展法定数字货币的研发试验，希望通过法定数字货币试验推动本国的货币金融改革，改善和提升金融环境，推动经济发展。

全球主要经济体的央行对央行数字货币的研究和试验，多出于避免私人数字货币垄断数字货币，进而扰乱金融秩序的考虑；而发展中国家则多是为了金融普惠、突破制裁等(见表8-2)。

---

[1] 2019年7月2日下午，美国众议院财政服务委员会向扎克伯格等Facebook高管致函，要求其立即停止数字货币项目Libra和数字钱包Calibra的所有工作。

表8-2 25国央行对法定数字货币的态度

国家及地区	发行CBDC的态度	理由
澳大利亚	暂不考虑	未能看到数字货币相对于现有支付系统的好处
新西兰	暂不考虑	不清楚央行履行数字货币是否能带来确实的好处
日本	暂不考虑	出于维护金融稳定的考虑
加拿大	研究中	现金的竞争力在下降，其他支付途径兴起，良好的CBDC有助于促进在线支付供应商的竞争
巴哈马	计划推出	为了提高巴哈马各社区的运营效率，促进金融普惠，减少现金交易并降低服务成本
巴西	研究中	减少现金周期中的费用；增加支付系统和货币供给的效率和弹性；可追溯并产生数据；金融普惠并提高数字社会进程
中国	计划推出	降低纸币发行和流通成本，提升交易的便利性和透明度，减少监管成本，提升央行对货币供给和流通的控制力
挪威	研究中	作为现金的补充，以"确保人们对货币和货币体系的信心"
瑞典	计划推出	作为现金的补充，减少国民对私人支付系统的依赖
英国	研究中	英国仍将致力于实物货币，但是也必须跟上经济变化的步伐；数字支付在未来有一席之地，但真正的数字货币还需要一段时间
菲律宾	研究中	
以色列	研究中	加强国家支付系统效率，如果能承担利息，也可以成为央行的货币工具，此外，还有助于打击"影子经济"
丹麦	研究中	解决纸币存在的问题
荷属库拉索岛和圣马丁岛中央银行	研究中	央行在两个成员国间分配资金的成本高而且具有挑战性，数字货币能够使得货币联盟的支付系统更高效，降低AML和KYC成本
东加勒比中央银行(ECCB)	计划推出	将国内流通现金减少50%，并为金融部门带来更好的稳定性，促进ECCU成员国的发展

资料来源：清华大学金融科技研究院区块链研究中心。

3.法定数字货币的动力与障碍

中央银行的职责是维持金融市场的稳定，而金融市场的稳定又是社会稳定的重要基础。所以不仅是中央银行，各个主权国家政府也不希望金融市场有剧烈的变化，变化带来的风险有可能导致经济和社会的不稳定。当区块链和加密数字资产出现之后，鉴于它对现有的货币和金融市场的巨大冲击力，一些央行也对这种技术非常重视，并且在内部测试发行数字主权货币的可行性。但是，由于新的货币形式和支持其流通的底层区块链技术对现有的金融市场的冲击过大，它能引起的各种风险未必事先都能预测到，因此各个中央银行对此持慎重甚至可以说是非常保守的态度。

货币数字化不仅仅是一个货币载体的改变。与比特币同时诞生的还有支持其在账户和账户之间直接流通交易的区块链技术。如果各个央行发行数字货币并同时采用区块链技术作为支持新型数字货币流通的基础设施的话，那么这就会对现有的金融市场带来根本性的变化。因为现有的金融市场是以中心化的计算模式为基础的，各个机构记录自己的数据，当机构之间交易发生时，会通过一个中央的记账系统，也就是清算公司来保证交易双方的记录一致和无误。如果引进区块链技术，当一个交易发生时，双方就在彼此之间直接记账，由区块链技术来保证这个记账的准确无误。因此就不需要一个中心化的清算系统来记录这样的交易。由于现有的金融市场都是以这样的中心化的记账方式来运作的，在这个市场结构之上的业务流程和监管制度也都是以此为基础制定的，如果央行采用区块链技术支持其数字货币的流通，那么这样的市场结构就会发生根本性的改变。在其之上的各种组织、流程和法律制度也都需要进行相应的改变。这对任何一个主权国家来说都是一个风险巨大的变化。所以迄今为止，各国的中央银行在推行法定数字货币方面并没有实际上的进展。

但是，Facebook的Libra项目却迫使所有的中央银行必须考虑相应的货币的数字化政策。由于Libra项目现有成员以及未来成员在全球的影响力，Libra及其清算网络在全球范围内的推广是大概率事件，全球范围内的货币数字化的进程肯定会加速。这就迫使各个中央银行必须考虑采用适当的应对策略。

每个中央银行都有现有的金融体系，所以不会在一个崭新的领域中推进其货币数字化策略。它先要考虑货币数字化对现有的货币流通以及金融市场中的各个部分的影响，例如，货币的现有形式和数字版应各自发行多少？数字货币的发行是否应该完全掌握在中央银行手中？商业银行如何基于数字货币进行放贷业务？数字货币的使用如何影响现有的货币形式以及相关的机构和流程？是否在技术上能完全实现对数字货币流通的跟踪？数字货币如何同其他的法币进行方便的兑换？如何保证数字货币的使用是一个循序渐进可控的过程，不会对现有的金融市场产生过大的冲击，等等？只有当中央银行对所有的这些问题有了明确的答案，而且有了一个稳健的推进计划之后，中央银行才有可能推进其货币数字化的进程。

相对于各个中央银行各自的应对策略，各个央行之间的协作同样甚至是更加重要。这是因为Libra项目并不是一个区域性的项目，它从一开始就是国际性的。在技术方面，其底层的清算网络和在其之上流通的数字金融产品都是支持全球范围内流通的。在稳定币的设计方面，其所接受的抵押品和对标法币包括多种法币，而不是单一法币。组织方面，推进这个项目的组织Libra协会，从设立之初就是以全球市场为目的的，所以它设立在中立国家瑞士。Libra 协会的组织形式也是民主开放面向全球成员的。鉴于 Libra 的推广目标是全球的各个法币市场，这就自然促使各个中央银行合作来共同应对Libra带来的改变。如果一个个体中央银行不与其他央行合作，而是自己单独采用应对措施，这将会是一个非常大的挑战。

8.2.2 法定数字货币的核心要素

1. 法定数字货币的本质

根据IMF的分类，目前发挥货币流通职能的"货币"主要包括现金、加密货币、银行存款和私人电子货币。

其中，现金作为央行负债，由于具有国家信用，其违约率几乎为零，现金具有交易的匿名性，且难以保存，因而带来了监管成本和持有成本高的缺点。加密货币(如比特币)的接受度最小，匿名性最高，其风险在于加密货币的系统本身，而非传统货币学意义上的流动性风险。银行存款是居民和公司持有大额货币的形式，相较于现金具有安全性，并且能产生利息，但缺点是转账付款流程慢。近年来，各国开始探索快捷支付系统，这给银行存款带来了新的便捷性，也增加了银行存款的支付范围，减少了结算风险。快速支付系统的一个明显特征是能够在任何时间立即完成支付。为了实现这一结果，所有快速支付系统都需要实现在付款人和收款人的支付服务提供商(PSP)之间立即清算。但是，PSP之间的资金结算并不一定需要立即针对每个付款订单进行。收款人资金可用性和PSP间结算可以是耦合(即实时结算)或解耦(即延期结算)。

第三方支付公司，如中国的支付宝、微信支付以及印度的PayTM等，这些支付公司以托管用户资金的形式存在银行的账户里，通过用户安装的手机App以及电子钱包等方式进行支付，这些支付仅限于同一个支付系统中的参与者，具有快速清结算的功能。

通过上述分析，可以看出，货币进化到数字货币的逻辑，是从现金向电子支付系统的演进，也就是"点对点+电子支付系统"，也就是说，从现金的角度，需要"+电子支付系统"，从银行存款转账、第三方支付等电子支付工具的角度，需要"+点对点"。从电子支付系统的发展趋势来看，人类社会离"无现金社会"并不遥远，电子支付将实物现金的特性融合进来，就是所谓的数字货币，即电子货币与实物现金的一体化。那么，从法币的角度来看，所谓的法定数字货币或者央行数字货币就是解决比特币等数字货币没有"价值支撑体系"的问题，其实质就是"点对点+电子支付系统+央行信用"。

2. 法定数字货币的目标和定位

构想中的法定数字货币不同于传统的货币形态，是以数学模型为基础，包含了发行方、发行额、流通要求、时间约束、甚至智能合约等多种元素，应具备以下特性。

- 不可重复花费，即同一笔钱不能反复拷贝、反复支付，当被重复支付(即"双重支付"问题)时，系统可以自动迅速查出；
- 可控匿名性，若非本人意愿，即便是银行和商家联合也无法追踪法定数字货币的交易和用途，当然这一点需要在个人隐私与反洗钱、反恐怖主义融资等方面取得平衡；
- 不可伪造，理论上数字货币的伪造非常难，但是存在"硬分叉"等情况，法定数字货币则不存在类似情形；
- 安全性，加密是数字货币的基本特性，法定数字货币也会采用类似技术进行加密，甚至加密的水平更高；
- 可传递性，法定数字货币可以在用户之间进行流通，就像现金一样可以连续转让，且不可被随意追踪；
- 可追踪性，法定数字货币的可追踪性是用户的权利，而不是商家或银行的，只有监管当局可以在司法允许的前提下获得这个权利；
- 可分性，法定数字货币应该和数字货币一样，可以进行细分，支持任意金额的交易；
- 可编程性，法定数字货币未来应该具有附加用户自定义的可执行脚本的能力，为基于法定数字货币的数字经济提供智能合约的基础，当然这个基础的规范必须在央行或监管当局的统一协调之下；
- 可存储性，用户通过电子钱包存储法定数字货币，由此自行持有法定数字货币，而不依赖于外部记账，其支付过程表现为法定数字货币转移到接收方的电子钱包中，法定数字货币的电子钱包应具有可靠的本地安全环境。

总体而言，法定数字货币的定位应该是具备以下优势的新的货币形态：

- 提升效率和降低支付成本；
- 传导至银行等金融机构尚未覆盖的用户，提高金融普惠；
- 利用区块链等技术保护使用者的隐私；
- 在数字货币设计可追溯的情况下，防止犯罪和反洗钱；
- 在合理设计利率传导制度的情况下，提升货币政策的效果；
- 提升国家对于经济的控制能力，提高本国法币的竞争力。

3. 法定数字货币的运行模式

央行数字货币的技术路线可分为基于账户和基于代币两种，也可分层并用而设法共存。[①]相应地，法定数字货币的运行框架，可以有两种模式选择：一是由中央银行

---

① 姚前. 央行数字货币与银行账户. 清华管理评论[J]. 2017(9): 34-38.

直接面向公众发行数字货币；二是遵循传统的"中央银行—商业银行"的二元模式。第一种也是目前一些数字货币的常用模式，在这种情形下，央行直接面对全社会提供法定数字货币的发行、流通、维护服务。第二种仍采用现行纸币的发行流通模式，即由中央银行将数字货币发行至商业银行业务库，商业银行受央行委托向公众提供法定数字货币存取等服务，并与中央银行一起维护法定数字货币发行、流通体系的正常运行。

1) 基于账户模式

为缓冲单独设立数字货币体系给现有银行体系带来的冲击，也为了最大限度地保护商业银行现有的系统投资，在具体设计上，可考虑在商业银行传统账户体系上，引入数字货币钱包属性，实现一个账户下既可以管理现有电子货币，也可以管理数字货币。

电子货币与数字货币管理上有其共性，如账号使用、身份认证、资金转移等，但也存在差异。数字货币管理应符合央行有关钱包设计标准，类似保管箱的概念，银行将根据与客户的约定权限管理保管箱(比如必须有客户和银行两把钥匙才能打开等约定)，保留数字货币作为加密货币的所有属性。

这样做的好处是沿用了货币发行二元体系的做法，数字货币属M0范畴，是发钞行的负债，在账户行的资产负债表之外。由于账户行依然还在实质性管理客户与账户，不会导致商业银行被通道化或者边缘化。不同于以往的存现金，数字货币不完全依赖银行账户，可以通过发钞行直接确权，利用客户端的数字货币钱包实现点对点的现金交易(见图8-9)。

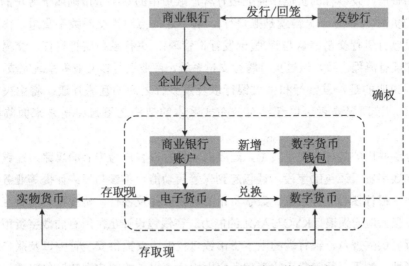

图8-9 商业银行账户体系支持的央行数字货币

2) 基于代币模式

该模式下，央行自主发行与授权发行可以并存，发钞行可以是央行，也可以是央行授权的发钞机构。具体选择哪种发行方式，要根据实际情况来定。在中央银行集中统一发行数字货币的环境下，商业银行银行库中的数字货币属于商业银行的资产，中央银行的负债；商业银行客户账户中的数字货币则属于客户的资产，中央银行的负债。客户之间点对点交易数字货币，由央行数字货币发行系统进行交易确认与管理，央行承担交易责任。交易电子货币则和现有流程一致，通过央行跨行支付系统、商业银行核心业务系统完成(见图8-10)。

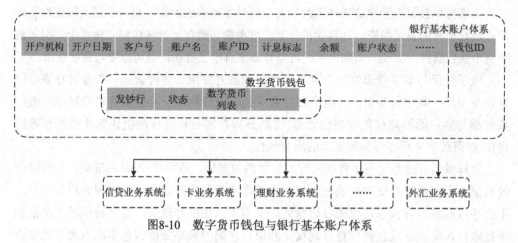

图8-10　数字货币钱包与银行基本账户体系

在央行授权发行法定数字货币的环境下，商业银行银行库中的数字货币属于商业银行的资产，发钞行的负债；商业银行客户账户中的数字货币则属于客户的资产，发钞行的负债(发钞行不见得就是账户行)。客户之间点对点交易数字货币，由法定数字货币发钞行进行交易确认与管理(谁发行谁管理)，央行承担监管责任。交易电子货币，则和现有流程一致，通过央行跨行支付系统、商业银行核心业务系统完成。

需要说明的是，发钞行和中央银行以及发钞行之间的互联互通，将由央行来做顶层设计，该顶层是否可以迁移至分布式账本的架构之下，将是未来面临的重大课题。

在分层并用的具体实现手段上，延续商业银行以客户为中心的思路，在银行基本账户增加数字货币钱包ID字段。钱包起到保管箱功能，不参与日终计提等业务，最小化影响现有银行核心业务系统。数字货币的确权依托发钞行，传统账户与数字货币结合，可以极大地增强银行KYC与AML的能力。在钱包设计上，所有的数字货币钱包须符合央行提供的规范。银行端的数字货币钱包较轻，仅提供安全管控以及账户层相关的必要属性，侧重于数字货币的管理；应用服务商提供的客户端的钱包较重，其功能会延伸至展示层与应用层。在客户端，智能合约的应用可以最大化施展，这也是应用服务商的核心竞争力之一(见图8-11)。

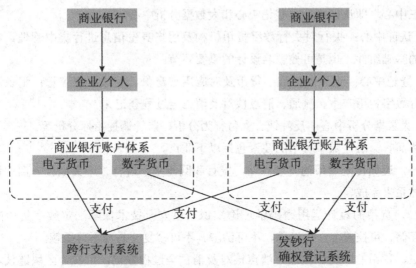

图8-11　不同类型货币的不同交易渠道

4. 法定数字货币体系的核心要素[①]

抽象来讲，央行数字货币体系的核心要素可以归纳为——"一币，两库，三中心"。

"一币"即由央行负责数字货币的"币"本身的设计要素和数据结构。从表现形态上看，数字货币是央行担保并签名发行的代表具体金额的加密数字串，不是电子货币表示的账户余额，而是携带全量信息的密码货币。这个币的设计一定要把我们前面提到的理想数字货币应具备的特性考虑进来。在2016年科技部的国家重大科研项目中，有关数字资产的数字表达方式的研究是一个很重要的课题。新的货币必须具备全新的品质，以支撑全新的商业应用模式。

"两库"即数字货币发行数据库和数字货币商业银行数据库。数字货币发行数据库指人民银行在央行数字货币私有云上存放央行数字货币发行基金的数据库。数字货币商业银行数据库指商业银行存放央行数字货币的数据库，可以在本地，也可以在央行数字货币私有云上。发行库和银行库的设计让人觉得是对实物货币发行环节的模拟，但设计目标考虑更多的是给法定数字货币创建一个更为安全的存储与应用执行空间。这个存储空间可以分门别类地保存数字货币，既能防止内部人员非法领取数字货币，也能对抗入侵者的恶意攻击，同时亦可承载一些特殊的应用逻辑，这才是数字金库的概念。极端情况下，比如管理员的密钥被盗取，或者是服务器被攻击、中毒或中断链接，如何启动应急程序，保护或者重新夺回资金，保障业务的连续性，是设计的重点。

[①] 姚前. 数字货币经济分析. 北京：中国金融出版社[M]. 2018：229-232.

"三中心"即认证中心、登记中心和大数据分析中心。
- 认证中心：央行对央行数字货币机构及用户身份信息进行集中管理，它是系统安全的基础组件，也是可控匿名设计的重要环节。
- 登记中心：记录央行数字货币及对应用户身份，完成权属登记；记录流水，完成央行数字货币产生、流通、清点核对及消亡全过程登记。
- 大数据分析中心：反洗钱、支付行为分析、监管调控指标分析等。

整体而言，法定数字货币的要素包括以下几点。

第一，遵循传统货币的管理思路，发行和回笼基于现行"中央银行—商业银行"的二元体系来完成。

第二，货币的设计运用密码学理论知识，以安全技术保障法定数字货币的可流通、可存储、可控匿名、可追踪、不可伪造、不可重复交易与不可抵赖。

第三，货币的产生、流通、清点核对及消亡全过程登记，可参考区块链技术，建立集中/分布相对均衡的簿记登记中心。

第四，充分运用可信云计算技术和安全芯片技术来保证法定数字货币交易过程中的端到端的安全。

第五，充分运用大数据分析技术，不仅可以进一步保障交易安全，还可以满足反洗钱等业务需求。

第六，法定数字货币的用户身份认证采用"前台自愿，后台实名"的原则，既保证用户隐私，又规避非法交易的风险。

第七，法定数字货币本身的设计应力求简明高效，法定数字货币之上的商业应用尽可能交给市场来做，同时把技术标准与应用规范做好。

第八，构建由央行、商业银行、第三方机构、消费者参与的完整的均衡有序的法定数字货币生态体系，保证数字货币的发行、流通、回收全生命周期闭环可控。

8.3 法定数字货币的试验模型

相对而言，全球主要经济体目前仍都处于研究和试验的状态。英国英格兰银行和伦敦大学提出并开发了一个法定数字货币原型RSCoin系统，日本银行和欧洲央行启动了"Stella"联合研究项目，研究分布式记账技术在金融市场基础设施中的应用。加拿大央行的Jasper项目则是使用央行发行的数字货币或存托凭证，主要用于验证基于分布式记账技术(DLT)的法定数字货币大额支付系统。新加坡金融管理局的Ubin项目，也是基于DLT技术的央行数字货币银行间结算支付系统，通过该项目进行概念验证，探索央行数字货币在实时全额结算(Real-Time Gross Settlement，RTGS)方面的功能。

8.3.1 英国RSCoin系统

2015年，在英格兰银行的建议下，英国伦敦大学的研究人员提出并开发了一个法定数字货币原型——RSCoin系统。RSCoin系统是一种加密货币的模型，由央行控制货币的供应，并依赖多个被授权的商业机构(如商业银行)来验证交易，称之为Mintette，以防止"双重支付"问题。RSCoin系统不仅仅是为了创建一种独立的加密货币，而且提供一个加密货币平台，供用户整合各种已存在的加密货币，以实现多种用途。[①]

RSCoin系统实际上是一个基于类似区块链的模型，而不是基于传统区块链的模型。传统区块链有多份独立拷贝，各拷贝之间使用拜占庭容错保证一致性。但是RSCoin系统没有使用这个设计，而是使用一个中心的节点来维护所有数据，Mintette只维护部分数据。这也是RSCoin系统存在争议的一个原因，这样做的优点是交易速度快、可扩展性好，但却是一个中心化的系统。

针对现有加密货币系统的很多不足，RSCoin致力于解决以下三个问题：一是可扩展性，Mintette数量越多，整个系统处理交易的吞吐量越高；二是货币发行可控性，系统将货币供应和账本维护分离，央行负责控制货币的发行，账本由Mintette和央行共同维护，Mintette维护部分子账本，央行维护总账本；三是通用性，不同国家的中央银行均可以使用RSCoin平台发行各自的法定数字货币。

1. 整体架构

RScoin系统整体架构包括以下几个方面。

- 三种实体：央行、Mintette(可理解为商业银行)、用户。
- 两种分组：对交易分组，对节点分组，特定交易组只给特定节点组处理。
- 两层账本：低级别区块链由节点组维护，只记录本组交易。高级别区块链由央行维护，汇总所有交易并作为唯一标准记录。
- 两个阶段：采用二阶段提交算法，转账时要先从付款地址的记账节点拿到货币合法且未双花的认证，再发给收款地址的记账节点完成记账。
- 两种周期：epoch和period，每个epoch周期，节点生成一个区块进行记账(epoch怎么生成)；每个period周期，节点把最新账本提交央行汇总。

---

① 蔡维德，赵梓皓，张弛，郁莲. 英国央行数字货币RSCoin探讨. 金融电子化[J]. 2016(10)：78-80.

● 三种队列：UTXO队列，Pset队列，Txset队列。UTXO队列记录了当前节点负责的可以花出去的钱。Pset队列记录了当前周期内花过的钱(付款节点记)。Txset队列记录了当前周期内接受过的交易(收款节点记)。

● 一个服务：寻址服务，相当于114号台，负责告诉用户交易地址的处理组。Mintette是央行授权的商业机构，用来收集、核实用户的交易，使用两段协议来验证交易信息：一是投票阶段，Mintette对交易进行验证，将验证信息返回给用户；二是提交阶段，用户将交易分配给Mintette来处理，并把交易信息放入"初级区块"(L-block)中，初级区块只包含交易的原始信息，初级区块并未形成完整的链结构。

然后Mintette对每个"初级区块"进行数字签名，Mintette把"初级区块"发送给央行，央行验证"初级区块"的有效性，合并这些"初级区块"形成"高级区块"(H-block)，并把"高级区块"加入最终的区块链，所以"高级区块"最终构成央行区块链。每一个Mintette都只维护自己的UTXO和Pset，而Service记录了每个账户的负责Mintette，以供用户来查询。一个账户(Addrid)由一组Mintette负责验证。一个用户(Addr)可以拥有多个账户(Addrid)。每个交易可能有多个交易输入(账户)，因为这些账户可能来自不同组的Mintette，因此对于输入的验证可能需要多组Mintettes来参与。对于输出而言，RSCoin系统只使用一个Mintette总管该交易的所有输出(账户)。Mintette被分成很多不同的组，同一组中的Mintettes处理相同的交易。Mintette作用不只是验证现在的交易，同时维护历史账本。因此，每一个输入账本都需要其原来的管理者来验证。所以在一个交易中，输出账户的管理者只有一个。

2. 交易流程

每个Mintette都维护一个UTXO、Pset集合，具体交易流程如下。

① 查询交易：用户向Service查询所有输入账户的负责Mintette组，称为Min，并询问将交易分配给哪组Mintette来处理，这组处理交易的Mintette将负责新产生的账户，称为Mout。因为交易输入可以来自不同的账户，这些账户可能由不同Mintette来验证，因此Min中包含多个Mintette组。Mout只是一组 Mintette。

② 验证交易：对于所使用的每一个输入账户，用户把这个交易发送给输入账户的管理者来验证，对于每一个输入的验证，采取"少数服从多数"的原则，如果一组中Mintette大部分节点都通过验证，则表示该输入账户可以被使用。

Mintette的验证过程如下：

● 检查交易是否有效，如检查交易格式是否正确、输入是否是大于或者等于输出等；

● 检查输入账户是否由本组Mintette来管理；

● 防止"双重支付"，检查该账户是否已经被使用，如果该账户在UTXO集合中即代表未被使用，账户在Pset中则代表已被使用；

● 如果可以使用该账户，则通过数字签名确认用户身份，从而验证该用户是否有权使用本账户，若有权使用，则立即在UTXO集合中删除该账户，并立即把该账户加入Pset集合；

● 授权使用，每一个Mintette将验证结果返回给用户，其中使用数字签名来证明身份。

③ 提交交易：如果所有输入账户都获取了足够的授权，则用户根据分配的Mout，将交易发送给这组Mintette来处理和建块。

Mintette的处理过程如下：

● 检查交易是否有效，如检查交易格式是否正确、输入是否大于或者等于输出等；

● 检查输出账户是否由本组Mintette来处理；

● 统计验证结果，即检查所使用的每一个账户是否被Mintette验证和授权；

● 更新状态，即把新生成的账号(输出账户)加入到UTXO集合中；

● 返回成功凭证，即每一个Mintette将交易结果返回给用户，表明交易成功执行，其中使用数字签名来证明身份。

④ 提交央行：Mintette将完成的交易组成初级区块，进行数字签名后送交央行。央行收到Mintette后，根据"少数服从多数"原则，如果一组中大多数Mintette提交的数据一致，则表示所提交的块合法。央行组合多个"初级区块"成为一个"高级区块"，并形成链式结构，存储在央行最终的账本中。

3. 可审计性、安全性和容错性

1) 可审计性

RSCoin系统为了增强可审计性，每一个Mintette都维护各自的系统日志，记录了Mintette的一些重要行为，这些行为主要有以下三种。

① Query行为：标志对一个账户的使用，主要记录2PC(Tow Peer Client)中第一个阶段的信息。

② Commit行为：标志着新交易执行完成，产生了一个新的账户，主要记录2PC中的第二个阶段的信息。Query行为和Commit行为记录了所有对UTXO和PSET的更新行为。

③ CloseEpoch行为：记录收到的其他Mintette的日志哈希值。

在验证交易阶段(2PC中的第一个阶段)，Mintette会将自己的系统日志的哈希值发送给用户；在提交阶段(2PC中的第二个阶段)，用户将这些日志哈希值和交易一起提交给处理交易的Mintette，这些Mintette会保存所收到的哈希值。经过多个周期的运行，

Mintette都会互相保存对方日志的哈希值，形成"日志交叉"(Cross-hashing)。通过这种方式，任何一个Mintette篡改自己的日志都会被其他Mintette发现，从而加强日志的审计性。

2) 安全性

当系统中Mintette的总数一定的情况下，组数越多，每组Mintette的个数越少，系统的安全性越低，处理速度越快。因此，为了保证系统处理交易的吞吐量，同时兼顾系统的安全性，需要选取合适的每组中Mintette数量和组数。

3) 容错性

RSCoin系统的每一笔交易是由一组Mintette所组成，虽然是一组Mintette，如果有些Mintette出错的话，仍然具有容错性。所以当一个Mintette是错误的或者是被攻击的情况下，系统照样能够继续，问题出现在如果是一组Mintette都宕机的话，这个交易将会丧失。但是，因为Mintette每次都送到中央银行，而中央银行又把这些信息放在数据库中，信息会记录交易由哪些Mintette所负责。所以中央银行可以从区块链上面重组信息，就算是关于一个交易的所有Mintette都宕机，用户也可以从中央银行中找回交易。一组Mintette数字越大，系统的容错性也就越大。

4. 性能分析

RSCoin系统是一种新的法定数字货币模型，平台可以让不同的央行合理定制发行自己的数字货币，RSCoin系统使用的加密技术能够实现防干扰、防假冒的效果，英国央行将选择一些第三方机构Mintette(如商业银行等)参与交易账本的维护。在RSCoin系统中，钱在央行，金融机构只是来验证用户对货币的使用权。RSCoin系统能提供公开透明的交易账本以及维护该账本的分布式系统，其货币供应也是全球可见的，这种模式是"中央发行+分布式账本"的"混合模型"。

RSCoin系统是央行中心化系统和比特币交易模型的一种结合，在央行的集中化模式下引入比特币交易模型，反而增加了系统处理交易的复杂性，导致整个RSCoin系统存在一些缺陷：一是央行作为一个中心，如果数据损坏或被攻击，将会影响整个系统的运行；二是随着系统的不断运行，"日志交叉"会变得越来越复杂，可审计性会降低；三是相比于传统区块链的全节点记账，RSCoin对节点进行分组，分组不能正常工作导致系统的其他部分也不能正常工作，通过折损安全性来提升系统效率，系统的安全性变低；四是用户间接参与Mintette之间的通信，增加了用户的负担，且用户无法被监控，会影响整个系统安全正确运行。

其中，最大的问题是可拓展性。如果央行需要收集、比对、汇总各分区的"初级区块"，然后构成高层账本，就将被迫进行复杂的比对和整合(都是在其他协议中应该且可以由Mintette事先完成的)，此时央行将成为整个体系的瓶颈；如果央行只想做最简单的合并，就需要靠Mintette完成这些琐碎的整合，RSCoin系统的可扩展性就不免要打折扣。无论哪种情形，可扩展性问题都没有得到解决。再加上RSCoin的代码和论文都未说明央行所执行算法的逻辑为何，当然更没有测试过。所以，RSCoin的扩展性其实也没有真的得到验证和解决。

RSCoin系统很明显是基于区块链技术1.0，以至于放弃多拷贝的机制，也放弃了拜占庭容错，用可扩展性来交换安全性。RSCoin系统发展得太早，未来还有很大的改进空间。

8.3.2 日本与欧盟的Stella项目

2016年12月，日本银行和欧洲中央银行(欧洲央行)宣布启动"Stella"联合研究项目，该项目旨在研究分布式记账技术(DLT)在金融市场基础设施的应用，评估现有支付体系能否在DLT环境下安全、高效地运转。项目的第一阶段测试是将区块链分布式记账技术用在汇款领域；第二阶段测试是采用智能合约和跨链原子交换技术，类似于支付托管。目前已经完成了第三阶段测试，也就是跨境支付测试，主要涉及与跨境支付相关信用风险，并确保通过同步和将资金锁定在托管中来缓解信贷风险问题。

1. 第一阶段

具体试验包括测试交易节点数量、节点间距、有无流动性节约机制[①](LSM)、节点故障、格式错误对系统性能的影响。2017年2月，日本银行和欧洲央行联合发布了一份研究报告[②]，对测试结果进行了归纳。

第一，基于DLT的解决方案可以满足实时全额结算系统(RTGS)的性能要求，DLT应用可以处理的支付请求数量与欧元区和日本RTGS系统的支付请求数量相当，每笔

---

① 20世纪90年代，大额支付系统经历了一次重大变革，从仅在日终结算一次的延时净额结算(DNS)系统转变为连续进行结算的实时全额结算(RTGS)系统，目前已经成为绝大多数国家大额支付系统的主要形式。实时全额结算系统可以排除银行间的信用风险，但对流动性的需求相对更高。为了节约流动性，许多国家在其大额支付系统设计中都已纳入所谓的流动性节约机制(LSM)，通过给系统参与者一个额外的选择权，系统参与者可以事先对结算设定一定的条件，当达到这些条件时，提交到列队中支付指令才可以释放。流动性节约机制可以减少商业银行对中央账户余额的需求，同时又能最大限度提升结算效率。

② 欧洲央行和日本央行.支付系统：基于分布式记账环境的流动性节约机制(Payment systems: Liquidity saving mechanisms in a distributed ledger environment, STELLA-a joint research project of the European Central Bank and the Bank of Japan), 2017-09-13. https://www.useit.com.cn/thread-16491-1-1.html.

交易的处理时间不到1秒钟。但是，当每秒钟请求数量增加到250笔时，流量与性能之间的矛盾就会凸显。

第二，DLT的性能受到网络规模和节点距离的影响。网络规模和性能之间存在"此消彼长"的关系。增加节点数量将导致支付执行时间增长。至于节点距离对性能的影响，则取决于网络条件。如果达成共识所必需的最少数量节点之间的距离足够接近，则节点距离对反应时间的影响有限。但是，会存在网络边缘节点所生产的账本与上述节点账本不一致的问题。

第三，基于DLT的解决方案具备加强系统弹性和可靠性的潜力，可以较好地应对验证节点故障和数据格式错误的问题。发生节点故障时，只要共识算法所必需的节点能够运行，则系统的可用性不会受到影响。无论宕机时间长短，验证节点都能恢复。当然，Stella项目测试所使用的DLT设置中包含了一个单一认证中心，如果该节点发生故障，则可能瓦解分布式验证的优势。此外，测试表明，系统能够在不影响网络整体性能的情况下检测出数据格式错误。

2. 第二阶段

Stella项目在第二阶段主要探讨了如何在DLT环境下实现证券结算系统——分布式记账技术环境的DvP(Delivery versus Payment)。测试重点放在了如何在DLT环境中实现概念设计和运行证券交付。在测试中使用了三种平台Corda、Elements和Hyperledger Fabric，并开发了相应的DvP原型。2018年3月，日本银行和欧洲央行联合发布了第二份研究报告[①]，对测试结果进行了归纳。

第一，DvP能够在DLT环境下运行，但受到不同的DLT平台的特性影响。DvP在理论上和技术上可通过同一台账(单链DvP)或分开账户(跨链DvP)实现现金和有价证券结算交易。

第二，DLT为分类账之间的DvP提供了一个新方法，不需要分类账之间的任何连接。通过概念分析和实际验证，采用DLT的"跨链原子交换"技术可以确保不同分类账之间的互操作性，而不必要求它们之间的连接和制度安排。

第三，跨链DvP安排可能会带来一定的复杂性，并可能引发额外的挑战，包括：需要卖方和买方之间的几个流程步骤和交互，从而影响交易速度，并需要暂时锁定流动性；从风险的角度来看，如果两个交易对手中的一个没有完成必要的流程步骤，则会使参与者面临结算风险。

---

① 欧洲央行和日本央行，证券结算系统：分布式账本环境中的券款兑付(Securities settlement systems: delivery-versus-payment in a distributed ledger environment，STELLA-a joint research project of the European Central Bank and the Bank of Japan)，2018-08-03. https://www.8btc.com/article/184399.

8.3.3 加拿大Jasper项目

Jasper项目是世界上首次由中央银行同私人金融机构合作的 DLT 实验项目。项目对基于DLT的加拿大大额支付系统进行概念验证(POC)，研究在金融市场基础设施中运用DLT技术的优劣。项目的首要目标是建立POC系统(无意推广至生产级系统)，该系统使用的是由中央银行发行并控制的一项结算资产，即数字存托凭证(Digital Depository Receipt，DDR)。项目共运行了三个阶段，第一阶段依托 Ethereum平台构建了银行间同业批发结算体系和概念验证系统，用来考察DDR的应用状况。第二阶段依托金融创新联盟R3构建的支持多种共识机制的开源分布式记账平台Corda，进一步探索DLT在银行同业批发支付系统的实践路径，现在已完成支付匹配算法、交易处理数量及隐私保护等性能的评估。第三阶段将重点建立"综合证券和支付平台"，将重点关注证券交易的结算和清算。加拿大的主要付款渠道——加拿大支付(Payments Canada)以及交易所运营商TMX也参与其中。Jasper项目旨在探索实现证券结算过程现代化的潜在途径，这是加拿大央行推动金融体系的效率和稳定性的一个创新(见图8-12)。

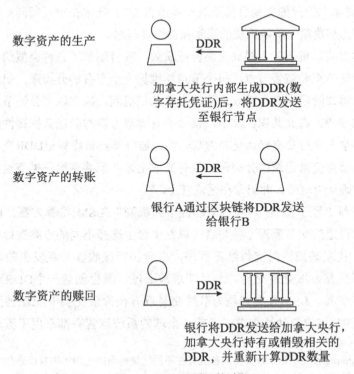

图8-12 Jasper项目的功能

1. 第一阶段

该阶段的实验目标是实现银行同业批发结算能力和测试交易记录效能。

首先,在以太坊上建立批量银行间结算平台,使参与机构能够在此平台上进行大规模结算,并以通过中央银行交换价值的形式,交换数字结算资产DDR。只有参与项目的银行才能使用DDR进行交易,具体步骤为:先以加拿大元兑换DDR,使用DDR进行交易,最后以DDR兑换加拿大元兑现。第一阶段项目采用实时全额结算系统(RTGS)进行结算,预先在参与者钱包中存入DDR,用于在账本上完成支付。RTGS虽然降低了结算风险,但在相当大程度上提高了对DDR的流动性需求,这种需求十分巨大。

其次,测试交易记录效能。平台使用了传统的POW(工作量证明)作为共识机制,要求所有的金融创新联盟R3成员均需对两个参与者提交的DDR交换进行验证,并以其作为该笔交易录入数据库的前提要求。在这一机制约束下,参与验证各方均形成了该笔交易的分类账。尽管这种透明度有助于监控所有参与者的交易状态,但其多边的协商一致机制验证效率较低,无法承载LVTS批发交易的吞吐量,亦不支持保护参与方数据隐私的客观需求。

2. 第二阶段

Jasper项目第二阶段的主要目标是进一步改善DLT技术在银行间同业批发支付系统的应用,着力解决第一阶段出现的隐私保护不足问题。

首先是建立共识机制。为提高交易验证质效,项目创建了三种类型的节点——参与者节点、公证节点和监督节点,每个节点均维护一个专有的分类账,记录最新的交易记录信息。第二阶段在三个节点之间建立了共识机制,确立以"公证节点"概念作为协商一致的核心。在此共识机制下,仅须参与者双方参与验证数据属性的准确性,公证节点即加拿大央行负责确认交易的唯一性,监督节点负责标记DDR交易义务,并创建反映全网节点交易记录的分类账。只有完成上述环节并获得三类节点的签名,该笔交易才能被确认为有效,并记录在区块链上。

其次是创新"原子交换"[①]和"流动性节约机制"(LSM)结算方案。两者是针对不同成本需求设定的交易流程,参与者可以在平台上选择不同的方案进行价值交换。"原子交换"代表基础性的支付结算程序,平台必须接收参与者发出的原子交易请求,使用原子交易方案处理交易,一旦请求被通过,就会创建一个DDR对象,并以共识机制完成交易。LSM方案则是为节约交易双方在价值交换中DDR使用成本而设计的。为降低RTGS的流动性需求,当前,全球的系统运营商都采用了流动性节约机

---

① 原子交换(Atomic swaps)是一种支持两种运行在不同区块链网络上的加密货币进行快速交换的技术。这种交易过程(也称为原子跨链交易)是基于智能合约的,可以支持用户从他们的加密钱包中直接交换想要的代币。因此,原子交换本质上是跨链的点对点交易。

制(LSM)。Jasper项目的LSM采用的是定期多边撮合排队机制，并采取一种创新性方法——在 Corda 平台引入"归集/释放"(Inhale/Exhale)机制，能够让银行在即刻结算和排队轧差两种方式之间进行选择。Jasper是第一个在DLT平台上使用 LSM 算法的公开研究项目。

3. 测试结果

第一，在基于DLT的技术框架下，大额支付系统的运营方不仅仅是传统意义上的基础设施运营者，而且是规则和标准的制定者。在此基础上，加拿大政府可能通过修改相关法律来增强监管机构对金融市场基础设施中采用DLT技术的监管能力。

第二，一个单独的分布式大额支付系统所产生的效益可能无法与中心化大额支付系统相媲美，因为大额支付系统具有一定的中心化特质，这使得基于DLT的大额支付系统与中心化大额支付系统相比，可能存在更大的运行风险。但是，基于DLT的大额支付系统可以通过与更广泛的金融基础设施进行互动合作，实现规模经济，并通过后台系统整合，降低参与者的成本，从而改善整个金融环境。

第三，从金融系统的层面上来看，基于DLT的大额支付系统可能与更广泛的金融基础设施交换而产生更大效益，包括金融资产交易中使用央行数字货币进行结算等。

8.3.4 新加坡Ubin项目

2016年11月16日，新加坡金融管理局(MAS)宣布[1]，正在与R3合作开展Ubin项目的央行数字货币试验，以评估基于DLT技术使用新元的代币形式进行支付结算的效果。Ubin项目迄今为止总共对外发布了4报告，分别是《Project Ubin：基于DLT的SGD》《Project Ubin：重构RTGS》《Project Ubin：基于DLT的DvP券款对付》和《跨境银行间支付和结算：数字化转型的新机遇》。每份报告包括但不限于介绍项目需要解决的问题、原型的规则设计、原型对现实世界带来的影响以及进一步完善项目时未来需要考虑的问题。Ubin项目总体规划为6个阶段[2]，目前已经进入第四阶段，即跨境银行间支付和结算(见图8-13)。

---

[1] Monetary Authority of Singapore. The Future is Here – Project Ubin：SGD on Distributed Ledger[R], 2017-08-08. https://www.mas.gov.sg/schemes-and-initiatives/project-ubin.
[2] 清华大学金融科技研究院区块链研究中心. Project Ubin：新加坡央行在清结算中应用DLT的尝试, 搜狐中国, 2019-03-27. https://www.sohu.com/a/304070954_115173.

阶段一：　　阶段二：　　阶段三：　　阶段四：　　阶段五：　　阶段六：
法定货币SGD　国内银行间　基于DLT的DvP　跨境结算支付　目标运营模式　跨境支付和
数字化　　　结算　　　　　　　　　　　　　　　　　　　　　　　　　跨境DvP

图8-13　Ubin项目的阶段性目标

1. 第一阶段

第一阶段从2016年11月14日到12月23日，主要目的是使新加坡金融管理局和金融机构能够对分布式记账技术有更好的理解，并且对现行金融系统的更可靠和更高效的代替方案进行可行性研究。第一阶段采用以太坊技术进行概念验证(Proof of Concept，POC)，测试央行发行的与SGD等价的数字货币用于跨行支付的可行性，主要借鉴加拿大Jasper项目的体系结构、代码和经验。

第一阶段原型采用"可重用存款凭证(Continuous Depository Receipt)"的模型。MAS引入SGD-on-Ledger的新概念，以区分现有形式的中央银行存款，即银行持有的用于在MEPS+(MAS Electronic Payment System，MAS电子支付系统)上支付的中央银行存款。SGD-on-Ledger相当于具有特殊用途的通票，在特定使用条件下与SGD实现1∶1兑换，在此处仅用于银行间支付(见图8-14)。

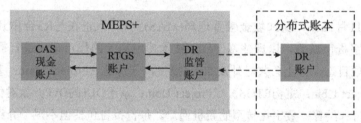

图8-14　Ubin项目MEPS+和分布式账本系统中账户关系

在第一阶段的原型设计中，MEPS+与分布式账本是各自独立的两个账本系统，二者之间只有账目的同步，没有资金的转移，并通过SWIFT虚拟器连接。阶段一设立CAS现金账户、实时全额结算系统(Real Time Gross System，RTGS)账户、存托凭证(Depository Receipts，DR)监护账户，以及分布式账本中的DR账户，实现MEPS+系统与分布式账本系统的对接。在分布式账本系统中，MAS节点上运行智能合约和监控工具，管理分布式账本内的货币并观测分布式账本内银行余额变动和交易情况。

第一阶段的原型实现了以下功能：追踪记录机构的银行存款余额，在分布式账本中实时生成、转账和销毁机构存款余额，交易时间扩展到7/24，以及整合DLT和现行的央行结算系统。项目组提出若干研究观点和未来考量，如果认为项目中设计的数字货币的转移不会产生信用风险,也没有引入新的流动性风险,则未来会考虑设立合适的法律条款保障数字货币转账和法币转账的一致性,以及考虑设计无须先把现金存入中央银行,直接实现银行间互借数字货币的拆借市场(见图8-15)。

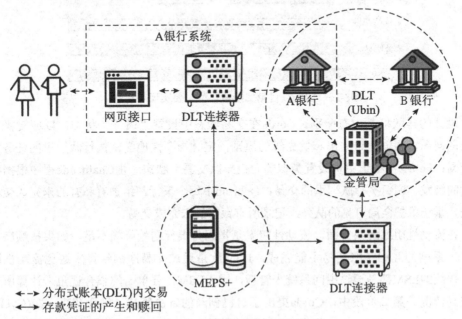

图8-15　Ubin项目第一阶段原型

2. 第二阶段

Ubin项目的第二阶段是与埃森哲(Accenture)合作,探索DLT技术是否能在数字化支付和分布式处理的基础上实现特定的全面结算功能。2017年10月5日,由MAS和ABS联合11家金融机构和5位技术合作伙伴,宣布完成三种不同模式的原型开发,其目的是研究如何运用DLT实现具有流动性节约机制(LSM)的实时全额结算系统(RTGS),以及了解DLT下RTGS如何保护交易的隐私性。三种原型分别基于Corda、Fabric和Quorum设计而成,需要实现的重点功能是实时资金转账、排队机制和流动性优化,同时也将对比三种原型的私密性、规模化和效率、特殊情况处理、高可用性,以及交易最终确认等方面的性能。

三者实现资金转账功能的方式各有不同。Corda采用UTXO数据结构,类似于比特币的交易流程,在双方交易中加入公证人角色,实现点对点方式的资金转移;Fabric为转账建立渠道,系统里的每两个银行都需建立双向渠道,资金转移发生在发送方和接收方的双向渠道中;Quorum是建立在以太坊基础上的专门支持交易和合约私密性的区块链技术平台,利用私有和公有智能合约执行转账(见图8-16)。

图8-16 Ubin项目第二阶段原型需要实现的功能

设计的排队机制也有差别。Corda在交易状态中设置"债务"状态，以应对需要排队的问题，根据先进先出和优先级的原则，定时周期性地尝试执行队列里的任务完成交易；Fabric在渠道中也设置类似的"已排队交易"状态，由Chaincode程序根据特定时间触发，刷新执行队列里的交易；Quorum中每个银行都维护着私有的未完成交易列表，系统维护全局可见的队列，记录所有银行的未完成交易。

在流动性阻塞解决方面，流动性阻塞是指因为银行初始余额不足，如果按顺序执行，一系列的互相转账交易不能完成。LSM就是通过交易净额结算来避免流动性阻塞。传统的LSM都是通过中间系统来管理，因为LSM需要单一的整合视角来计算所有的交易情况。第二阶段中，Corda提出了自己创新的解决算法"循环解决方案(Cycle-solver)"，Fabric和Quorum沿用现有的解决算法EAF2。Corda循环解决方案是在交易开始前列出所有交易的可能阻塞循环，根据算法找出结算后余额都不为负数的、债务总额最大的循环。

第二阶段在三个平台上实现了传统中心化RTGS的处理过程和功能。其包括大额跨行交易结算，没有单点故障的分布式架构，支持不同优先级、暂停、取消的统一交易队列处理系统，只有相关的交易参与者才能看到交易细节，交易一经完成就不可篡改，支持交易净额结算的流动性节约机制。

3. 第三阶段

2018年8月24日，MAS和新加坡交易所(SGX)宣布开始跨不同区块链平台(分布式账本)实现两种代币化资产的DvP结算的计划，探索DvP结算的最终确认、账本间的互操作能力和投资者保护。两种通证化资产分别是MAS发行的新加坡政府证券(SGS)和MAS发行的中央数字货币，即数字形式的SGD。

现行的MEPS+是由MAS执行和操作的RTGS系统，由两个系统组成：MEPS+-SGS系统和MEPS+-IFT系统(MEPS+银行间资金转移系统)。MEPS+-SGS系统处理以DvP为基础、由MAS发行的SGS的无纸化结算，MEPS+-IFT系统支持以SGD计价的大额银行间资金转账。市场参与者必须分别在MAS的两个系统注册才能交易。MAS-SGS委员会是解决争议的仲裁方(见图8-17)。

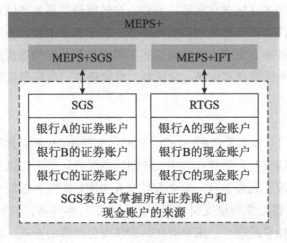

图8-17　现行MEPS+的系统架构

现有的DvP MEPS+系统存在若干问题。在系统风险方面，传统的结算系统中存在单点故障风险，所有需要结算服务的参与银行必须连接到中央运营商(Recognized Market Operator，RMO，包括结算所和中央银行)才能结算其交易；在结算时间上，MEPS+在固定的运行时间内运行，按目前行业惯例，清算和结算周期是T+2或T+3；在监管方面，需要额外的流程、人力和财力确保清算结算合规，监管机构对金融服务行业的规则调整需要数年时间，特别是监管变更、合规标准变更和系统升级(见图8-18)。

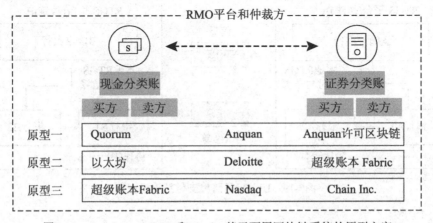

图8-18　Anquan、Deloitte和Nasdaq基于不用区块链系统的原型方案

第三阶段探索在智能合约中嵌入合规要求等规则，实现结算周期从T+3到T+1甚至全时结算的压缩。由于监管审查和合规标准多种多样，嵌入合规规则的智能合约可能影响金融监管部门的多区域执法实施。另外，合约将待交易资产锁定在现金分类账和证券分类账中，可能会降低结算期间的流动性。对于未来考量，第三阶段提出，全时结算需要考虑外汇汇率、交易手续费定价和不同银行营业时间等问题。未来，其将考虑扩大DLT的应用资产类别和市场，如证券、公司债券、商品和衍生品，改进现有一级市场和二级市场。

4. 第四阶段

2018年11月15日，加拿大银行(BOC)，英格兰银行(BOE)和新加坡金融管理局联合发布了《跨境银行间支付和结算：数字化转型的新机遇》的研究报告，表明Ubin项目的第四阶段主要着眼于大额支付，如个人对个人的境外汇款等低额支付不考虑在内。Ubin项目第四阶段将汇集跨境支付流程中的商业银行参与者，共同探讨三个主要议题：目前跨境支付结算的痛点，未来潜在的跨境支付结算的方式，以及行业中跨境支付结算的实例。

Ubin项目第四阶段提出了5种未来可能的跨境支付结算模型，并分析了其可能产生的影响，探索从技术和政策两个方面解决痛点。5种模式来源于当前跨境支付结算的两种模式，以及利用中央基础设施推动变革的跨境支付结算的三种潜在未来模型。

1) 模型1

模型1是当前行业创新措施的合集，基于对管辖范围内和跨辖区的现有支付和结算系统以及基础设施的创新增强(见图8-19)。

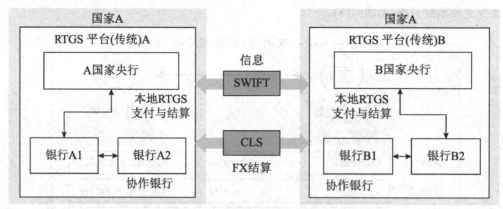

图8-19　Ubin项目跨境支付结算模型1

2) 模型2

模型2具有扩大国家RTGS运营方的作用，这些运营方作为"超级对手方"以解决跨境支付,而不是依赖中间银行作为代理银行。中央银行允许不同司法管辖区的RTGS运营商以给定RTGS运营商的货币在其(中央银行)账簿中开立账户。这使得RTGS运营商能够有效地为其成员银行持有多币种清算账户,各种RTGS运营商可能通过共同的共享平台进行链接。

3) 模型3

模型3有三种模式,即模型3a、3b和3c,都是基于使用批发中央银行数字货币(Wholesale-Central Bank Digital Currency,W-CBDC)的银行之间的跨境支付结算,根据W-CBDC的持有和交易范围的不同,三种模式之间有少许不同。

模型3a中,发行只能在其本国管辖区内持有和交易W-CBDC。每个中央银行都会针对国家法定货币发行自己的W-CBDC。这些W-CBDC发放给各自管辖区的参与银行。中央银行A和中央银行B签订协议,允许来自一个司法管辖区的参与银行维持一个W-CBDC账户(钱包),而另一个司法管辖区的中央银行以该司法管辖区的货币计价。其他中间银行也可以在每个辖区内维护W-CBDC钱包。这类似于代理银行业务的通证化版本,使用这些通证可以让中央银行更好地控制各自司法管辖区的货币供应量。

模型3b中,发行可以在其本国管辖范围之外持有和交易W-CBDC。中央银行A和中央银行B签订协议,允许两国的参与银行持有和交易两个中央银行发行的W-CBDC。即中央银行A发行的W-CBDC可由B国的银行持有;中央银行B发行的W-CBDC可由国家A的银行持有。每个参与银行都与其自己管辖范围的中央银行维持不同货币的W-CBDC账户(或钱包),以允许支付和接收不同的W-CBDC,作为与其他银行进行跨境交易的一部分。

模型3c中,发行由一系列货币支持的单一通用W-CBDC。几个参与的司法管辖区通过其各自的中央银行或全球多元化机构,共同建立一个"通用"批发CBDC(Universal - Wholesale-CBDC,U-W-CBDC),由参与的中央银行发行的一系列货币支持。该U-W-CBDC将通过专门设立的交易所发行,以允许参与的中央银行发行和赎回此类U-W-CBDC,并将管辖区货币转换为U-W-CBDC,以便确定U-W-CBDC与不同法币货币之间产生汇率。交易所的运作和管理框架需要由参与的中央银行共同确定。

未来,Ubin项目还会进一步考虑央行数字货币的法律法规要求和风险、统一标准下所需的跨辖区治理架构、直接参与者的资格标准制定,以及对货币政策和央行主导货币政策的影响等问题。

| 第 9 章 |

数字货币对货币政策的影响

9.1 数字货币对传统货币金融体系的挑战

9.1.1 数字货币与传统货币

1. 数字货币的货币职能[①]

自2009年比特币问世以来,私人数字货币已有十多年的创新发展历程,全球各主要经济体的央行数字货币也在研究和试验中。全球数字货币的种类、市场价值以及应用规模等方面不断创造新的高度。目前,全球数字货币的种类已经达到上万种,其总市值已超过上千亿美元。根据数字货币发展的主要特点、出现的时间、币值波动情况以及在货币职能方面的变化等要素,可将其发展阶段大致分为三部分。这三个阶段可在一定程度上看作逐次递进、优化的关系,每一个新阶段都是在之前的基础上解决痛点、扩大数字货币职能和应用范围。

第一阶段为以比特币为代表的早期加密货币,其诞生时间大致为2009年,2009—

---

① 曲双石,包宏.加密货币的货币职能变化.中国金融[J]. 2019(15): 58-59.

2014年也是加密货币发展的最早期。第一阶段的加密货币使用区块链作为数据结构，主要用于存储和传输价值。以比特币为例，在产生过程中，比特币的发行基于POW共识机制，这种发展导致了高确认时间、高手续费用和低交易吞吐量。这也使得这些加密货币(如莱特币、门罗币和比特币现金等)无法用作数字现金，交易效率极低。但由于其出现较早，币值总量固定，具有一定的稀缺性，单个币值不断升高，目前已被视为具有避险资产的属性，如比特币也被称为"数字黄金"。因此，这一阶段的加密货币最重要的是具有货币的贮藏手段职能。

第二阶段是以以太坊为代表的具有平台属性的数字货币，其诞生时间大致为2014年，2014年至今的数字货币同样使用区块链作为数据结构，但其主要是作为各种应用平台的代币。以以太坊为例，在产生过程中，以太币的共识机制开始转向POS算法，在这种共识算法中，验证一个新区块的概率取决于一个人持有多少股份。因此，以太坊的数据处理比比特币的速度更快。但同时，这一类型的加密货币仍具有币值不稳定的缺点，且后期衍生出的一些种类应用范围较窄。

第三阶段是以泰达币(USDT)代表的币值稳定的加密货币——稳定币。为实现货币的价值尺度、流通手段、支付手段职能，一类价格相对稳定的加密货币应运而生，它们通过一些模型设计保证稳定币的价格在其对标的法币价格上下以很小幅度波动，从而保证其在价格剧烈波动的加密货币市场中起到良好的资金避险、资产储值、支付结算等功能，这也是在金融领域应用频率最高的一类加密货币。目前，稳定币主要有三类：法定货币抵押的稳定币、基础数字货币抵押的稳定币、无抵押/算法式的稳定币。这一类数字货币的缺点在于未设计好抵押机制和运行生态，导致无法成为真正的世界货币。

从货币发展史来看，货币有两次革命性变革，即实物货币和现代信用货币。实物货币的特点是自身具有内在价值，并以自身价值来衡量商品的价值，充当商品交换的媒介。而现代信用货币体系是与国家以及现代经济社会组织形态紧密相连的。国家发行的本位币有国家信用的支撑，其背后是整个社会的财富和交易的商品。国家根据全社会商品生产和交易的需要发行本位币，以法律保证本位币的流通，并通过中央调节机制保持本位币的价值稳定，从而维持现代信用货币体系正常运行。即使随着技术的进步，单一纸币发展为电子货币等多种形式，其背后依然是国家信用的背书，这是最根本的基点。相对而言，以比特币为代表的私人创造和发行的数字货币并不是真正意义上的货币。由于私人数字货币不具有国家信用支撑，无法广泛充当商品交易媒介，所以不是真正的货币，而且它缺少中央调节机制，与现代信用货币体系不相适应。因此，私人数字货币一般价格波动较大，价值不稳定，无法完全履行现代货币的一般功能。

但是，2019年，Facebook准备发行Libra(天秤币)，再次引起了全球各国政府对数字货币将会如何影响传统的货币发行、货币流通、币值稳定和金融稳定的焦虑，因为Libra背后的Facebook有占据全球1/4人口的社群支持。

2. 数字货币与货币的区别[①]

要考察数字货币对传统货币政策会产生什么影响，最重要的问题是厘清数字货币与货币之间的区别。

Selgin(2013)[②]认为数字货币是一种介于商品货币和纸币之间的人工商品货币(Synthetic Commodity Money)。比如，以贵金属为代表的商品货币一般具有非货币价值，数量受到自然资源的限制。现代的纸币不再和特定的商品直接关联，除了作为货币使用以外没有其他用途，数量主要由中央银行控制，相对灵活。人工商品货币兼具商品货币和纸币的特点，它没有货币之外的价值，数量通过程序设置，相对有限。

许多资料通过分析比特币是否具有货币三个基本职能(交易媒介、记账单元或一般等价物、价值存储工具)研究数字货币是不是货币的问题。Yermack(2013)[③]的研究具有一定的代表性，他认为在履行传统货币三个职能时，比特币等数字货币面对很大的挑战。在交换媒介方面，比特币还没被广泛使用，根据数据统计和专家评估，2013年每天可能发生约7万笔比特币交易，其中80%以上是投机行为，考虑到全球每天实际商品交易水平，比特币作为交换媒介的作用和意义微乎其微。在记账单元方面，比特币的价格大幅波动阻碍了它作为记账单元。即使在比较大的数字货币交易平台之间，同一时间比特币的价格也不同，差异可以达到7%，说明整个数字货币交易市场的有效性还有待提高。价格的不确定性给数字货币的使用带来很大的问题。在价值存储方面，比特币等数字货币的波动性比高风险股票价格的波动性还大。比特币等主流数字货币与全球主要货币之间都缺少相关性，与黄金也没有相关性，导致数字货币很难进行风险对冲管理。

比特币除了未能满足传统货币的三个职能之外，也缺少现代货币的其他特点，比如：无法存储计息；缺少像存款保险一样的保障机制；没有在贷款、信用卡等日常金融活动中被广泛接受和使用；常见的货币期货或者货币互换等金融产品中也没有融入数字货币。周庆林(2018)[④]就认为数字货币与货币没有必然联系，数字货币本质上是一套"代币+簿记系统"，其中簿记系统就是区块链(或称分布式账本)，运行在区块链上的代币就是加密数字货币。代币仅仅是区块链簿记系统中的一串数码，其本身没有任

---

① 谢平，石午光. 数字加密货币研究：一个文献综述. 金融研究[J]. 2015(1)：1-10.
② Selgin G. Synthetic Commodity Money. SSRN Working paper. No2000118.
③ Yermack. Is Bitcoin A Heal Currency? An Economic Appraisal. NBER Working paper. No19747.
④ 周庆林. 加密货币的本质与未来. 中国金融[J]. 2018(9)：57-58.

何内在价值，只有赋予其一定价值，才能与现实世界中的价值体系相联系。实际上，货币是一种债务(央行或商业银行负债)，而数字货币不构成任何个人、任何机构的债务责任，也没有得到任何权威机构的支持，这是加密货币不能成为货币的致命缺陷。从目前国际上几个主流数字货币来看，其发行者的治理结构、运营透明度、信息披露、数字钱包以及交易所的安全性等方面都存在极高的风险。

加密货币的市场价格大幅波动，无法担当起支付手段和价值储藏手段职能，更难以发挥调控宏观经济的作用。因此，稳定币的出现被视为解决数字货币通向普通货币之路的桥梁。所谓稳定币，是指通过一系列操作和技术，试图确保与法定货币之间的比价保持相对稳定的加密货币。这些安排基本上是在模仿法定货币的某些币值稳定机制，只不过采用了一些新的技术手段实现。一是设立准备金，把一部分资产(如美元等法定货币或以太币等加密货币)作为准备金储备起来，用以支持和维护稳定币价格(类似法定准备金)；二是承诺兑付，投资者对准备金拥有债权，允许用稳定币兑换回原来的货币资产；三是信奉货币数量论，在稳定币价格出现较大波动时，通过智能合约等手段进行买进和卖出(类似央行公开市场操作)，以此增加或减少流通中的稳定币数量，达到稳定价格的目的。

然而，从目前情况看，这些稳定币的实际效果并不理想。例如，泰达币(USDT)声称与美元的兑换比率是1∶1；以100%法定货币资产作支撑，并将其放入托管银行的准备金账户。就是这样一个听起来不错的稳定币，却被批评者认为是一个黑箱(运作不透明，拒绝外部审计，有滥发之嫌，还经常声称遭遇黑客袭击导致加密货币被窃)，并招致美国监管机构介入调查。事实上，这些稳定币无法确保发行者的信用，缺乏有效维护价格稳定的机制和能力。颇具讽刺意味的是，加密货币声称以摆脱或超越法定货币为己任，却又不得不通过挂钩法定货币或其他加密货币来稳定其价格，这在逻辑上就显得自相矛盾。

因此，数字货币要走向真正的货币，未来有以下几个途径。

第一，迈向法定数字货币。数字货币要成为真正的法定货币，一种可行的途径就是由国家(或货币当局)发行，通过现有或创新的代币与簿记系统(区块链是可以借鉴、利用的技术之一)实现。法定数字货币作为一种新的货币形态，兼具银行存款与现金的双重优势，能够为消费者带来全新的金融体验，也为构建安全便捷的基本银行服务、丰富宏观调控手段提供新的可能。

第二，创新"代币+簿记系统"技术。区块链是数字货币技术的核心。随着数字货币技术的进一步发展，有没有可能创造出一种通用价值存储与价值转移的网络协议——价值网络IoV(Internet of Value)，通过在不同行业的应用场景延伸，进而拓展数字货币走向货币的道路。

第三，推动"代币+簿记系统"应用。数字货币作为一种全新技术，为改进货币支付与证券清算乃至重构整个金融市场基础设施提供了新的可能。用代币表示外部资产，通过"代币+簿记系统"把外部资产转化为"智能财产"(Smart Property)，可实现加密资产点到点交易与管理等应用。例如，用代币表示某种外部金融资产，不仅可以实现金融资产点对点交易，也可以构建贸易融资、供应链金融等协同金融服务平台。未来，通过物联网技术，几乎任何实物资产都可以加以识别和控制，进而通过区块链转变为智能财产，有可能打通"代币+簿记系统"服务实体经济的通道。

第四，探索区域或特色代币。对于某些试图构建独立生态圈的网络社区或私营机构，如果其内生代币能够成为一种值得信赖的发行者负债，可在生态圈内流通和使用，并具有良好的价值稳定和维护机制，那么，这种代币有可能在特定网络空间扮演区域或特色货币的角色。

3. 数字货币对货币政策的影响[①]

1) 电子货币对货币政策的影响

电子货币是法币的电子化，包括非现金支付方式，如票据支付、银行卡支付、预付卡支付等。最初，电子支付主要通过银行等金融机构来完成；后来随着互联网技术的推广，非金融支付机构也进入支付体系，被称为第三方支付，如支付宝、微信支付等。第三方支付机构的加入，使支付变得更加便利，比如提供更加友好的支付界面、拓展特约商户范围、收集整理信息提供增值服务等，但最终的支付清算仍然主要通过银行体系来完成。随着规模的快速扩张，电子货币对货币政策的影响也日益显现。

电子货币导致货币需求的稳定性下降。在选择持有货币还是持有其他金融资产时，经济主体不仅要考虑收益，还要考虑交易成本，包括购买金融产品的佣金、出售金融产品变现所花费的时间等。电子货币便利了货币和金融产品的转换，降低了交易成本。在这种情况下，经济主体对利率的敏感度提高，利率的微小变化有可能引起经济主体频繁改变货币和金融资产的持有量，货币需求的稳定性下降。

电子货币对货币供应总量的影响存在不确定性。一方面，非现金支付中的票据贴现和信用卡涉及信用创造，会增加货币供应量；另一方面，一些非金融支付机构开始提供信用服务，从而减少企业和个人对金融机构信贷的需求，相应减少货币创造和货币供应量。从对货币供给结构的影响看，随着电子货币的广泛应用，各层次货币供应量之间以及货币与金融资产之间的边界日益模糊，各层次货币供应量的可测性和可控性下降。

电子货币的发展导致数量型调控的有效性降低，但有助于提高价格型工具的有效性。在数量型调控中，中央银行主要通过调控基础货币的数量来调节货币供应量，最终影响产出、通胀等经济变量。电子货币的发展导致了货币需求的不稳定性，各层次

[①] 温信祥，张蓓. 数字货币对货币政策的影响. 中国金融[J]. 2016(9): 24–25.

货币供应量的可测性和可控性下降、对货币乘数的影响也存在不确定性。这侵蚀了数量型调控的基础,削弱了数量型调控的有效性。但电子货币便利了现金与其他生息资产的转换,企业和个人更容易持有生息资产,企业和个人将不付息的现金转化为生息资产,生息资产比例上升,企业和个人对利率的敏感度上升,有助于利率等价格型工具发挥作用。

2) 数字货币对货币政策的影响

以比特币为代表的数字货币,在一定程度上打破了现实世界中或多或少存在的货币兑换限制和支付的寡头垄断,且成本很低,满足了公众低成本进行跨国界支付和交易的需求。2008年国际金融危机之后,一些国家央行采取大规模量化宽松政策,招致了滥发货币的质疑。比特币不由任何单一机构发行,而是由矿工"挖矿"产生,其发行速度和规模由技术规则预先设定,并设有一个上限,消除了使用者对货币滥发的担心。此外,比特币的匿名特征,也迎合了信息时代一些人对于个人隐私保护的需要。

一般的虚拟货币只在封闭的特定领域内承担一般等价物的职能,对货币政策和实体经济的影响非常有限。由于游戏币这样的虚拟货币通常只能单向兑换,仅在某些游戏中充当购买虚拟商品的货币,且不能兑换回法币,因此它们更类似于一种特殊的商品,其价格更类似于单个商品的价格。游戏币购买力波动的影响,只限于该款游戏玩家范围,而货币政策关注的是价格总水平的稳定。

数字货币则较大程度地具备了货币的特征,但其不是央行发行的货币,流通也不经过传统的商业银行体系,如果达到一定规模,对中央银行的调控会产生较大影响。一是削弱货币政策有效性。央行调控的前提条件是垄断货币发行权充当最后贷款人,通过投放或回收基础货币,调控银行体系流动性,影响短期利率,从而影响实体经济的储蓄和投资等经济行为。当虚拟货币达到一定规模,在经济中充当货币职能,其数量和价格均会对实体经济产生重大影响,而央行缺乏调控这些虚拟货币数量、价格的能力,只能通过调控法币流动性和价格来施加间接影响,货币政策的有效性将被削弱。二是影响铸币税收入。虚拟货币的发行流通将弱化中央银行对货币发行的垄断,造成中央银行铸币税损失。三是降低货币指标的准确性。此外,值得注意的是,一些虚拟货币的支付网络有可能对以央行和商业银行为主体的既有支付体系形成替代和冲击,从而削弱央行通过支付体系监测资金流动、收集信息的能力。

一些因素制约了数字货币对货币政策的影响。一是目前数字货币在商品市场上的使用率较低;二是去中心化的数字货币有固定发行上限,容易引致通缩和囤积,甚至成为投资炒作的对象,从而导致价格大幅波动;三是去中心化的数字货币,其发行人缺乏对该种货币的兑付承诺能力和币值调节职能,有可能引致系统性风险。由于目前数字货币的广泛使用还存在一定障碍,其对货币政策调控的影响仍在可控范围之内。

中央银行发行的央行数字货币实际上就是一种电子现金，对货币政策和商业银行的影响都不大。央行通过数字货币形式直接将货币发行至个人和企业账户，其流转仍然通过央行和金融机构再至企业和个人，在货币创造渠道、流转环节、功能上与纸币完全相同，没有脱离传统货币政策调控的范围。电子现金的主要功能在于便利交易支付，对货币交易需求的影响有限，对货币政策的总体影响不显著。

9.1.2 Libra的突破与挑战[①]

1. Libra的性质与特点

1) 技术特点

根据Libra的白皮书中显示，Facebook准备发行的Libra在技术层面的改进并不算很大，仍是基于可扩展许可型联盟链构架的稳定币。具体来看，Libra采用基于拜占庭容错(BFT)改良的许可型区块链的共识算法，属于当下的主流方案。在代码层面，Facebook采用了自身新开发的编程语言Move来实现Libra稳定币。Move采用了静态类型系统(Static Type System)，提升了智能合约的安全性和稳定性。

2) 管理架构

Libra在储备金设计、行业生态建立以及用户推广等方面进行了一系列富有创意的改良。如Facebook牵头成立了Libra协会，负责Libra项目的管理、运营以及未来发展战略的制定。目前除Facebook外，该协会共有27家成员，分别来自电信、支付、区块链以及风险投资等不同的行业，同时还包括一些非营利组织和学术机构。相较于联盟链构架，这些成员除运行验证者节点外，还肩负着管理Libra储备金、募集额外资金等使命，成为整个Libra金融体系的重要组成部分，这也是该项目最具代表性的突破之一。Facebook表示，未来会将Libra协会规模扩大至上百位成员，并不断降低Facebook自身在Libra项目中的话语权。

3) 汇率机制

Libra虽然挂钩一篮子法币，似乎解决了价格波动较大的问题，但是仍无法改变其不是货币的本质。其中一个核心问题是，Libra目前仍然没有国家信用支撑、没有中央调节机制，其币值如何得到稳定值得怀疑。虽然目前Libra在积极征求与全球主要经济体的金融监管当局合作，例如接受反洗钱监管、可能将储备资产存入央行，以期解决Libra储备安全的问题，但Libra储备资产毕竟不是国家直接发行的负债，因此，Libra在如何根据交易需求调控币值波动以及维持可信度等方面都存在问题，无法与国家本位币相提并论。

[①] 盛松成，蒋一乐，龙玉. Libra项目为何会被叫停. 中国金融[J]. 2019年(15)：49-52.

从另一个角度看，Libra似乎可以看作盯住固定汇率的开放经济体货币，与港元(中国香港现行货币)相似，但这只是表面现象。为了维持这一制度，中国香港基础货币的发行(负债)，涵盖流量和存量，需要由足额的美元资产支持(历年来维持在基础货币发行量的110%左右)。除了足额美元资产支持，中国香港外汇储备也很充足，2019年5月外汇储备是基础货币的2倍还多。这些资产支持和储备主要在港元走弱时发挥作用，能够保证香港金融管理局(Hong Kong Monetary Authority，HKMA)有足额的外汇买入港元。这能让市场相信，HKMA有足够能力抵御货币投机，管理资本流动。这一过程中，汇率保持不变的条件之一是HKMA通过调节货币供应量引发利率波动，从而缓解或者冲抵资本流动。因此，港元的利率波动往往较大。过大的利率波动并不利于经济和金融运行，因此HKMA设立了贴现窗口工具来减少利率波动。

香港联系汇率制经受住了数次危机考验，从运行机制上看，得益于香港商品价格调整较灵活、银行业稳健、政府财政管理审慎以及外汇储备充足。有了这些条件，还需要HKMA不断干预市场，给予市场信心。可以说，如果Libra应用环境不具备这些经济金融基础、制度和调控手段，Libra协会能否维持Libra价值稳定、抵御投机冲击，是非常值得怀疑的。

综上所述，从货币演进过程看，货币的本质是广泛充当商品交易媒介。要让社会广泛接受，必须要有实物或者信用支撑。随着社会发展，货币的外延在不断扩大、形式不断演进，由实物黄金到纸黄金、再到国家信用支撑的本币(由纸币到活期存款，由中央银行货币发行到商业银行信用创造)，均是自然形成的货币。而数字货币则是技术创造的支付工具，它能否成为货币史上的又一次革命性变革和新的里程碑，是很值得怀疑的。

4) 优势

Libra在加密货币的基础上，有两个方面的改进：一是避免币值的大幅波动和成为投机工具；二是Libra满足跨境支付需求。

具体来讲，一方面，Libra有足额抵押，且储备资产的持有形式包含多种主要货币(如美元、欧元、英镑、日元等)及以它们计价的低风险、高流动性的有价证券(如国债)，这确保了Libra具有较为稳定的内在价值。而且，目前占主导地位的Facebook是一个注册用户数超过全球1/4人口的社交网络，故Libra与其他加密货币相比，具有更多现实的可应用场景。这增加了Libra成为有效支付手段的可能性，而不是在缺乏应用场景的情况下沦为投机工具。

另一方面，目前跨境支付主要依赖SWIFT系统，通过银行转账进行，费率较高、很难服务于金融设施尚不完善的国家和地区，而Libra利用区块链技术，可以较容易地完成跨境交易，打破地区和银行的限制。

2. Libra对传统货币金融体系的影响

即便如此，Libra仍然面临来自各国、各方面的监管难题，体现在货币主权、金融稳定、货币政策及金融监管等方面。

(1) Libra将影响非储备货币国家的货币主权地位

一方面，由于Libra可以轻松进行跨境支付，服务于消费者，即使不支付利息，Libra也会吸引全球资金流入，Libra储备资产相应增加，这使得国际货币体系向Libra储备货币进一步集中。另一方面，由于Libra跨境资金流动不受限制，它可以在全球各地进行支付和交易，意味着在非储备货币国家可以随意使用Libra进行支付，这会影响非储备货币国家的货币主权地位，发展中国家尤甚。对我国而言，目前资本项目还未完全开放、人民币国际化仍在进程中，如何防御Libra带来的冲击是亟须关注的。尤其是Libra的加密性质和点对点支付能够绕过资本管制，削弱跨境资金监管的有效性，同时也加剧资本跨境流动带来的冲击。

(2) Libra缺少透明稳定的运行机制，进而威胁金融稳定

Libra是否具有足额的储备资产应付赎回？和其他稳定币一样，Libra仍面临来自发行方的信用风险，因为其币值稳定有赖于发行方严格执行足额抵押的安排，并妥善管理储备资产。此外，Libra松散的管理机制难以保证当Libra面临信任危机时能有妥善的应对方案。

从更深层次看，Libra储备可以看成最初的黄金，Libra是以足额黄金为抵押发行的流通"纸币"。虽然目前Libra采用100%储备支持的方式发行，但这只是"中央银行"层面的发行。如果未来商业银行以Libra为抵押发行一种标准的储蓄凭证"Libra存款"并且也可以用来支付，那么Libra存款将与Libra一起流通(此时Libra发行总量仍维持不变)。若商业银行开始进行货币创造，则Libra存款将显著上升。此时，虽然Libra发行量、储备资产规模可能仍不变，但货币供应量(Libra+Libra存款)将增加。一旦出现大量赎回，则Libra储备资产不足以支付所有货币，因此会出现挤兑和破产，给金融稳定带来威胁。另一方面，Libra没有一个清晰的规则来描述其运行机制。Libra储备资产的币种、形式、调整频率、储备投资方式都未明确说明，究竟是保持一个固定的货币篮子，还是保持一个稳定价值的货币篮子？这两种方法的结果显然不同。比如说，当保持篮子固定时，如果储备篮子中A货币出现显著贬值，那么Libra价格也将下降，会有投资者将Libra换成B货币。为了满足兑换需求，Libra协会将卖出部分储备资产并兑换成B货币，这可能会进一步加大A货币贬值程度。如果保持篮子价格稳定，那么Libra协会需要卖出价格较高的货币、买入价格较低的货币，发挥一种稳定器的作用。如果这样的交易量足够大，那么储备资产中币种联动将加强。这是一种"中央银行"干预操作；但如果干预规则不清晰、目标不明确，则会影响市场对其信任，从而降低

Libra接受程度,一旦发生信用危机,则会影响金融稳定。

(3) Libra将削弱货币政策有效性、扰乱经济调整周期

一方面,Libra将分流、替代一部分主权货币的使用,与主权货币形成此消彼长的关系。随着Libra使用范围不断扩大,主权货币使用量将逐渐下降,这将降低主权货币流通速度、货币乘数,削弱央行对主权货币的控制力,影响货币政策有效性,扭曲货币政策传导机制。这一影响在Libra流通的所有国家都会发生,而不仅仅是储备货币国家。另一方面,Libra储备资产会影响金融市场,可能产生与货币政策意图相反的结果。当Libra发行量不断增加时,它会增加对储备货币的存款及低风险债券的投资,这将重塑全球资产配置。结果便是,全球资金从其他国家(发展中国家)流出,向储备货币及相关资产流入。这会带动储备货币利率下降,从而削弱储备货币国家紧缩货币政策的效果。同时,其也可能削弱非储备货币国家宽松货币政策的效果(尤其是资本流动较自由的国家)。反之,当Libra需求下降时,资金会流出储备货币,带来储备货币利率上升,从而削弱储备货币国家宽松货币政策效果。同时,其也可能削弱非储备货币国家紧缩货币政策的效果。这些都会影响货币政策有效性,还会扰乱不同国家的经济周期调整。

(4) Libra加大了金融监管难度

一方面,Libra可能成为规避资本管制、逃避监管的工具。由于私人数字货币普遍存在交易匿名和资金可跨国自由流动的特征,因此部分市场参与者利用私人数字货币逃避资本管制、进行"灰色"经济收支,加大了监管难度。另一方面,Libra市场参与者几乎不受监管,用户资金安全缺乏保障以及交易不透明,因此可能会发生诈骗、盗窃和造假等事件。这不仅使消费者权益缺乏保障,而且增加了监管当局取证调查的难度。

3. 从Libra看全球统一货币的难题

Libra之所以受到广泛关注,除了监管和金融稳定方面的关切外,更引发了货币领域的一个新课题。有观点认为,Libra是人类向全球统一货币形态演进的一次尝试。然而,无国界的Libra如果要成为一种新的全球支付手段,意味着它将参与主权国家法币国际化的竞争。一个统一的全球货币从根本上与现有的主权货币(背后是主权国家)是竞争关系,这是阻碍Libra成为世界货币的一大障碍。

第一,技术可以推动和促进货币制度变革,却不能替代货币制度本身,货币政策与去中心化是数字货币的悖论。在数字货币身上似乎存在这样一个悖论:一方面,人们寄希望于去中心化的技术和发行数量限制来确保数字货币价值的稳定;另一方面,国家依靠货币政策调控经济运行,而这恰恰需要中心化的制度安排。因而,到目前为止,所谓的"数字货币"似乎无法同时兼顾人们对币值稳定的追求和对货币政策的需求。这一悖论意味着人们要在追求币值稳定和利用货币政策调节经济之间作出抉择。

目前，Libra等数字货币发行后的流通框架还存在很大不确定性，这不仅仅是技术问题，更关系货币制度的演变和规则的制定，比如，纳入数字货币后，货币政策和宏观调控如何实施？利率、汇率又将如何决定？货币政策如何影响物价、就业和经济增长等？这从技术层面是难以回答和解决的。

第二，在可预见的将来，主权国家不会放弃货币政策。货币政策是目前世界上几乎所有国家的主要经济政策之一，没有一个国家的经济离得开货币政策的调节。货币政策运用的最基本的条件就是中央银行垄断货币发行权，用以调节利率、汇率、物价、就业和经济增长，等等。如果Libra得到广泛使用，其首先挑战的就是美元。美国国会对Libra项目的态度，就说明Libra项目极有可能会影响美国的货币政策和美元的国际地位，无国界的Libra和主权国家组成的国际货币体系之间存在难以协调的矛盾。即使数字货币被广泛运用，货币生成机制和货币供应量还是需要调节的。中央银行货币发行和货币政策对现代经济的至关重要的作用是无法替代的。目前的世界格局恐怕难以支持全球央行的运行。事实上，我们正在经历的，反而是全球化的停滞，甚至是逆转。

第三，全球统一货币如何适应主要国家宏观经济周期不同步、宏观调控政策需求不同步等区域差异问题。Libra并不是统一货币形态的第一次尝试。早在20世纪60年代，蒙代尔就提出了"最优货币区"理论。该理论指出，每个国家在传统上一直保持自己独立的货币，但这可能不是最有效的经济安排，尤其是在各国之间的要素资源有较大流动性、经济结构相似、商品市场高度融合、金融和资本市场高度一体化，以及通胀水平类似的情况下，统一货币将带来更大的好处，如减少交易费用、获得生产的规模经济效益、促进贸易与投资等。欧元区就是基于这一理论的最佳实践，但统一的货币、不统一的财政，已经为欧洲带来了很多难题。欧元区尚且如此，更大范围内的经济同步将更难实现，甚至不可能实现。

9.2 法定数字货币的经济效应及对货币政策的影响分析

9.2.1 法定数字货币的经济效应分析

1. 相关研究

目前，关于法定数字货币的经济效应研究尚处于起步阶段。Broadbent(2016)[①]的

---

① Broadbent B. Central Banks and Digital Currencies[EB/OL]. 2016. http://www.bankofengland.co.uk/publications/pages/speeches/2016/886.aspx.

研究提出，担忧央行数字货币可能会引发大规模存款从银行转移到央行，导致"狭义银行"影响。Barrdear和Kumhof(2016)①利用动态随机一般均衡(DSGE)模型，实证模拟了法定数字货币对美国经济产生的可能影响。姚前和李连三(2016)②从大数据分析的视角探讨法定数字货币的货币政策含义，认为一旦数字货币走进央行的货币供应量序列，运用大数据从中观和宏观的视角分析货币政策实施、金融稳定等问题，将变得更加简便和精准。Bordo和Levin(2017)③的研究认为，附息法定数字货币的利率可以作为货币政策的主要工具，从而减少量化货币工具或依靠财政干预措施来推动经济复苏的需要。Stiglitz(2017)④研究了电子货币系统的宏观经济管理，指出货币的电子化和数字化有助于提高中央银行监测货币流动和组织市场的能力，可以引入信贷拍卖机制，由中央银行通过信贷拍卖对商业银行的放贷行为直接施加影响，从而降低基础货币向银行信贷传导的不确定性。

姚前(2019)⑤深入讨论了法定数字货币对支付体系、货币政策、金融稳定、资本流动的经济效应，进而在实证上建立了一个涵盖家庭、商业银行、厂商、中央银行等4个部门的动态随机一般均衡模型，结合中国经济现实，模拟和分析中国法定数字货币的经济效应。实证结果显示，发行央行数字货币对我国银行系统和金融结构的冲击可控，而且长期看有助于提高经济产出。与稳态时的经济产出相比，可提升经济增速0.01个百分点。这意味着，在中国推出央行数字货币，总体经济效应为正面的。实证结果还印证了理论分析的结论，表明央行数字货币利率创造了一种新的货币政策工具，可以在宏观经济调控上发挥作用。⑥

2. 法定数字货币对支付体系的影响

(1) 基于价值的央行数字货币为银行间支付清算创造了一种新的模式

根据新加坡Ubin项目的试验结论，基于分布式记账技术(DLT)的银行间央行数字

---

① Barrdear J, Kumhof M. The Macroeconomics of Central Bank Issued Digital Currencies[R]. Bank of England. Staff Working Paper. No. 605.
② 姚前，李连三. 大数据分析在数字货币中的应用[J]. 中国金融，2016(17)：18-19.
③ Bordo M D, Levin A T. Central Bank Digital Currency and the Future of Monetary Policy[R]. NBER Working Paper, 2017. No. 23711.
④ Stiglitz J E. Macro-Economic Management in an Electronic Credit/Financial System[R]. NBER Woking Paper, 2017. No.23032.
⑤ 姚前. 法定数字货币的经济效应分析——理论与实证[J]. 国际金融研究，2019(1)：16-27.
⑥ 动态随机一般均衡模型(Dynamic Stochastic General Equilibrium，DSGE)是指该模型具有三大特征。"动态"指经济个体考虑的是跨期最优选择(Intertemporal Optimal Choice)。因此，模型得以探讨经济体系中各变量如何随时间变化而变化的动态性质。"随机"则指经济体系受到各种不同的外生随机冲击所影响。举例来说，可能的冲击有技术性冲击(Technology Shock)、货币政策冲击(Monetary Shock)或是偏好冲击(Preference Shock)等。"一般均衡"意指宏观经济体系中，消费者、厂商、政府与中央银行等每一个市场参与者，在根据其偏好及对未来的预期下，所作出最优选择的总和。

货币支付方案，可以实现队列处理、交易隐私、清算最终性和流动性节约机制(LSM)等传统实时全额结算系统(RTGS)的主要功能。欧洲中央银行和日本中央银行联合开展的试验也认为，DLT方案可以满足传统RTGS的常规性能需求，且流动性节约机制在DLT环境下可行。DLT方案与现有RTGS并不冲突，两者可相辅相成。新加坡Ubin项目在第二阶段探索了DLT方案与RTGS之间的交互与配合。

(2) 法定数字货币与其他金融基础设施的融合，有助于社会节本增效

DLT方案可应用于更广泛的金融资产(甚至是数字资产)的支付结算安排。非标准化股权、债权、衍生品、银团贷款以及贸易融资等交易的中心化程度不高，且结算时间长，效率低。若将这些资产交易通过统一的DLT方案进行整合，直接使用央行数字货币支付结算，可实现规模经济，促进社会节本增效。

(3) 央行数字货币可优化传统央行货币的支付功能

当前，法定货币的支付功能存在不足。实物现金支付虽方便快捷，即时结算，但束缚于物理形态，无法进行快速的远程支付结算，也不适合大额支付。准备金账户支付仅适用于金融机构间的支付结算。实质上，不少国家的现金需求增速仍超过GDP。既然现金仍有需求，但它又有缺陷，那么中央银行就可以通过相关技术设计，优化现金的支付功能，继承现钞支付的优点，点对点支付，即时支付结算，既方便快捷，又可解决现金的缺陷。

央行数字货币在支付功能上的优化表现在：一是允许数字记录和跟踪，它可以改进针对反洗钱和打击恐怖主义融资(AML/CFT)规则的应用，并且可能有助于减少非正规经济活动；二是采用数字化的"铸造"、流通和存储，它的发行成本和交易成本低；三是基于现有成熟的移动支付技术，它可在多种介质和渠道上完成支付，和其他移动支付工具一样，具有支付的普适性和泛在性，可以被广泛接受和使用。

(4) 实际应用中应注意的一些问题

实际应用中应注意保障央行数字货币的安全性、便利性以及用户的隐私保护，并培育生态系统，提高网络正外部性。央行数字货币能否发挥其成效，技术路线、风险防控手段及安全保障措施是基础。

在技术选择上，应注重顶层设计与精益实践相结合，既以顺应长期趋势和满足未来愿景为设计导向，同时尊重现实，加强央行数字货币与现有金融体系、技术环境的融合，及时评估，适时修正，迭代优化。在安全性上，央行数字货币应达到消费者所习惯的高安全性，应做好技术创新与风险之间的平衡，持有审慎和包容的立场，对各项可选技术进行周密评估，寻找系统在安全性与效率性、稳定性与灵活性之间的优点。

3. 法定数字货币对货币政策的影响

(1) 央行数字货币对货币政策的影响

基于合理的机制设计，央行数字货币对货币政策和宏观经济的影响可以是"中性"的。当然，不同的属性设计决定了央行数字货币不同的经济影响。若仅是一种支付工具，不是一种计息资产，那么辅以相关机制设计，央行数字货币相当于各类传统支付工具的变体，不会对货币政策和宏观经济产生过多影响。例如，在批发端，央行数字货币以100%准备金抵押发行，并限定于银行间支付的封闭场景，那么它对货币供应量的影响是"中性"的，不影响宏观经济。在这样的央行数字货币环境下，现有的货币政策框架依然适用。

(2) 央行数字货币利率可成为一种新的货币政策工具

若央行数字货币不仅是一种支付工具，还是一种计息资产，那么它将创造一种新的价格型货币政策工具。一是在批发端，当央行数字货币利率高于准备金利率时，它将取代准备金利率成为货币市场利率走廊的下限；二是在零售端，央行数字货币利率将成为银行存款利率的下限。

这具有两层正面政策意义。一是有助于提升央行政策利率对中长期信贷利率的传导。如果央行数字货币利率成为银行存款利率的下限，中央银行则可以通过调整央行数字货币利率，来调控银行存款利率，进而传导至银行贷款利率。二是有助于打破零利率下限。传统上，零售端的央行货币是现金，而现金的利率为零。因此，当零售金融资产利率下降至零时，资金会向现金转换，从而使负利率失效，名义利率的有效下限为零。若发行零售端的央行数字货币，同时废止大额现金的使用，则可对央行数字货币计负利率，或者可酌情对央行数字货币收取钱包保管费，实质上等同于实施负利率政策，由此打破零利率下限约束，释放货币政策空间。

(3) 央行数字货币有助于提升央行货币地位，增强货币政策有效性

近年来，许多发达国家和新兴市场国家的央行货币在总体货币总量中的比重有所下降。自2003年以来，中国央行货币与M2的比率下降了5%，印度下降了7%，欧元区则下降了3%。这在一定程度上表明央行货币在社会经济中的重要性正在下降。其中的部分原因可能是传统央行货币的支付功能不能完全适应现代经济的需求。从一些支付机构提出的"无现金社会"口号以及近几年来私人数字货币的发展均可以感受到，央行货币的地位正受到挑战。而央行货币的数字化有助于优化央行货币支付功能，提高央行货币地位和货币政策的有效性。

4. 法定数字货币对金融稳定的影响

(1) 可通过增加银行存款向央行数字货币转化的摩擦和成本，避免央行数字货币的"狭义银行"影响

在零售端，不论央行数字货币基于账户或不基于账户，央行资产负债表均向公众开放；若不计息，在正常情况下，央行数字货币不会引发大规模存款从银行转移到央行，导致"狭义银行"。但有一个担忧，由于数字化特性，在银行危机时刻，银行存款可能会快速、大规模地向央行数字货币转移。

为了防止在计息情况下央行数字货币对银行存款的替代，至少可以采取以下措施，来增加银行存款向央行数字货币转化的成本：

① 央行可以参照实物现金管理条例对央行数字货币实施"均一化"管理，以此管控央行数字货币的大额持有，或者这实质上是管控大额取现；

② 中央银行对银行存款向央行数字货币每日转账施加限额，不支付高于规定限额的余额的利息，降低大额央行货币的吸引力；

③ 商业银行引入大型央行数字货币提款通知期限，对可能接近现金存储成本的异常大额余额征收费用；

④ 商业银行提高银行存款吸引力，如提高利息或改进服务。

(2) 无须对央行数字货币持有"狭义银行"恐惧症

Kumhof和Noone(2018)[①]发布工作报告提出央行数字货币的"四项核心设计原则"，包括"央行数字货币利率自由浮动、不与准备金互换、不与银行存款按需兑换、仅对合格债券发行"，以避免央行数字货币对商业银行的冲击。而且依据央行数字货币系统内参与者的不同，构建三种不同的系统模型，建立央行数字货币交易所。这一核心原则实质上是将央行数字货币设计成了纪念钞(与准备金、银行存款不能自由兑换，只能与现金兑换；价格浮动，在交易所里交易，有资产收益)，以避免央行数字货币对银行存款的冲击。这会使央行数字货币的经济意义大打折扣。同时，央行数字货币利率自由浮动，会导致与现金的兑换率浮动，这势必会影响法币的计价功能和支付功能。同一商品有两种价格，一种以现金计价，一种以央行数字货币计价。货币属性的减弱将会使央行数字货币变为类似于央行票据或纪念钞的投资资产。若比照于央行票据，市场上已经有国债，再造一个政府信用资产，不仅意义不大，而且可能会造成财政政策和货币政策之间的冲突。若比照于纪念钞，则意义更是甚微。央行数字货币相当于数字纪念钞，而非数字现金。

对于中央银行，最重要的考量应是，央行数字货币的发行和流通是否有利于服务实体，促进经济增长。根据姚前(2018)[②]的研究，余额宝等互联网货币基金的推出，虽

---

① Kumhof M, Noone C. Central Bank Digital Currencies: Design Principles and Balance Sheet Implications[R]. Bank of England Staff Working Paper, 2018. No. 725.

② 姚前. 余额宝的经济意义评价及其监管建议[J]. 武汉金融, 2018(5): 4-10.

然在前期导致银行存款搬家到货币基金，但在一定程度上有利于利率价格发现，使市场利率向均衡水平回归。实践亦表明，作为一种私人部门信用资产，银行存款是否会大规模搬家或大规模取现，最重要的还是商业银行本身的经营能力和服务水平，而不在于其他资产相对于银行存款的吸引力。若真要防止银行存款搬家，维持金融稳定，从根本上而言，一方面有赖于商业银行自身能力的提升；另一方面有赖于审慎监管、存款保险制度等金融安全网的保障。

5. 法定数字货币对资本流动的影响

关于央行数字货币跨境使用的研究尚处于起步阶段。这是非常重要的议题，同时又比较复杂，涉及货币主权、外汇管理、跨境资本流动审慎管理、资本账户开放、货币国际化等诸多方面。有一个担忧是，当人们对货币体系或政治局势的稳定失去基本信心时，可能不再持有主权货币，而转向外币等其他形式资产或私人数字货币，由于央行数字货币被认为是易受政府控制的，因此相较于现金，央行数字货币更容易引起资本外流。这与央行数字货币本身的技术特征无关，最重要的原因是极端情形下公众对本币失去了信心，是所有央行货币的信用危机，而不仅仅是央行数字货币。

9.2.2 法定数字货币对货币政策的影响分析

1. 法定数字货币的优缺点

法定数字货币的发展影响着中央银行的4个核心职能：分发货币、运行重要的支付系统、制定货币政策，以及维持金融稳定。

我们先对法定数字货币进行一系列假设：

- 法定数字货币可向公众无限提供，也就是类似现金，不受供应限制；
- 法定数字货币可基于现有的支付系统技术或新的密码技术，呈现不同的形式；
- 法定数字货币与现金、私营机构发行的其他形式的数字货币共同流通；
- 法定数字货币可以按固定汇率(面值)兑换成现金；
- 公众不能向中央银行借款(也就是公众不能持有数字货币的负资产)；
- 中央银行不会对其法定数字货币的余额支付利息。

1) 货币分发

从货币分发的角度，发行中央银行数字货币有两个优点和四个缺点。

(1) 优点

优点一：数字货币可能比现金更安全、更容易分发。

发行数字货币的第一个好处是比现金更容易分发。对数字货币的分发来说，为了分发数字货币，中央银行需要发展自己的零售和客户服务基础设施，或者外包。无论哪种情况，建设基础设施的成本都会很高。目前需要进一步开展工作，以了解开发和维持一个安全的数字货币网络和提供零售部门的费用是否低于现金分发的费用。此外，与现金相比，数字货币的分发可能更安全。分发和持有现金对个人安全的威胁是个极大的成本。例如，在角落的乳制品厂、加油站、银行分行和运钞车工作的人随时面临被抢劫的高风险。而数字货币则可能会提供一种降低个人安全风险的央行货币形式，但数字货币并不能消除所有的盗窃或伤害威胁。央行发行的传统数字货币面临着与现有电子货币类似的盗窃和欺诈性支付的风险。此外，如果数字货币是基于代币的，并存储在某种形式的硬件(即预付卡)上，那么就可以实际使用。加密货币也可能面临网络风险，取决于DLT是如何被设计的。分布式记账技术能够移除系统中任何可能的单点故障，这使得区块链能够抵御网络攻击和运营失误。

优点二：如果现金被逐步淘汰，法定数字货币将可替代成为法定货币。

第二个好处是，中央银行发行的数字货币将确保无论是否有现金，公众能够继续获得法定货币。现金需求可能会下降到大多数消费者无法广泛使用的程度。未来，消费者一般使用银行卡或移动支付App而非现金进行绝大多数交易。由于需要清算日终现金收入，负担银行分行之间现金运输以及盗窃的风险，现金可能成为零售商和银行分支机构的负担。因此，如果现金需求大幅下降，零售商和银行分支机构可能也不会再留恋对现金基础设施的维持。

(2) 缺点

缺点一：发行数字货币将产生建设成本。

中央银行需要投资新的基础设施来创建、发行和维护一个数字货币网络。这种设置成本是未知的，而且可能很高。

缺点二：中央银行发行的数字货币可能会造成巨大的消费者损失。

中央银行可以发行基于代币的传统数字货币或加密货币。这些形式的货币将存储在小型设备上，消费者可能会在被盗或丢失的小型设备上持有非常大的余额，可能会造成更高的消费者损失风险，而对于现金来说，消费者不太可能随身携带大量现金，也不太可能在家中储存大量现金。

缺点三：发行数字货币可能需要额外的监控和规定。

在反洗钱和打击恐怖主义融资(AML/CFT)背景下，发行数字货币可能需要额外的监测。按照这项法律，中央银行可能需要监控其数字货币的使用者以及支付情况，以防止欺诈等问题。传统的数字货币由于集中设计，理论上更容易监控，而加密货币可能更难监控，这是由分布式账簿中的匿名性和地方分权决定的。

不过，向公众分发数字货币，连同其对反洗钱和打击恐怖主义融资的遵守情况和欺诈监测，可以外包给私营部门。私人银行可以通过指定的银行账户管理央行的数字货币，但这些账户中的资金将由央行全部持有，这将减轻中央银行向公众发放货币的行政负担。

缺点四：数字货币在紧急情况下容易受到断电的影响。

中央银行发行的数字货币容易受到电力和互联网连接中断的影响，因此在紧急状态下并不可靠。此外，发行一种央行数字货币一定程度上减少了现金的需求和供应，而现金则是电力或互联网中断时的一种重要的备用支付方法，现金短缺可能加剧紧急情况和自然灾害的影响。因此，如果一家央行要发行数字货币，它可能需要通过正式的备用现金管理计划来降低这种风险。

2) 支付系统

支持数字货币的底层技术对支付系统有着重要的影响。在这里，我们区分成：基于传统支付系统的数字货币和基于加密技术的数字货币。

(1) 传统的数字货币

央行发行的传统数字货币有三个优点：比现存的电子支付方式更快速的结算，更低的费用和更高的匿名性。

支持一：使用传统的数字货币提高结算速度。

央行发行的传统数字货币的第一个好处是它可以提高结算速度。现有的金融市场基础设施要求在结算前清算。清算是将交易信息发送给发行银行(支付人银行)和收购银行(收款人银行)的过程——交流谁应该得到什么报酬，由谁支付。结算是银行间实际的资金交换。目前，端到端付款过程可能需要几个小时或几天才能完成，这取决于付款类型和何时指示。这些结算上的拖延不仅提高了收款人的成本，也给提高付款效率带来了机会。如果立即收到资金，不仅利于收款人，而且不会给付款人带来额外的费用。此外，如果一家商业银行倒闭，延迟结算需要通过协议来确定支付结果。

传统的数字货币可以改善结算，因为整个支付过程可以通过央行更新账户额迅速解决。央行既是资金的收购者，也是资金的发行者，不再需要任何银行间的协调，这类似于付款人和收款人在同一商业银行使用账户时的情况。但是，中央银行发行的数字货币和商业银行账户之间的交易则需要银行间结算，这也可能同样导致当前电子支付的延迟。

央行数字货币也能改善跨境交易处理。目前，跨境交易需要银行和支付系统网络的协调，以指导和解决各国之间的付款问题。央行数字货币可以通过减少交易中至少一方所需的服务提供者数量来缩短结算时间。如果交易是在两种中央银行发行的数字货币之间进行，那么结算可能只需要一个货币兑换市场。

支持二：使用传统的数字货币可能降低交易费用。

信用卡交易存在交易费用，这种费用由银行收取；反过来，这类费用将通过更高的商品价格或附加费转嫁给消费者(支付者)。因为并非出于利润动机,所以相比起现有电子支付提供商,央行可以对数字货币的电子交易收取较低的费用。但它仍然需要收取提供数字货币及其支付网络的费用(视其形式而定)。

支持三：传统的数字货币比现有的商业银行卡具备更高的支付匿名性。

传统数字货币的第三个潜在好处是,比起现有的信用卡支付匿名性更高,比起现金支付则匿名性更低。这种匿名性将取决于传统数字货币的设计。以账户为基础的货币将类似于商业银行提供的交易账户中的电子货币。因此,这种形式的中央银行数字货币匿名性不高。然而,基于Token的货币可以提供一些匿名性。以Token为基础的央行数字货币的付款结算无须核实Token持有用户。但如前所述,基于Token的货币并不是真正的匿名。所有数字货币交易都会留下电子记录。因此,即使用基于Token的数字货币支付也不如现金支付匿名(其中没有记录)。部分匿名可能有利于央行发行的数字货币,因为它在能够阻止犯罪(因为存在电子交易记录),与满足公众对匿名的要求(特别是如果现金不能广泛使用的话)的支付手段之间取得平衡。

(2) 基于分布式记账技术的加密货币

评估加密货币在支付效率方面的利弊更为复杂。一般来说,加密货币依赖于DLT进行交易。加密货币如何影响支付过程取决于底层的DLT设计。DLT通过将结算与清算合并成一个称为"验证"的步骤,可以实现更快的结算。在DLT中,金融交易信息的发送和货币的最终交换没有分离。

基于区块链技术的加密货币有以下几点好处。

① 区块链使得账户和交易的透明度提高,提供了"单一的真相来源",有助于记录保存。

② 与现有支付系统相比,消除了单点故障,使得区块链更容易抵御网络攻击和运营失误。

③ 清算与结算合并为一个步骤,消除电子支付可能存在的延误。这意味着一旦支付被验证,收款人立即收到付款,这有利于个人资产的流动性管理。

④ 付款与基于Token的传统数字货币的付款一样是匿名的。在区块链上,只有当所有者提供他们的数字签名时,支付才是授权的。但是,电子交易记录意味着,如果一个数字签字追踪到一个人,那么他们的所有交易都很容易查明。

⑤ 付款是无边界的。这意味着货币持有者之间的交易并不因其实际位置而变得复杂。

基于区块链技术的加密货币的缺点是,在区块链上进行交易验证需要高能源投入,这可能导致交易费用高于目前的国内交易费用。

加拿大中央银行和新加坡金融管理局试验了数字信息管理系统,试图从区块链中获益，同时避免上述缺点。这些实验特别提高了端到端的支付速度，通过引入交易的中央验证器，减少了加密货币的成本和扩展事项。然而，由此产生的分类账本变得更加类似于传统的数字货币。这就导致了三个类似于传统数字货币的优点：与现有付款相比，更快的结算速度；成本降低(取决于中央银行的费用)；一定程度的匿名。

中央银行发行的法定数字货币不可能是无国界的，因为它通常只能在发行国内被接受。与传统的数字货币一样，使用数字货币进行的跨境交易可能绕过现有的国际支付服务网络。这些交易需要货币兑换。如果存在兑换，用法定数字货币进行跨境交易，可以减少从几天到数小时的付款结算时间。像比特币这样的私人加密货币被认为是无国界的，因为它们不附属于任何国家，但它们的确依赖于将其兑换成本国货币的数字货币交易所。这导致了对交易平台的一系列知名的网络攻击，例如对 Mt.Gox 交易所的网络攻击。

2. 法定数字货币作为额外的货币政策工具

中央银行的使命一般是通过控制通货膨胀率、利用货币政策确保价格稳定，同时支持最大限度的可持续就业。其中，中央银行主要使用利率作为主要的政策工具。然而，作为货币政策工具的利率有两个局限性。首先，它依靠商业银行将利率变化转化为存贷款利率。这就造成了一种风险，即商业银行如果需要保证盈余，则可能不会传递利率的全部变化。其次，现金对货币政策的约束力较低，这意味着银行存款利率不能降到一定水平以下。这是因为存款总是可以转换为零利率的现金。存户可能愿意接受负利率，直至存储、保险和运输现金的成本等于银行存款的负利率。这被称为有效的下限。

将法定数字货币作为一种额外的货币政策工具，是否可以改善这些对货币政策实施的限制？

支持一：如果有利息的话，央行数字货币可以直接作为货币政策工具使用。

第一个支持货币政策的点在于，央行数字货币可以当作货币政策工具。这需要放宽我们的基准假设，即中央银行的数字货币没有利息。中央银行可能想要放宽这种假设，因为一个没有利息的数字货币会将货币政策的下限提高到零，从而进一步限制货币政策的有效性。在这种情况下，储户不会容忍负利率，因为将他们的存款转换成为零利率的央行数字货币将不会有任何消耗。

中央银行也有可能发行带息数字货币。中央银行可以按照其持有的其他资金的同样利率直接支付数字货币的利息。为了刺激通货膨胀，政策利率将会降低，为了降低通货膨胀率，政策利率将会提高。政策利率将直接传递给持有数字货币的家庭和企业，并通过银行系统间接传送给更广泛的经济体。然而，由央行发行的带息数字货币不会消除有效的下限，因为消费者仍然可以把存款转换成现金。为了去除有效的下限,需要运用其他方法。另一点需要注意的是,带息数字货币可能会影响数字货币和现金之间的票面价值假设。如果家庭和企业高度重视现金的匿名和物理属性,那么他们就可以将现金视为相当的正利率的数字货币。

支持二:如果私人数字货币开始大规模使用,法定数字货币可以确保货币政策的有效性。

对货币政策第二个潜在好处是,它为央行在必要时与私人加密货币展开竞争提供了一条路径。各国央行正在对普通公众采用私人加密货币的情况进行观察。私人加密货币与现有银行体系不相互作用,因此不受政策利率的影响。因此,如果加密货币越来越受欢迎,大量存款能够随时取走而不受货币政策的影响。为了保持货币政策的有效性,中央银行既可规制私人数字货币的使用,也可以发行法定数字货币,与私人发行的数字货币竞争。然而,由于私人数字货币并不是一种稳定的货币形式,它们不会对央行货币政策的有效性构成风险。

在全球范围内,目前对私人数字货币的需求太小,不足以对货币政策的传导构成任何威胁。货币政策对经济利率水平产生持续有效影响的前提是,大部分支付都是使用传统货币和支付系统。如果一种私人加密货币得以发展,克服了当前加密货币的挑战,同时保留了基于分布式记账技术的加密货币的好处,那么它可能会得到更广泛的使用(见表9-1)。

表9-1 法定数字货币在货币分配、支付功能和货币政策上的优缺点

	优点	缺点
货币分配	(1)比现金更安全、更容易分发 (2)向公众提供了一种电子形式的法币	(1)需要大量基础设施建设 (2)消费者意外丢失大量基于Token的传统加密货币 (3)减少现金需求,从而导致意外(如地震、大规模断电)情况下的应急支付 (4)超过一定规模的交易要遵守AML/CFT(反洗钱/打击恐怖主义融资)的法律
支付功能	中心化的加密货币: •提高结算速度 •降低费用 •单点故障 •匿名性好于信用卡低于现金	去中心化的加密货币: •结算速度更高 •运作弹性和网络适应能力更强 •跨境支付便利 •匿名性更强
货币政策	带息数字货币: •向家庭和企业直接传递货币政策; •可以和私人数字货币竞争,以提高货币政策的有效性	无息数字货币:为数字货币创造了一个零下限

3. 法定数字货币对中国货币政策的影响分析①

1) 中国的法定数字货币

目前，法定数字货币发行流通的体系存在两种可供选择的设计思路：一种是央行直接面向私人部门发行数字货币的"一元体系"；另一种是经由商业银行向社会提供数字货币服务的"二元体系"。央行对法定数字货币发行流通体系选择的不同，将会对货币政策产生不同的影响。直接面向私人部门发行法定数字货币，虽然能够提高货币的传导效率和央行监管的水平，但是会对现有的货币供给体系和传导体系产生颠覆性的影响。因此，为了避免新发货币可能引起的货币发行体系的混乱，调动商业银行在法定数字货币使用和推广方面的积极性，我国法定数字货币的发行流通体系将继续沿用现有"中央银行—商业银行"的"二元体系"(见图9-1)。

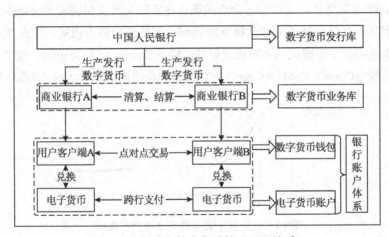

图9-1　中国法定数字货币的"二元体系"

我国法定数字货币将由央行的数字货币发行库、商业银行的数字货币业务库和私人部门银行账户体系三部分组成。央行根据数字货币发行需求总量生成数字货币，存储至央行发行库，然后根据商业银行数字货币的需求申请将数字货币发送至商业银行的业务库，当用户申请提取数字货币时，数字货币再从商业银行业务库转存至用户客户端，即进入用户的数字货币钱包，从而实现数字货币的发行和流通。商业银行的清算和结算业务以及用户与用户之间的货币交易业务可以通过点对点完成。如果用户之间选择电子货币交易，则与现有流程保持一致，通过央行跨行支付系统和商业银行核心业务系统完成。数字货币钱包和现有的电子货币账户将共同构成新的银行账户体系。

---

① 谢星，封思贤.法定数字货币对我国货币政策影响的理论研究[J].经济学家，2019(9)：54-60.

2) 法定数字货币对现行货币供给机制的影响

从货币层次来看，我国研发的法定数字货币属于M0范畴，是对传统实物货币的补充与替代。因此，法定数字货币将会对流通中的现金通货产生替代作用。这不仅会减少流通中的现金，还会影响活期存款和银行准备金，进而对基础货币、货币乘数、货币供给机制产生影响。

(1) 法定数字货币对现金通货的影响

由于法定数字货币对现金通货具有替代作用，现金通货将会最先受到法定数字货币的冲击。假设在法定数字货币实施之前的通货数量为Cold(即现金通货的数量)、法定数字货币实施之后的通货数量是Cnew(主要是由缩减后的现金通货以及新增法定数字货币组成)、缩减的现金通货数量为△Cpaper，新增的法定数字货币数量为△Cdigital。法定数字货币发行后，会造成现金通货的交易支付需求大幅减少。而新增的法定数字货币会受到货币流动性提高的影响，部分流向资本市场，因此新增的法定数字货币数量将会小于缩减的实物通货数量，即△Cpaper > △Cdigital，数字货币发行后的通货数量为Cnew = Cold-△Cpaper +△Cdigital，因此Cnew < Cold(见图9-2)。

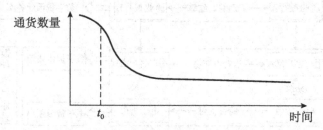

图9-2　法定数字货币对现金通货的影响

法定数字货币实施后，通货数量的变动路径如图9-2所示。在法定数字货币实施(t_0)之前，现金通货由于受到现有电子货币、第三方支付的影响已经出现了下降趋势。在法定数字货币实施(t_0)之后，通货数量会因为现金交易支付需要的减少而减少，同时由于支付效率的提高，货币的流动性大为提升，这些都会造成通货数量在短期内快速降低。由于实物通货在缩减的同时会新增数字货币的发行，所以长期之后通货数量又会形成一个新的均衡。

(2) 法定数字货币对准备金数量的影响

在法定数字货币发展初期，由于法定数字货币对通货具有替代作用，客户会将多余的现金返还银行造成银行持有现金增加。当银行的现金持有量超过最优规模后，银行会将多出的现金储存到央行，造成央行准备金数量在短期内大量增加。而客户手中多余的现金将逐渐消失，央行的准备金数量又会逐步下降。

随着法定数字货币接受程度的提高，客户的提款率降低。因此，各商业银行的准备金需求会出现下降,央行将面临降低准备金率的压力。随着跨国竞争的加剧,央行将会进一步被迫降低准备金率用以提高法定数字货币的跨国竞争力。因此,在央行没有特殊干预的情况下,银行准备金总额将如图9-3所示。在法定数字货币实施(t_0)之后,准备金在短期内会先呈现大幅增长趋势,当客户手中多余的现金逐渐消失(t_1)之后,其又会呈现长期的下降趋势。

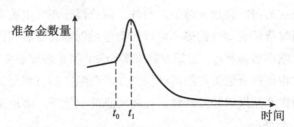

图9-3 法定数字货币冲击下的准备金数量变化

(3) 法定数字货币对基础货币数量的影响

基础货币主要是由通货和准备金组成,因此基础货币的数量也会受到法定数字货币的冲击。

如图9-4所示,在法定数字货币实施(t_0)之后,由于替代作用及流动性变化的影响,通货数量会在短期内大幅下降,大量的通货会导致准备金短期内大幅上涨,但是大量的通货并不会全部作为银行的准备金,所以基础货币总量在短期内依然会下降。长期来看,由于通货和准备金数量都会下降,基础货币数量也会下降。

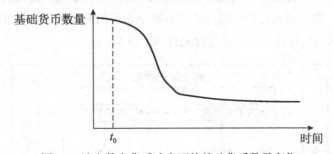

图9-4 法定数字货币冲击下的基础货币数量变化

(4) 法定数字货币会对货币乘数的影响

由于法定数字货币的实施对货币供给和基础货币都产生了影响,货币乘数也会受到法定数字货币的影响。如果用B表示基础货币,C表示现金通货,D表示活期存款,r_d表示活期存款准备金率,T表示定期存款,r_t表示定期存款准备金率,E表示超额准备金,则基础货币为:$B=C+D\times r_d+T\times r_t+E$。

法定数字货币将会对现金通货及存款都会产生一定程度的挤压。在法定数字货币使用之后随着货币流动性的提高，融资途径增多，超额准备金也会发生一定程度的缩减。假定现金通货由C缩减至$C*$，活期存款由D缩减至$D*$，定期存款由T缩减至$T*$，超额准备金由E缩减至$E*$，L表示法定数字货币，活期存款准备金率调整为r_d^*，定期存款准备金率调整为r_t^*，则货币乘数$B*$将变为：$B*=C*+L+D*\times r_d^*+T*\times r_t^*+E*$。

随着法定数字货币逐渐普及，现金货币将逐渐被替代，金融资产间的转换速度加快，公众对于现金的需求会越来越少。另外，商业银行在法定数字货币背景下准备金需求会减少，同时货币流动性的提高可以带动金融创新的发展和同业拆借效率的提升，因此，活期存款准备金率r_d、定期存款准备金率r_t和超额准备金率e都将减小。法定数字货币的实施将使得金融资产的流动性增加、金融产品也将更加丰富，各种理财产品都有着较高的资产回报率和流动性。在高利息的驱使下，会加速定期存款向活期存款的转换，这时t会变小。

法定数字货币实施之后，现金存款比k、活期存款准备金率r_d、定期存款准备金率r_t、超额准备金率e以及定期存款与活期存款之比t都会变小，这些系数都与货币乘数m_1^*呈负相关，因此货币乘数变大。货币供应量也将受到乘数作用的影响产生大幅波动，因此，货币供应量作为中介指标的地位将受到挑战。

(5) 法定数字货币对供给创造规模的影响

虽然中国人民银行更倾向于采用二元模式来发行法定数字货币，让法定数字货币逐步取代现金，但对法定数字货币与现金的具体兑换模式并未给出明确指示。事实上，不同的兑换模式会对货币的创造供给机制产生不同的影响。常见的兑换模式主要有两种：第一，现金需通过商业银行账户以电子货币的形式与数字货币进行兑换；第二，现金直接可以与法定数字货币进行兑换(见图9-5)。

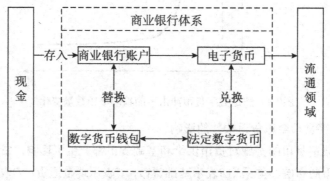

图9-5 现金与法定数字货币的兑换模式一

模式一。若法定数字货币付诸实施，大量现金通货会因替代作用存入银行体系，实际准备金率将偏离均衡状态。法定数字货币发行之后，现金通货将会减少$\Delta C(\Delta C<$

C)。减少的通货 ΔC 被存入银行体系，经存款—贷款和其他金融资产——存款的循环信用创造后，银行体系内的存款将增加 ΔD，直至存贷规模达到新的均衡状态。实际准备金率是先减后增的趋势，在新的均衡状态下的法定准备金率 $r^* < r$。

假设上述循环信用创造过程中不存在现金漏损，则被法定数字货币替代的现金通货 ΔC 全部转化为银行体系的准备金，则总的准备金变为：

$$R + \Delta C = r^*(D + \Delta D)$$

新均衡状态下货币供给为：$M^* = C - \Delta C + D + \Delta D$；因为 $M = D + C$，

$$\Delta M = (r/r^* - 1) \times D + (1/r^* - 1) \times \Delta C$$

由于 $0 < r^* < r < 1$，则 $\Delta M > 0$，$M^* > M$，即法定数字货币使用之后，货币供给 M^* 大于法定数字货币实施前的货币供给 M。因此，当法定数字货币对流通中的货币进行替代时，会使得货币供给 ΔM 增加。并且，法定数字货币替代现金通货所产生的货币供给创造规模 ΔM 与新的准备金率 r^* 呈负相关，与纸币替代规模 ΔC 的绝对值呈正相关。

模式二。虽然现金经过商业银行兑换成数字货币，但这并不会影响银行现有的存贷规模，因此，对实际准备金并不会造成很大影响。而从长期来看，法定数字货币的施行会使法定准备金率下降，从而使得货币供给创造规模变大(见图9-6)。

图9-6 现金与法定数字货币的兑换模式二

因此，随着法定数字货币逐渐替代现金货币，通货的数量和基础货币数量将有所下降，而准备金的数量受通货替代作用的影响短期内会有所上升。但从长期来看，准备金数量会受到支付需求减少、货币流动性提升的影响而减少。另外，在法定数字货币的影响下，金融资产间的转换速度加快，现金存款比、准备金率以及定期活期存款比都将受到影响变小，进而导致货币乘数变大。同时，货币供给创造规模也将受准备金率下降的影响而变大。

3) 法定数字货币对现行货币政策传导机制的影响

法定数字货币具有的性质将会使得货币政策工具更加丰富；现有的中介指标体系会由于受到基础货币和货币乘数变化的影响而受到冲击；货币政策传导渠道也会因为法定数字货币具有的创新机制而受到影响。可见，法定数字货币将会给现行货币政策传导机制带来新的影响。

(1) 法定数字货币对货币政策工具的影响

随着全球经济增速的下滑，一些国家的央行为了刺激经济、抵抗通缩而采取了不断下调基准利率，甚至基准利率逼近于零的做法。现有研究也表明，存款利率零下限在很大程度上会阻碍货币政策传导、削弱货币政策效果。虽然利率为负在经济学理论中并不反常，但中央银行要想实行负利率政策，在现实中还是会面临巨大的挑战和约束。何况，当零售金融资产利率下降至零甚至为负时，资金也会向现金加速转换，进而导致负利率政策失效。若央行不再发行实物货币，同时零售端采用央行的数字货币，央行就可以直接通过调节利率来进行金融财政刺激，从而突破零利率下限。央行数字货币也可以通过收取钱包保管费的方式来实施负利率政策，由此打破零利率下限约束。另外，虽然量化宽松政策能够在一定程度上刺激经济复苏，然而长期使用量化宽松政策又将导致财富分配不均的日益恶化。对此，学界流行的一条建议是，用"直升机撒钱"的办法使财富分配更为公平，并且"直升机撒钱"政策将会比量化、宽松和常规货币政策对经济的刺激更为直接有效，但是实践中央行一直没有找到"直升机撒钱"的最优途径。法定数字货币的出现将为央行通过数字货币账户"直升机撒钱"提供一个可行途径，从而可以使该货币政策工具得以有效实施。

(2) 法定数字货币对货币政策中介指标选择的影响

法定数字货币的出现将会影响我国货币政策中介指标的选择。一方面，从数量上看，基础货币数量将受到法定数字货币的影响而下降，而货币乘数将因数字货币的作用而变大，货币供应量受到乘数作用的影响也会产生大幅波动。同时，乘数中各因素的不确定性将增加货币供应量的测度和控制难度。虽然大数据系统能够实时监测法定数字货币的流通量，但随着货币供需波动性加大，数量型中介指标(如货币供应量)作为货币政策调控的短期目标，对于货币政策操作的难度变大。另一方面，法定数字货币将使金融资产的流动性增加。因此，在高利息驱使下，将会有很多货币流入其他的金融机构和非金融机构，但是由于目前对非存款货币银行类金融机构或非金融机构没有准备金要求，也会增加货币供给的控制难度。相反，数字货币的替代作用对利率水平本身并无直接影响，货币当局能够通过价格型中介指标对金融变量迅速施加影响和控制，并且利率的收集和获得在大数据系统下将会变得更加便捷、及时。因此，在法定数字货币背景下，以利率为主的价格型中介指标将更有优势。

(3) 法定数字货币对货币政策传导渠道的影响

法定数字货币采用了大数据系统、条件触发机制以及分布式记账等创新机制，这些新元素的加入势必会对现有的货币政策传导渠道产生影响。对利率传导渠道而言，分布式记账技术的应用会使得法定数字货币交易中介环节扁平化，金融市场流动性得到提升，利率传导渠道更加畅通。大数据系统和条件触发机制的应用将会使得中央银行运用货币政策工具引导市场利率的能力加强，金融机构定价水平将得到显著提高，从而使得微观主体对利率的敏感性不断增强，利率在调整资源配置和传导货币政策中的作用进一步提高。另外，在法定数字货币场景下，货币政策的透明度和货币的流动性将得到有效提高，这将有利于培育市场可接受的政策利率，有助于利率走廊的构建。对信贷渠道而言，条件触发机制的设计可使得央行对货币的运行和投放进行全面控制。"时点条件触发"机制的设计可使得央行对放贷时点进行控制，使得商业银行的货币只有在放贷时才能生效，从而减少货币政策传导时滞，避免货币空转。"流向主体条件触发"机制的设计可以使央行对放贷主体进行控制，限定商业银行贷款的主体，从而实现贷款的精准投放，提高金融服务实体经济的能力。

另外，信贷拍卖机制的引入将对商业银行的放贷行为直接加以影响，从而约束商业银行行为，减少信贷传导过程中因商业银行行为而产生的不确定性。对预期渠道而言，法定数字货币的普及会使我国货币政策策略、制定情况和政策责任的透明度大幅提高。同时，随着我国经济市场化程度和货币政策传导有效性的提高，央行通胀的调节能力将提高，因此，公众通胀预期的准确度将提升。由于对物价水平可以实现实时监测，货币政策的反应也将变得更加灵敏及时，从而使得我国的货币政策调整更具有"前瞻性"。

对汇率渠道而言，央行可以利用法定数字货币的数据追踪系统对跨境资金流动进行实时监测，为汇率稳定做好基础。同时，央行可以通过大数据系统实时监测国内物价情况，防止外汇储备增加导致物价水平的提高，保证经济长期、有效地增长。法定数字货币的发行将有利于金融自由度的大幅提升，外汇的消化和使用将变得越来越普遍，从而使得货币政策的汇率传导渠道得到有效的提高。

(4) 法定数字货币对货币政策传导有效性的影响

现有的货币政策传导过程中，由于存在渗漏和阻塞问题，使得货币政策的实施效果不尽人意。针对当前货币政策的渗漏问题，法定数字货币实施后，央行不仅可以记录每一笔交易，还可以实时追踪资金流向，提高现有的监测控制体系，从而能够有效地遏制因政府部门监管不力而出现的地下经济活动。同时，人民币外溢的规模也能被有效地监控，从而极大减少利用人民币进行资本抽逃的行为。流向银行体系和股票市场的迷失货币虽不能完全控制，但是借助于信息优势可以被精确地测算出来，从而调节货币的供给速度，将现有的货币供给增长率降到适度水平。再辅之其他的政策工具吸收沉淀银行体系以及流通领域过剩的流动性资产，流动性过剩问题也将得到缓解，货币政策效率得以改善。针对当前货币政策传导过程中的阻塞问题，法定数字货币的使用可以有效监测其实时的资金流向，有效避免由于产权结构单一而产生内部人控制的国有资产流失现象，遏制不负责任的放贷行为，扭转不良贷款持续增长趋势。基于信息优势，央行可以实时监测商业银行货币政策的实施情况，当发现商业银行与政策意图相悖时，可以及时进行窗口指导。对于企业而言，法定数字货币的出现会增强货币的流动性，促使企业融资途径更加多元化，从而帮助企业缓解融资难问题。随着法定数字货币的使用，央行还可以实时监督企业资金的使用效果，避免企业逃废、悬空金融债务行为的发生。央行还可以借助信息优势向企业提供宏观经济发展的信息，从而使得企业可以更精确地计算出市场需求以及未来利润预期，得出最佳投资数量以及生产规模。对于居民而言，当法定数字货币被广泛使用之后，流动性约束的问题将大大减少，居民消费行为倾向将会得到提高。

9.3　法定数字货币对现行货币政策体系的优化

姚前(2018)[①]设计了法定数字货币发行的"前瞻条件触发"机制，以解决货币政策传导不畅、逆周期调控困难、货币"脱实向虚"、政策预期管理不足等现代货币政策困境。

1. 优化法定货币支付功能

1) 传统法定货币支付功能的缺陷

法定货币的支付功能具有天然的不足。实物现金支付虽方便快捷，即时结算，但束缚于物理形态，无法进行快速的远程支付结算，也不适合大额支付。存款准备金账户支付仅适用于金融机构间的支付结算。私人部门建立的银行支付、第三方支付等多层次支付体系，丰富了支付方式，拓展了支付网络。银行支付借助电子化设备和电子数据交换(EDI)系统，实现了资金的远程支付。第三方支付机构利用现代信息技术，为市场交易者提供前台支付或后台操作服务，不仅填补互联网线上支付的空白，还通过"二维码"等移动支付技术创新切入到线下零售业务，进一步提高了支付效率。

正是因为法定货币的支付功能存在不足，私人部门提供的支付服务恰好能给予有效的补充，中央银行"不得不"向私人部门有限让渡货币发行权，允许私人部门发行银行存款货币或电子货币，以创建覆盖面广、支付方式多样的社会支付体系，但也因此承担了相应的监管成本或政策代价。第一，加重央行监管负担和压力，重复金融基础设施建设；第二，加重央行对私人部门的价值担保，容易引发道德风险；第三，削弱法定货币地位，降低货币政策有效性。

2) 法定数字货币对传统法定货币支付功能的优化

应该说，向私人部门有限让渡货币发行权，是央行在法定货币支付功能存在缺

[①] 姚前. 法定数字货币对现行货币体制的优化及其发行设计[J]. 国际金融研究，2018 (4)：3-9.

陷情况下的不得已选择,是一定历史条件下的产物。然而,随着现代信息技术的发展和互联网基础设施的成熟,已然没有必要囿于成见,继续固守"私人部门提供支付服务,央行给以价值担保"的传统模式。央行完全可以吸纳采用现代信息技术,灵活现代信息网络和金融基础设施,主动创新法定货币发行和流通形式,推出法定数字货币,优化法定货币支付功能,以减轻对私人部门支付服务的依赖,从而减少央行监管负担和压力,并提高法定货币地位和货币政策有效性。

理想的法定数字货币具备不可重复花费性、可控匿名性、不可伪造性、系统无关性、安全性、可传递性、可追踪性、可分性、可编程性、公平性等特性。与传统法定货币相比,法定数字货币支付扬长避短,具有独特品质。

一是保留无须依赖第三方服务机构的现金支付特点。法定数字货币可基于账户,也可不基于账户。无须先有账户,才有货币。"账"与"币"的绑定将被破除。法定数字货币可同现金一样,即时支付结算,方便快捷,并提供可控的匿名性,做到隐私保护。

二是法定数字货币的数字形式和系统无关性将极大拓展法定货币的支付网络。法定数字货币能够在多种交易介质和支付渠道上完成交易,具有良好的普适性。理论上,银行存款货币、电子货币能达到支付网络边界,法定数字货币亦可达到。

三是法定数字货币将有效解决现金的缺陷。废除现金论者认为,现金存在以下缺陷:现金的存在会使得非常规货币政策无法顺畅地调节到负利率区间,造成"零利率下限"困扰;现金会被用于偷税漏税行为和非法经济活动,造成治理困扰;现金存储、发行和处理成本高。而在法定数字货币环境下,这些缺陷将不再存在,法定数字货币可以酌情收取保管费,实质上等同于负利率,避免"零利率下限"困扰;法定数字货币的可追踪性,将能被有效运用于反洗钱、反恐怖主义融资、反逃税漏税监管;由于采用数字化的"铸造"、流通和存储,法定数字货币发行成本和交易成本将大幅下降。

2. 优化传统货币政策有效性

经过多年政策实践,我国中央银行逐步摸索和建立了适合我国发展阶段和国情需要的,数量、价格与宏观审慎政策相结合的货币政策模式,取得了良好的货币调控效果,充分发挥了货币政策在推动经济平稳较快发展、保持物价基本稳定中的稳定器作用。但基于当前我国经济金融发展改革现状和未来趋势,我国货币政策仍面临着不少挑战。

(1) 进一步疏通货币政策传导渠道

近年来,理财、表外、通道、同业等影子银行业务的发展,使货币供应量中介目标的可测性、可控性以及与经济的相关性大为降低。针对这一变化,自2013年开始,我国中央银行通过正回购、逆回购操作，以及短期流动性调节工具(SLO)、常备借贷便利(SLF)、中期借贷便利(MLF)、抵押补充贷款(PSL)、再贷款等机制建设，逐步构建了以市场利率为操作目标、以利率走廊机制为框架、覆盖中长期利率的价格型调控机制。总体来看，成效显著。削峰填谷的流动性管理很好地平抑了银行间市场短期利率的波动。利率在资金配置的价格导向作用日益突出。

但从利率传导效果来看，尤其是从信贷市场的利率传导来看，货币政策尚未达到理想的效果。其主要体现在以下两点。

① 市场利率向银行贷款利率传导不畅。美国的政策实践表明，美国联邦基金利率对最优贷款利率(LPR)有着显著的先期引导作用，由此美联储货币政策得以有效传导至实体经济。反观我国，LPR与银行间市场利率之间的联动关系有限，甚至在2017年上半年出现不符合常理的倒挂。可以说，在很大程度上，我国LPR由信贷市场内生而成，而非央行利率调控决定。

② 银行贷款重定价周期较长，对利率调整的反应滞后。美国的经验表明，只有银行贷款执行较短的重定价周期，存量与新增贷款才会对利率调整产生快速反应。而数据显示，截至2015年底，中、农、工、建四大国有银行有近一半的存量信贷的重定价周期为3个月至1年。我国银行贷款重定价周期相对较长，导致货币政策传导滞后。

(2) 进一步强化逆周期调控

金融顺周期性加剧了经济周期波动，日益成为各国央行的政策难题。为应对金融顺周期性，各国中央银行在实施逆周期货币调控的基础之上，采取了前瞻性拨备、动态拨备、逆周期资本缓冲等宏观审慎监管措施，但从政策实践来看，仍面临不小挑战。在逆周期货币调控方面，存在着"绳子能拉不能推"的难题。2008年国际金融危机爆发后，美国实施多轮量化宽松货币政策，美联储资产负债表扩大了4.5倍，但由于银行的恐慌情绪和风险厌恶程度较高，货币的极度宽松并没有起到增加贷款投放，拉动消费、投资和资本支出的刺激效果。当前，我国M2增速持续低于M1增速，这是否代表处于"流动性陷阱"尚存争议。但基于目前经济下行、放贷风险上升的背景，银行惜贷或者偏好安全性资产却是不争的事实，当前银行信贷增速接近历史最低水平。在宏观审慎监管方面，商业银行可以通过金融创新规避央行的逆周期调控。2010年以来，为规避资本充足率、存贷比、行业投向限制等宏观审慎监管约束，银行将表内业务转移到表外和通道业务，影子银行业务的发展使央行对银行信贷的逆周期调控越趋困难。

(3) 避免货币"脱实向虚"，进一步提高金融服务实体经济能力

金融的根本目的是服务实体经济，但出于资本的逐利动机，资金往往会"脱实向虚"，货币空转，流向资产市场，形成资产价格泡沫，而非支持实体经济发展。

中国货币供应存在"脱实向虚"的现象，2015年金融业增加值与GDP比例为8.5%，超过美国1.5个百分点，不少资金在金融体系内部自我循环，没有进入实体经济。不仅如此，在流向实体的资金配置上存在明显的"二元"特征：财务软约束的国有企业、大型企业和地方融资平台占用大量的金融资源，其中不乏过剩产能企业、低效率企业和"僵尸"企业，导致资金浪费；相较之下，民营企业、中小微企业融资难、融资贵的问题尚未得到根本性改善。同时，生态环保、农业水利、社会事业等领域一直是融资的薄弱环节，亟须金融业的进一步支持。对此，我国中央银行一方面积极为供给侧结构性改革营造适宜的货币金融环境；另一方面注重结构性货币政策操作，开发和运用抵押补充贷款(PSL)、支农支小再贷款等工具，实施有扶有控、区别对待的信贷政策，通过宏观审慎评估(MPA)加强银行信贷管理，引导货币投向重要领域和关键环节，有效提高了金融服务实体经济能力。然而，货币是流动的，商业银行也有自身的利益诉求，往往与货币政策目标激励不相容，如何更好地实施定向的结构性货币调控仍是央行正在探索的难题。

(4) 加强货币政策沟通，完善预期管理。

长期利率是影响经济个体投资消费决策的关键因素，而长期利率由短期利率预期构成，因此，货币政策沟通十分重要。良好的沟通能让经济个体更好地理解和把握货币政策决策及其未来变化的逻辑，从而有助于提高货币政策的可信度和有效性。在2008年国际金融危机发生之后，欧美发达国家即已建立了包含货币政策框架沟通、货币政策决策沟通与经济信息沟通的货币政策沟通机制。前瞻指引(Forward Guidance)更是成为各国应对零利率下限所倚重的政策工具。

前瞻性指引可分为三类：第一类是开放式的前瞻指引(Open-ended Forward Guidance)，央行定性地描述未来可能采取的政策路径；第二类是以时间为参照的前瞻指引(Time-contingent Forward Guidance)，央行表示在某个时点前维持利率不变；第三类是以经济状况为参照的前瞻指引(State-contingent Forward Guidance)，央行表示在经济状况达到某个状态前维持货币政策不变。

实践表明，前瞻指引确实起到引导预期、提高货币政策效率的效果。自1994年开始公布货币供应量以来，我国货币政策目标、决策机制以及相关信息的披露不断增强，货币政策透明度日益提高，但前瞻指引尚未作为正式工具，被引入货币政策执行框架中。当然，法定数字货币同时可以对传统货币政策的有效性进一步优化。

传统货币政策之所以面临着前文所言的传导机制不畅、逆周期调控困难、货币"脱实向虚"、货币政策沟通不足等困境，在于传统法定货币的难以追踪性、同质单一性和操作当下(Real Moment)性。

- 难以追踪性是指央行难以追踪和监控货币投放后的流通路径。对于货币投放后是停留在金融部门,还是实体部门,抑或流向资产市场,央行一无所知。央行只能依靠事后的粗略信息,大概地判断货币流向,然后进行政策调整或监管应对。无疑,这种反应是滞后的,难以起到真正效果。

● 同质单一性是指传统法定货币的要素仅有面额,货币间除了面额没有差异,因此传统货币政策是总量式调控,仅能在宏观层面上调控社会货币"量"与"价"的变化,进而在总体上影响私人部门的资金可获得性和资金成本,难以精准定向投放。

● 操作当下性是指传统法定货币的交易支付是实时的。央行对货币的掌控也是实时的。在货币投放的当下,央行失去对货币的掌控,货币是否能最终流向实体部门,是否能实现央行所意图的政策目标,交予央行之外的各方力量和因素来决定,从而导致货币政策传导的不畅或失效,引起政策利率无法传导贷款利率、资金流向资产市场而非实体企业等政策困境。

研究发现,法定数字货币的可追踪性和可编程性将会使法定货币焕发出全新魅力,前者让中央银行可以追踪和监控数字货币投放后的流转信息,获取货币全息信息,后者则可通过"前瞻条件触发(Forward Contingent)"设计,让法定货币很好地解决传导机制不畅、逆周期调控困难、货币"脱实向虚"、政策沟通不足等传统货币政策困境。

① 通过"时点条件触发(Time Contingent)"货币生效设计,减少货币政策传导时滞,并避免货币空转。

② 通过"流向主体条件触发(Sector Contingent)"货币生效设计,精准定性货币投放,实施结构性货币政策,减少货币空转,提高金融服务实体经济能力。

③ 通过"信贷利率条件触发(Loan Rate Contingent)"货币生效设计,实现基准利率向贷款利率的有效实时传导。

④ 通过"经济状态条件触发(Economic State Contingent)"设计,根据宏观经济状态,逆周期调整商业银行对中央银行的资金归还利率,减少商业银行风险特征及其贷款行为的顺周期性,从而实现经济的逆周期调控。

同时,由于法定数字货币在发行时即内置了这些条件设定,并能被商业银行公开获知,而这些条件设定恰是央行货币政策逻辑和意图的反映,因此,法定数字货币兼具有前瞻指引功能。

3. 法定数字货币发行设计

1) 法定数字货币发行

在法定数字货币发行时,央行预先设定好4个前瞻条件,包括:"时点条件""流向主体条件""信贷利率条件",以及未来调整商业银行对央行的归还利率的"经济状态条件"。这些条件在货币发行时设定,但在货币投放之后才会触发,因此称为前瞻条件。央行设计好前瞻条件后,通过信贷拍卖机制向商业银行发行法定数字货币。相应地,央行设定的前瞻条件以及拍卖后确定的政策利率、未来商业银行信贷利率与基准利率的基差等信息,由数字货币系统编程和存储(见图9-7)。

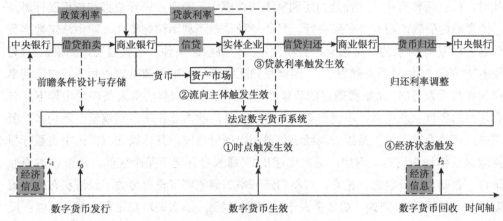

图9-7 法定数字货币的发行机制

2) 法定数字货币生效

法定数字货币发行后,商业银行在图9-7的t_1时点,向外贷款。商业银行将贷款信息发送法定数字货币系统,请求数字货币生效。根据贷款信息,数字货币系统判断"时点条件""流向主体条件""信贷利率条件"等前瞻条件是否触发(哪几个条件需要触发以及条件的内容,由央行根据政策目标在发行时灵活设定)。若前瞻条件触发,法定数字货币生效,否则不生效。也就是说,在数字货币发行的当下,货币并不一定生效,而只有当未来央行设定的条件触发时,货币才生效。通过这一设计,央行的货币政策操作不再局限于当下,而是能掌控货币的后续流通,不仅减少货币政策传导的时滞,实现货币政策的有效传导,同时又达到货币精准投放的目的。

货币生效的具体前瞻条件设计如下。

① 时点触发生效。贷款发生时,数字货币生效,否则不生效。也可由央行在货币发行时预先设定生效时点。比如,不晚于t_1时点,否则不生效,从而激励商业银行在t_1时点之前放出信贷。此条件设定可减少货币政策传导时滞,并避免货币空转。

② 流向主体触发生效。贷款流向主体,符合央行规定时,数字货币生效,否则不生效。比如,流向资产市场,则不生效。此条件设定可实现货币精准投放,实施结构性调控,避免货币空转,脱实向虚。

③ 利率触发生效。在货币发行时预先规定,商业银行对企业的信贷利率需等于"在贷款发生时点t_1的基准利率"加减"在货币发行时点t_0拍卖确定的信贷基差"。当银行实际信贷利率符合这一规定时,货币生效,否则货币不生效。通过这一条件设

定,基准利率可实时有效传导至信贷利率。

3) 法定数字货币收回

当商业银行收回信贷后(图 9-7中的 t_2 时点),将法定数字货币归还给中央银行。此时,可有两种模式。一种是归还利率不调整模式,即商业银行根据在货币发行时点 t_0 拍卖确定的政策利率,归还央行。另外一种是归还利率调整模式,即由法定数字货币系统根据 t_2 时点的经济信息,自动判定"经济状态条件"是否触发,如果触发(见图9-7中的 t_2 "④经济状态触发"),则调整归还利率,否则不调整归还利率,归还利率仍为在货币发行时点 t_0 拍卖确定的政策利率。归还利率调整的前瞻条件设定如下:若归还时的经济状态正常,不调整归还利率。若经济状态非正常,则调整归还利率。所谓的经济状态非正常,是指宏观经济变量超出阀值范围。具体阀值范围由中央银行根据政策目标预先设定。例如,通胀率超出2%通胀目标上下某个区间,经济状态为非正常;否则,经济状态为正常。可将归还利率的调整幅度设定为关于经济状态的逆周期函数。经济过热(例如,通胀率高于2%通胀目标),那么调增归还利率某一幅度;反之,经济衰退,则调降归还利率某一幅度,在极端情况下,甚至可将归还利率降至负利率。显然,以上设计降低了商业银行面临的宏观经济风险。经济好时,提高商业银行的贷款资金成本;经济不好时,降低商业银行的贷款资金成本,甚至给予补贴,从而减少商业银行的顺周期性行为,并给予商业银行一个稳定的利润预期。即使在经济萧条时,商业银行也愿意放贷,从而有效解决因商业银行规避风险而引致的"流动性陷阱"难题。

4) 法定数字货币发行量的前瞻式决定

法定数字货币在发行时即设定了多种前瞻生效条件,如生效时间、信贷利率、投向部门,由于这些条件均是前瞻的,这意味着在货币发行时点 t_0 法定数字货币的发行量其实是未来生效时点 t_1(见图9-7)的发行量,中央银行需在发行当下前瞻式地决定未来货币发行量。同时,确定法定数字货币的生效时点、投向部门以及归还利率调整的前瞻条件,并通过信贷拍卖机制市场化确定信贷利差,从而构建可实现货币政策实时传导、避免货币空转、货币精准定向投放、逆周期调控并兼具前瞻指引功能的法定数字货币发行框架,为宏观经济调控提供一种新的工具。

参考文献

[1] Barrdear J, Kumhof M. The Macroeconomics of Central Bank Issued Digital Currencies[R]. Bank of England. Staff Working Paper. No. 605.

[2] Broadbent B. Central Banks and Digital Currencies[EB/OL]. 2016.http://www.bankofengland. co.uk/ publications/ pages/speeches/2016/886.aspx.

[3] Bordo M D, Levin A T. Central Bank Digital Currency and the Future of Monetary Policy[R]. NBER Working Paper. No. 23711, 2017.

[4] Chaum D, Blind signatures for untraceable payments, in: Advances in Cryptology：Proceedings of Crypto. Springer, 1983.

[5] European Central Bank. Guidance for a risk-based approach to virtual currencies, 2015. http://www.fatf-gafi.org/media/fatf/documents/reports/Guidance-RBA-Virtual-Currencies.pdf.

[6] Fuji Ki H, Tanaka M. Currency Demand, New Technology, and the Adoption of Electronic Money：Micro Evidence from Japan [J]. Economics Letters, 2014.125(1).

[7] Kumhof M, Noone C. "Central Bank Digital Currencies：Design Principles and Balance Sheet Implications" [R]. Bank of England Staff Working Paper. No. 725, 2018.

[8] Monetary Authority of Singapore. The Future is Here – Project Ubin：SGD on Distributed Ledger[R], 2017-08-08. https://www.mas.gov.sg/schemes-and-initiatives/project-ubin.

[9] 欧洲央行和日本央行. Payment systems：Liquidity saving mechanisms in a distributed ledger environment，STELLA-a joint research project of the European Central Bank and the Bank of Japan, 2017-09-13. https://www.useit.com.cn/thread-16491-1-1.html.

[10] Satoshi Nakamoto, Bitcoin: A Peer-to-Peer Electronic Cash System, 2008. https://bitcoin.org/.

[11] SEC, Report of Investigation Pursuant to Section 21(a) of the Securities Exchange Act of 1934: The DAO. Release No. 81207, 2017-06-25.

[12] 欧洲央行和日本央行. Securities settlement systems: delivery-versus-payment in a distributed ledger environment, STELLA-a joint research project of the European Central Bank and the Bank of Japan, 2018-08-03. https://www.8btc.com/article/184399.

[13] Selgin G. Synthetic Commodity Money. SSRN Working paper. No2000118.

[14] Thomas Bocek. Digital Marketplaces Unleashed. Springer-Verlag GmbH, 2017-09-15: 169-184.

[15] Stiglitz J E. Macro-Economic Management in an Electronic Credit/Financial System[R]. NBER Woking Paper 2017, No.23032, 3.

[16] Yermack. Is Bitcoin a heal currency? an economic appraisal. NBER Working paper. No19747.

[17] 蔡维德，赵梓皓，张弛，郁莲. 英国央行数字货币 RSCoin探讨. 金融电子化[J]. 2016(10)：78-80.

[18] 狄刚. 数字货币. 中国金融[J]. 2018(17)：52-54.

[19] 何隽铭. ICO 商业模式的法律性质分析及监管模式优化[J]. 上海金融，2018(2)：88-92.

[20] 李虹含. STO——一场新的社会学实验[J]. 现代商业银行，2018(1)：20-22.

[21] 李海，胡麓珂. ICO 监管再思考——以德国现行法为视角[J]. 财经法学，2019(2)：3-13.

[22] 李赫，孙继飞. 基于区块链2.0的以太坊初探[J]. 中国金融电脑，2017(6)：57-59.

[23] 李建军，朱烨辰. 数字货币理论与实践研究进展[J]. 经济学动态，2017(10)：115-118.

[24] 刘帆. 沙盒监管的中国化构思[J]. 西南金融，2019(3)：53-57.

[25] 刘明瑞. 央行数字货币研究报告. 巴比特. https://www.8btc.com/article/469274.

[26] 清华大学金融科技研究院区块链研究中心. Project Ubin：新加坡央行在清结算中应用DLT的尝试. 未央网，2019-04. http://www.weiyanggx.com.

[27] 曲双石，包宏. 加密货币的货币职能变化. 中国金融[J]. 2019(15)：58-59.

[28] 孙国峰，陈实. 新型ICO的法律规制——对SAFT模式下虚拟代币ICO监管的思考[J]. 中国金融，2019(18)：47-49.

[29] 孙铭. 现行框架下对ICO行为的法律分析，2016-08. https://ethfans.org/.

[30] 盛松成，蒋一乐，龙玉. Libra项目为何会被叫停. 中国金融[J]. 2019(15)：49-52.

[31] 王晓易. 沙盒监管成全球金融科技监管趋势中国或借鉴[J]. 证券市场周刊，2017(8)：30-35.

[32] 王英明. 关于The DAO众筹模式引发的思考. 南湖互联网金融学院，2016. http://www.nifi.org.cn/.

[33] 温信祥，张蓓. 数字货币对货币政策的影响. 中国金融[J]. 2016(9)：24-25.

[34] 谢平，石午光. 数字加密货币研究：一个文献综述. 金融研究[J]. 2015(1)：1-10.

[35] 姚博. 比特币、区块链与ICO：现实和未来. 当代经济管理[J]. 2018，40(9)：85-87.

[36] 姚前，李连三. 大数据分析在数字货币中的应用[J]. 中国金融. 2016(17)：18-19.

[37] 姚前. 共识规则下的货币演化逻辑与法定数字货币的人工智能发行[J]. 金融研究，2017，445(7)：78-85.

[38] 姚前，汤莹玮. 关于央行法定数字货币的若干思考[J]. 金融研究，2017，445(7)：78-85.

[39] 姚前. 法定数字货币对现行货币体制的优化及其发行设计[J]. 国际金融研究，2018(4)：3-9.

[40] 姚前. 余额宝的经济意义评价及其监管建议[J]. 武汉金融，2018(5)：4-10.

[41] 姚前. 法定数字货币的经济效应分析——理论与实证[J]. 国际金融研究，2019(1)：16-27.

[42] 姚前. 数字货币的缘起、发展与未来. 新浪财经，2018-11-23. https://finance.sina.com.cn/blockchain/roll/2018-11-23/doc-ihpevhck3493733.shtml.

[43] 郑楚戈. 证券法框架下的美国ICO诉讼——以Monkey Capital案为例[J]. 西部学刊，2018(8)：55-58.

[44] 周庆林. 加密货币的本质与未来. 中国金融[J]. 2018(9)：57-58.

[45] 姚前，陈华. 数字货币经济分析[M]. 中国金融出版社，2018：69-70.